SJAMANISME
EN DE
WEGEN NAAR DE
GEESTENWERELD

Paul Devereux

Deltas

Original title: *Shamanism and the Mystery Lines*
© Paul Devereux MCMXCII
First published by W. Foulsham & Co. Ltd.,
represented by Cathy Miller Foreign Rights Agency, London, England.
© Dutch edition Zuidnederlandse Uitgeverij N.V., MMII.
Alle rechten voorbehouden.

Deze uitgave door: Deltas, België-Nederland
Nederlandse vertaling: Marleen Van Ballaer
D-MMI-0001-484
Gedrukt in de EU
NUGI 679/644/626

INHOUD

INLEIDING

Dit boek is voor het eerst in Groot-Brittannië gepubliceerd in 1992. Het jaar daarop zijn er vertalingen in verscheidene andere talen verschenen. In deze uitgave is de oorspronkelijke tekst opgenomen met enkele kleine wijzigingen en aanpassingen, en deze extra inleiding.

Ik heb vele boeken geschreven, maar dit boek was waarschijnlijk meer dan enig ander echt revolutionair. Zoals andere gelijkaardige werken stelt het een andere manier voor om over de dingen, in dit geval leylijnen, te denken en dat veroorzaakt onvermijdelijk een verstoring van de algemeen aanvaarde ideeën. De mensen reageren verschillend op zo'n uitdaging: sommigen voelen zich bevrijd en uitgelaten door de verandering van perspectief, anderen bieden koppig weerstand of proberen de nieuwe ideeën uit alle macht te negeren, en weer anderen trachten de nieuwe boodschap te integreren en ze te enten op de heersende denkpatronen om toch maar geen conceptuele schokken te veroorzaken waardoor ze gedwongen zouden worden anders te gaan denken. Dit boek heeft al deze reacties gekregen, plus nog enkele andere. Een van de grootste verrassingen voor mij toen het boek voor het eerst gepubliceerd werd, was de ontdekking dat ten minste een gedeelte van de uiteenzetting gemakkelijker aanvaard werd door academici dan door sommige aanhangers van de zogenaamde 'New Age'-cultuur. Dit is het tegenovergestelde van de situatie bij het begin van de grote heropleving van de belangstelling voor leylijnen in de jaren 1960. Toen waren de 'New Agers' bijzonder enthousiast terwijl de academici heftig weerstand boden.

Nu zijn we zoveel jaren verder. Over het algemeen wordt aangenomen dat het 15 jaar duurt voordat een nieuwe theorie min of meer aanvaard wordt. Ik dring erop aan elk woord zorgvuldig te lezen want de eerste keer hebben talrijke mensen bepaalde zaken verkeerd begrepen. Terwijl ik bezig was het boek opnieuw in detail door te nemen om deze inleiding voor te bereiden, stond ik versteld van de hoeveelheid aan materiaal en van linken naar meer informatie die in deze publicatie te vinden waren. Zelfs ik, de auteur, was dat vergeten! Het is dus tijd om dit boek opnieuw onder de loep te nemen.

De inhoud

Waarover gaat het boek? Om te beginnen geeft het een korte maar authentieke geschiedenis over het thema van de leylijnen. Daarbij zal gewezen worden op de misvattingen die over dit onderwerp ontstaan zijn. Dat is controversieel, want veel mensen blijven hardnekkig in deze misvattingen geloven en verdienen geld met het verspreiden ervan. En wie ben ik om te zeggen dat het misvattingen zijn? Wel, ook ik heb ze beleefd, ik heb erin geloofd en ik heb de pijnlijke inspanning moeten leveren om ze overboord te zetten, anders zou ik mijn kritische instelling geweld aangedaan hebben. Verder in het boek bekijken we de materiële overblijfselen van oude lijnen in het landschap, van Europa tot Amerika. Deze verschillende soorten bakens en opvallende merktekens op de grond zijn de echte leylijnen – echte archeologische mysteries. En deze lijnen zullen in dit boek diepgaand onderzocht worden. Het onderzoek heeft uitgewezen dat deze mysterieuze lijnen – of het nu gaat om grote aarden wallen uit het Neolithicum in Groot-Brittannië of mysterieuze rechte lijnen in een Amerikaanse woestijn – verbonden zijn met één of beide van twee thema's, namelijk de geesten van overleden voorouders en de oude praktijk van het sjamanisme, en een religieuze en genezende activiteit die gebruikmaakte van extase door trance. We hebben bovendien geleerd dat het verbinden van de geesten van de overledenen met zowel zichtbare als onzichtbare wegen en paden, in Europa gebruikelijk was tot in de Middeleeuwen. Dit boek toont aan dat deze twee thema's van de geesten van de doden en de geesten van sjamanen die in trance hun lichaam verlaten, afkomstig zijn van hetzelfde fundamentele complex van oude geloofsovertuigingen.

Kritieken en ontwikkelingen

Terwijl ik bezig was het boek te schrijven werd nieuwe informatie bekend over sjamanen en het gebruik van paden, en over geestenpaden en dodenwegen in het oude Europa – zie bijvoorbeeld de notities op blz. 212-213. Er werd nog meer bekend over de dodenwegen van het Europese vasteland en er werd een link gelegd tussen deze en de kerkwegen of begrafenispaden van Groot-Brittannië. Hoe deze onderwerpen in verband kunnen worden gebracht met de conceptuele (d.w.z. onzichtbare) geestenpaden is op dit ogenblik nog niet duidelijk en moet nog verder onderzocht worden. We weten nu echter wel dat er nog oude tradities bestaan waarbij de geesten van sjamanen in trance die specifieke materiële paden in het landschap volgen: dat gebeurt bijvoorbeeld in Nepal, waar bepaalde plaatsen en bepaalde paden met de geest van de sjamaan geassocieerd worden. Er bestaan bovendien enkele, tot nu toe onduidelijke, aanwijzingen dat hetzelfde gebeurt in Siberische gemeenschappen. Maar hierover is meer onderzoek nodig. Er bestaan nu echter wel archeologische bewijzen die aantonen dat het idee van geesten die over het land rondwaren in Europa stamt uit ten minste het

Neolithicum: uitingen van rotskunst in Scandinavië tonen bijvoorbeeld afbeeldingen van voetafdrukken die vertrekken op begraafplaatsen uit de Bronstijd en het Neolithicum, en verder wandelen in het omringende landschap. Sommige van die voeten lijken *hel*-laarzen te dragen – speciaal schoeisel dat volgens de Noorse traditie gedragen wordt door personen die pas overleden zijn. Over het algemeen kan men zeggen dat de nieuwe bewijzen die aan het licht gekomen zijn de fundamentele argumenten in dit boek ondersteunen.

Bijna een decennium later zou ik dit boek anders schrijven – alle theorieën moeten regelmatig bijgewerkt worden. Bepaalde aspecten zouden minder, andere dan weer meer aandacht krijgen. Ik zou nu bijvoorbeeld niet langer meer de rechte lijnen in het landschap uitsluitend associëren met de *vlucht* van de geest van de sjamaan wanneer hij in trance is, maar met elke vorm van beweging in de geestenwereld (vliegen, zweven of enigszins boven de grond stappen).

Iets wat verscheidene critici in het originele werk niet goed begrepen hebben, is dat in een sjamanistische maatschappij het visionaire en het mythische *op het landschap geprojecteerd* worden. Antropologen die zulke volkeren bestuderen begrijpen dat volkomen; het is dus zeker geen eigenaardig idee dat ik probcer te verkopen aan de lezer. De geest van de oude volkeren bevond zich evenveel vóór als achter hun ogen.

Een ander misverstand lijkt de opvatting dat het boek pleit voor een universeel systeem van sjamaanlijnen. Dat is niet het geval: deze lijnen komen over de gehele wereld voor, maar ze zijn geen overblijfselen van één enkel systeem. Ze waren de gevarieerde culturele expressie van universele trekjes in de menselijke ervaring. Dat is een heel andere bewering. Ik wil bovendien in deze editie duidelijk maken dat veel van de lijnstructuren, zoals de dodenwegen in Nederland en elders, die in de tekst beschreven worden, niet *op zichzelf* sjamanenwegen waren, maar er werd geopperd dat de oude blauwdruk waarvan ze afgeleid zijn in dergelijke bron zijn oorsprong vindt. Op bladzijde 175 beweer ik dat er twee soorten sjamanistische landschappen zijn – landschappen die gekenmerkt worden door structuren met rechte lijnen en landschappen waarop reusachtige afbeeldingen aangebracht zijn, hetzij gegraveerd in de woestijn zoals in Nazca, Peru, of in de heuvels, zoals in het centrum van het noorden van de V.S. Deze bewering is slechts gedeeltelijk correct: het is ondertussen duidelijk geworden dat er nog een derde soort sjamanistisch landschap bestaat, namelijk een landschap waarin op grote schaal abstracte, kronkelende lijnen en vakken op de grond aangebracht zijn volgens verschillende methoden. Voorbeelden daarvan vindt men op de bodem van Death Valley in Californië. Etnologisch onderzoek heeft uitgewezen dat het waarschijnlijk 'symbolische landschappen' waren die gebruikt werden door rivaliserende sjamanen tijdens hun magische gevechten. De lijnen stelden onder andere bergketens voor, die de sjamaan konden beschermen. De nadruk op *rechte* lijnen in dit boek betekent dus niet dat er niets anders is, maar rechte lijnen zijn het belangrijkste onderwerp van dit boek omdat dit boek nu eenmaal over leylijnen gaat.

Na uitgave van dit boek verschenen *Re-visioning the Earth* (1996), *The Long Trip* (1998) en *Earth Mysteries* (1999), waarin het energetische aspect van leylijnen herzien wordt.

Praktisch werk

Een van de aangename kanten van het zoeken naar leylijnen is altijd geweest dat het een geweldig excuus was om een wandeling te maken op het platteland op zoek naar rechtlijnige verbindingen tussen oude monumenten, of om met een wichelroede in de velden rond te lopen om 'energielijnen' op te sporen. Een van de klachten die ik heb gehoord over dit boek was dat het dat plezier wegnam. Natuurlijk is dat niet zo – het herdefinieert alleen maar de aard van de activiteiten die ermee te maken hebben. In de landschappen van Groot-Brittannië en op het continent bevinden zich begrafenispaden en dodenpaden die in de velden kunnen worden opgespoord. Het is belangrijk dat die in kaart gebracht worden want deze overblijfselen van een verdwenen cultuur dreigen verloren te gaan. Behalve veldwerk moet ook opzoekwerk verricht worden in de bibliotheken om verwijzingen te vinden naar deze plaatsen en de folklore die ermee verbonden was. U kunt zelfs trachten de paden met een wichelroede op te sporen – in dat geval zijn de resultaten een feit en niet langer meer een kwestie van geloof of een veronderstelling. Het is ook intrigerend de *cursuses* of neolithische aarden wallen te bezoeken die in hoofdstuk 2 beschreven worden. De grote meerderheid van de bezoekers van Stonehenge weet bijvoorbeeld niet dat er zich vlakbij een *cursus* bevindt, hoewel over de gehele lengte ervan bordjes van de *National Trust* aangebracht zijn. Het is een opwindende ervaring in deze monumenten rond te wandelen, op zoek naar zichtbare aanwijzingen die het mysterie ervan zouden helpen ontrafelen. U kunt bovendien op zoek gaan naar de lijnen die stenen of zelfs soms plaatsen met elkaar verbinden. Alleen de term 'leylijnen' is in onbruik geraakt (omdat die het slachtoffer geworden is van te veel fantasie), niet de verbindingslijnen zelf. In Amerika kunt u op zoek gaan naar de lijnen van de oude indianen, die beschreven worden in hoofdstuk 3. Een prachtige plaats om daarmee te beginnen is Chaco Canyon, New Mexico.

Dit boek heeft een activiteit toegevoegd aan het zoeken naar leylijnen – de studie van de innerlijke visionaire wereld waaruit de materiële sjamanistische landschappen voortgekomen zijn. De beste manier om dat te ervaren is door lucide dromen, die ik in het laatste deel van dit boek beschrijf. Over dit onderwerp zijn er enkele goede boeken geschreven, zodat iedereen kan leren deze bijzondere bewustzijnstoestand te beleven. U kunt dan in de lucide droomtoestand op zoek gaan naar leylijnen op een bijna even realistische manier als tijdens een wandeling in de natuur!

En verder

Het is nu tijd om aan het boek zelf te beginnen. De oprecht geïnteresseerde lezer vindt hier een nieuw vertrekpunt en nieuwe onthullingen. Wat u in dit boek niet zult vinden, zijn verzonnen verhalen over het verre verleden – geen ruimtevaarders of overlevenden van Atlantis – maar u zult er het verhaal in vinden over ons waarachtig menselijk erfgoed. Ik denk dat het een kwestie is van filosofische instelling – ofwel gelooft u in de fantastische verhalen over het verleden die op dit ogenblik de ronde doen, ofwel wilt u weten wat de oude volkeren echt dachten en deden, hoe ze de wereld zagen. Dit boek laat zich leiden door die laatste opvatting.

VOORWOORD

Dit boek verkent het mysterie dat rond de leylijnen hangt, de oude rechte lijnen die plaatsen met elkaar verbinden. Daartoe behoren rijen stenen, prehistorische rechtlijnige aarden wallen en rechte lijnen of sporen in oude landschappen over de gehele wereld. Wat naar mijn mening de oplossing van het mysterie is, wordt in dit boek uiteengezet. Het inzicht is langzaam tot stand gekomen, beetje bij beetje, in de loop van jarenlang onderzoek, na lang nadenken en zoeken. Toen ik mij voor het zoeken naar leylijnen begon te interesseren, had ik geen idee hoe veelomvattend de studie voor mij zou worden en tot wat ze zou leiden. De eerste simplistische en naïeve ideeën zijn nu vervangen door heel verfijnd materiaal, zoals dit boek zal duidelijk maken. Het resultaat van deze ontwikkeling is daarom niet een zorgvuldig voorbereide, onveranderlijke persoonlijke agenda: het is voor mij een even grote verrassing als voor de lezer. Het is, zoals we zullen zien, tegelijkertijd eenvoudig en complex.

Vele mensen hebben ooit al eens iets gehoord over leylijnen, maar de ideeën over de betekenis van de term variëren ongelooflijk. Een klassiek geschoolde archeoloog zal het hele concept onmiddellijk verwerpen. In zekere zin is deze opvatting correct – ik ben me daar meer van bewust dan de archeologen. Maar als ze even hun vooroordelen opzij zouden zetten om dit boek te lezen, zouden ze tot de verrassende ontdekking komen dat er nog rijke en authentieke onderzoekslijnen gevolgd kunnen worden.

Het andere uiterste wordt gevormd door diegenen die ervan overtuigd zijn dat leylijnen energielijnen zijn die etherische configuraties vormen in het landschap, zelfs over de gehele wereld. Deze energielijnen kunnen ze 'voelen'. Ze kunnen gelokaliseerd worden met een wichelroede. Voor zulke mensen zijn leylijnen hoofdzakelijk spiritueel. In dit boek zal duidelijk gemaakt worden dat er inderdaad een (verrassend) lange traditie bestaat die de lijnen associeert met verschillende soorten krachten, maar het zal even duidelijk worden dat dit verre van 'spiritueel' is, maar in feite een proces om van het exoterische een veel subtielere, innerlijke materie te maken. Wanneer men de goddelijkheid die men kan ervaren in de natuur, op het land, beschouwt als 'aarde-energie', wanneer men de lijnen in de oude landschappen beschouwt als 'energiekanalen' of als 'spirituele krachten' in plaats van ze te zien als de manifestaties van een diepe ervaring van de menselijke geest, begaat men … een vergissing.

De derde groep van personen met vooropgezette ideeën over leylijnen is de groep van puristen. Het enige wat zij nodig hebben is een rugzak, een kaart, een gevulde broodtrommel en de wijde natuur. Natuurlijk is wat zij doen zeer gezond. Het ontdekken van een oude kerktoren ergens in een veld, die misschien op één lijn staat met een afgelegen grafheuvel is zeker suggestief, maar dan ook niet meer dan dat. Ook met het eindeloos trekken van potloodlijnen op kaarten gaat men op de duur in een kringetje ronddraaien. Het is uitstekend, zelfs noodzakelijk om zoiets te doen, maar het is niet verstandig om voor eeuwig in dat stadium te blijven steken.

Alfred Watkins, de man die voor het eerst de term 'leylijnen' heeft gebruikt om die oude verbindingslijnen te benoemen, dacht dat hij de overblijfselen van oude handelsroutes had ontdekt. Ook die theorie wordt in dit boek ontkracht. Hoewel de lijnen in sommige gevallen paden en banen zijn, waren ze niet uitsluitend voor de handel bestemd.

Vele lezers zullen behoren tot de groep die al eens iets over leylijnen gehoord heeft, en gewoon nieuwsgierig is. Misschien zullen zij het gemakkelijkst in staat zijn te accepteren wat op deze bladzijden aan bod komt. Zij zullen geen strijd moeten leveren met vooroordelen en vastgeroeste ideeën. Ikzelf heb in eerste instantie alles geloofd wat over leylijnen verscheen. Ik heb ze op kaarten getekend, ze gevolgd met een wichelroede (of dat dacht ik tenminste), ik heb overblijfselen ervan gezien in de velden en ik heb onvermoeibaar gestapt langs wat ik aanzag voor authentieke verbindingslijnen van speciale plaatsen. Ik heb gezocht op de heide, in de bergen en in woestijnen. Elk idee over leylijnen heb ik tot het mijne gemaakt. Mijn persoonlijke vooruitgang in het hele proces hield soms een pijnlijk afscheid van lang gekoesterde overtuigingen in.

Omdat de bevindingen in dit boek voor sommigen controversieel zullen zijn, voel ik mij genoodzaakt iets te doen wat ik in al de jaren dat ik boeken schrijf nooit nodig heb gevonden: ik wil u mijn geloofsbrieven laten zien.

Mijn interesse voor leylijnen begon in het midden van de jaren 1960, zoals waarschijnlijk het geval is voor velen die er nu nog steeds mee bezig zijn. Sindsdien is het onderwerp mij blijven boeien en ik ben nooit gestopt met leylijnen te bestuderen. In 1976 werd ik, behalve een ijverig onderzoeker, de uitgever van *The Ley Hunter*. Als uitgever van een gespecialiseerd blad had ik de gelegenheid om in de loop van de jaren een gespecialiseerde bibliotheek samen te stellen die weinig mensen zich kunnen veroorloven en kreeg ik informatie over bepaalde belangrijke zaken. Als uitgever kwam ik in contact met de onderzoekers, met de mensen die echt dingen verwezenlijken op hun onderzoeksterrein. Ik kreeg steeds nieuws in verband met de nieuwste ontwikkelingen. Ik was in staat van alles op de hoogte te blijven, wat in andere omstandigheden veel moeilijker zou zijn geweest.

Als uitgever kreeg ik ook post, eindeloze correspondentie. In de loop van al die jaren heb ik bepaalde patronen in het denken van de mensen kunnen ontdekken. Het wordt duidelijk, voorspelbaar zelfs, op welk niveau van informatie (of gebrek daaraan) ze in de verleiding komen te gaan speculeren, om vervolgens hardnekkig vast te houden aan de twijfelachtige overtuigingen die daarvan het resultaat zijn.

Ongetwijfeld zijn er personen die veel beter dan ik geïnformeerd zijn over een bepaald gespecialiseerd onderdeel van het onderzoek naar leylijnen, bijvoorbeeld de archeologen die de lijnen in Amerika bestuderen, of mijn collega's die de middeleeuwse lijnen onderzoeken, maar ik ben ervan overtuigd dat ik – meer door toeval dan door een of andere speciale gave – meer dan iemand anders op de hoogte ben van wat er gebeurt op het vlak van onderzoek naar leylijnen in het algemeen en (wat misschien nog belangrijker is) van allerlei misvattingen die de ronde doen.

U kunt er dus zeker van zijn dat de ideeën die in dit boek voorgesteld worden, van een geïnformeerd auteur afkomstig zijn, die zijn huiswerk goed gemaakt heeft. Helaas bestaat er geen universitaire leerstoel voor de studie van leylijnen, en jammer genoeg zijn veel mensen die er boeken over schrijven niet voldoende geïnformeerd of willen ze gewoon een van hun geliefkoosde ideeën uitwerken. Er is geen kwaliteitscontrole, zoals in de academische wereld. Desondanks vergt vakkundigheid op het gebied van de studie van leylijnen, net zoals elk ander vakgebied, tijd, toewijding, kennis van de literatuur, helder denken en voortdurend onderzoek.

Ten slotte wil ik duidelijk maken dat het onderwerp van de leylijnen op zich enkel in het eerste hoofdstuk behandeld wordt. De belangrijkste factoren komen aan bod en er wordt een samenvatting gegeven van de huidige stand van zaken. De geïnteresseerde lezer vindt ongetwijfeld een meer uitgebreide behandeling van het onderwerp in talrijke meer beperkende boeken. In dit boek wilde ik zo snel mogelijk het nieuwe materiaal voorstellen. Het resultaat is een verrassend detectiveverhaal.

Daarom moet u zich, als u vooropgezette ideeën over leylijnen hebt, voorbereiden op een verandering. Wat ook uw opvatting is over het onderwerp, dit boek stelt een benadering van het raadsel voor dat voor iedereen een verrassing en een uitdaging zal betekenen.

Paul Devereux

DEEL 1:
DE GESCHIEDENIS

HOOFDSTUK 1

DE OPKOMST VAN EEN NIEUWE VISIE

Alfred Watkins uit Hereford, Groot-Brittannië, was degene die de term ley-lijnen voor het eerst gebruikte om de verbindingslijnen aan te duiden tussen bepaalde oude plaatsen. Hij was het die in de jaren 1920 het meest complete overzicht gaf van het lineaire patroon dat klaarblijkelijk heel oud was, maar nog steeds zichtbaar in het landschap. Zijn visie werd door de archeologen en de wetenschappers van die tijd als ketterij beschouwd. Maar de ideeën van Watkins waren niet vanuit een vacuüm ontstaan.

Strohalmen in de wind

De waarneming van verschillende soorten van lijnvormige verbindingen van monumenten lijkt samen te vallen met een groeiende belangstelling voor de Oudheid in de loop van de 18de eeuw. Wanneer men het geheel bekijkt, lijkt het proces op wat een persoon ervaart die in een onbekende omgeving uit een diepe slaap ontwaakt; het duurt een tijdje voordat hij alles in perspectief heeft en voor hij de situatie begrijpt waarin hij zich bevindt.

We kennen natuurlijk niet alle mensen die in relatief moderne tijden geloofd hebben dat ze overblijfselen van lineaire verbindingen hebben gezien, maar we weten zeker dat een van de eersten de Britse oudheidkundige William Chapple was. In 1778 schreef hij dat de belangrijkste steenrij op een prehistorische site van megalieten ('grote stenen') te Drewsteington in Devon op één lijn lag met een dolmen (een 'doos' gevormd door rechtopstaande megalieten met daarbovenop een deksteen, die dateert uit de Nieuwe Steentijd of het Neolithicum) een eind daarvandaan.

Een rode draad die door de belangstelling voor de Oudheid in het algemeen heen liep, was de romantische belangstelling voor druïden. Een van die oudheidkundigen was de Eerwaarde Edward Duke, die in 1846 beweerde dat Stonehenge en Avebury, zo'n 32 km van elkaar verwijderd, op een rechte lijn lagen, waarop eveneens een steencirkel lag en twee prehistorische aarden wallen. Duke beschouwde deze plaatsen als punten op 'banen' die vertrokken op Silbury Hill, de grote neolithische heuvel in Avebury, en die een aards model weergaven van wat volgens hem de geocentrische (met de aarde als centrum) opvatting van de druïden was over het zonnestelsel. Silbury vertegenwoordigde de aarde, de steenkring van Avebury bevond zich op de baan van de zon en Stonehenge was het verst verwijderd, op de baan van Saturnus.

William Pidgeon, een Amerikaans handelsreiziger uit de 19de eeuw, publiceerde rond 1850 *Traditions of De-Coo-Dah*. Daarin beschreef hij zijn reizen door gedeelten van de Amerikaanse *Midwest*. Hij deed het verhaal van zijn contacten met een oude indiaanse wijze, De-Coo-Dah, en van zijn studies van enkele van de talrijke oude indiaanse heuvels en monumentale aarden wallen in dat gebied. Pidgeon kwam tot de conclusie dat vele daarvan op een rechte lijn lagen die hij lineaire ketens noemde: 'de lineaire ketens waren ontworpen en vervaardigd om te dienen als nationale en internationale oriëntatiepunten en grensaanduidingen.' Wetenschappers hebben het boek van Pidgeon afgedaan als zuiver fictie, maar John Michell was van oordeel dat 'het ongekunstelde verslag van Pidgeon over zijn omzwervingen door het gebied van de indianen en zijn beschrijvingen van de monumenten van het oude Amerika authentiek klinken.'[1]

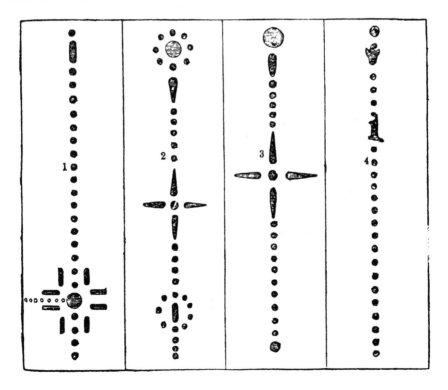

Afbeelding 1. Een van William Pidgeons 'lineaire ketens' van indiaanse aarden wallen, in vier stadia

In 1870 gaf William Henry Black een lezing over 'Grenzen en Oriëntatie-punten' voor een archeologisch gezelschap in Hereford, de geboorteplaats van Alfred Watkins. Hij had het over 'grote lijnen' die gevormd werden door rechtlijnige verbindingen van speciale plaatsen en oriëntatiepunten, die hij op dat ogenblik al zo'n 50 jaar bestudeerd had. Hij was van oordeel dat die verbindingen van Romeinse origine waren.[2]

Tijdens de laatste twee decennia van de 19de eeuw verscheen een overvloed aan artikels in verband met oude verbindingslijnen in verscheidene Britse kranten en tijdschriften. In een artikel voor de Woolhope Club van Here-fordshire beschreef G.H. Piper in 1882 een rechtlijnige verbinding van sites waar zich prehistorische stenen en aarden wallen bevonden met de top van een berg in de omgeving. Het volgende jaar publiceerde W.T. Watkin een ar-tikel over grafheuvels in Lancashire, die hij, typisch voor zijn tijd, als Ro-meins bestempelde. In 1889 publiceerde Joseph Houghton Spencer een ar-tikel in *The Antiquary* met als titel *Ancient Trackways in England*, waarin hij oude rechte paden door bossen en parken liet doorlopen in het land-schap dat eromheen lag. Hij beweerde dat deze doorgetrokken lijnen door oude plaatsen liepen, over signaalheuvels en kruisingen van wegen. Hij be-schouwde die lijnen – een combinatie van de overblijfselen van paden en de lijnen die hij op papier getrokken had – als de overblijfselen van een oud systeem van langeafstandcommunicatie. Ergens in de jaren '90 van de 19de eeuw, misschien zelfs vroeger, ontdekte kolonel Johnston, die op dat ogen-blik de directeur was van de *Ordnance Survey*, dat Stonehenge, de heuveltop van Old Sarum ten zuiden daarvan, waar zich overblijfselen bevonden van de IJzertijd en de Middeleeuwen, de kathedraal van Salisbury en de aarden

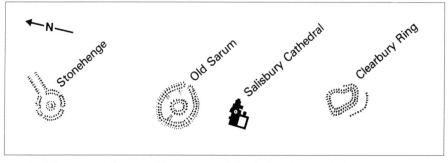

Afbeelding 2. Stonehenge, Old Sarum en de kathedraal van Salisbury liggen op één lijn met de aarden wallen van de Clearbury Ring. Deze verbindingslijn is in de loop van een eeuw door verscheidene personen ontdekt en in verschillende vormen voorge-steld. (Naar Ian Thomsom)

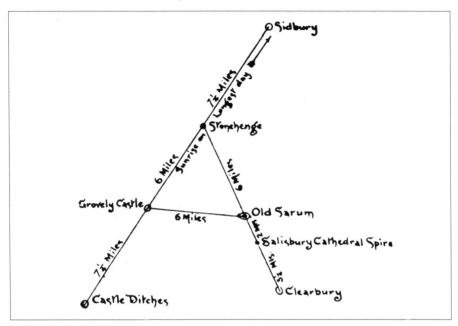

Afbeelding 3. De plattegrond van de verbindingslijnen van Lockyer met Stonehenge en de heuveltoppen in de omgeving waar zich prehistorische aarden wallen bevinden.

wal uit de IJzertijd op de heuvel van Clearbury Ring op een rechte lijn lagen. (Later beweerde de Duitse onderzoeker, Josef Heinsch – zie verder – dat de ontdekking van deze lijn had bijgedragen tot de toenemende accuratesse van de *Ordnance Survey*.) Magnus Spence, een schoolmeester op Orkney, de groep eilanden voor de noordelijke kust van Schotland, publiceerde in 1894 een boekje met een gedetailleerde beschrijving van enkele van de belangrijkste plaatselijke neolithische sites, bijvoorbeeld de in kamers verdeelde grafheuvel van Maeshowe, de Ring van Brogar en de Stenen van Stenness. Hij associeerde deze met astronomische verbindingslijnen. Astronomie was eveneens een belangrijk thema in de oudheidkunde. Aan het einde van de 19de eeuw breidde de interesse voor dit onderwerp zich nog uit door het werk van Sir Norman Lockyer, de uitgever van het wetenschappelijk blad *Nature*, en door het werk van F.C. Penrose over de astronomische oriëntatie van de Griekse en Egyptische tempels. In 1896 publiceerde A.L. Lewis de resultaten van zijn onderzoek, dat uitwees dat al de tot dan toe bekende steencirkels in de westelijke helft van Bodmin Moor, Cornwall, heel nauwkeurig op één lijn lagen met de belangrijkste heuvels in de streek.

In 1904 publiceerde F.J. Bennett een artikel in de *South Eastern Naturalist* waarin hij zogenaamd 'meridionale' (noord-zuid) verbindingslijnen tussen megalieten in Kent beschreef. Hij had iets gehoord over Duke, die de lijn beschreven had die Avebury en Stonehenge verbindt, en blijkbaar had dat zijn interesse gewekt. Hij gaf eveneens zijn versie van de Stonehenge – Old Sarum – Clearbury Ring-lijn. In datzelfde jaar werd *The Old Road* van Hilaire Belloc gepubliceerd. Het was toentertijd erg populair. Belloc beschreef prehistorische wegen in het algemeen, en dus niet de leylijnen; hij volgde pelgrimsroutes en bergpaden. Hij vertelde dat de weg die hij gevolgd had van Winchester naar Canterbury, *The Old Road*, langs 13 kerken liep, sommige nog in gebruik, andere vervallen. Belloc merkte op dat *The Old Road* meestal rechtdoor liep, over de heuvels, omdat hij dateerde uit een tijdperk toen men zich nog niet verplaatste met voertuigen en men bijgevolg steile paden nog niet vermeed. Hij was in Amerika geweest en hij was op de hoogte van het bestaan van de rechte indiaanse paden (zie hoofdstuk 3).

Als resultaat van zijn werk en dat van Penrose over de astronomische oriëntatie van de tempels uit de klassieke Oudheid in verscheidene landen, begon Lockyer op dezelfde manier naar de megalieten in Groot-Brittannië te kijken. In 1906 publiceerde hij *Stonehenge and Other British Stone Monuments Astronomically Considered*. In de tweede druk in 1909 merkte hij op dat, wanneer men astronomische lijnen trekt vanuit Stonehenge, ze door be-

Afbeelding 4. Done Bushells schets van de verbindingslijnen tussen de menhirs van Carn Meini in de Preseli Hills in Wales

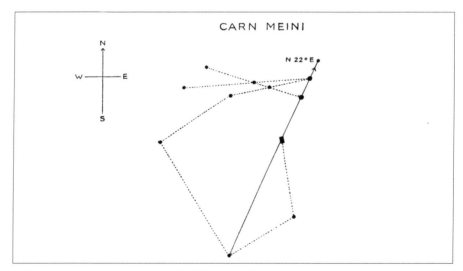

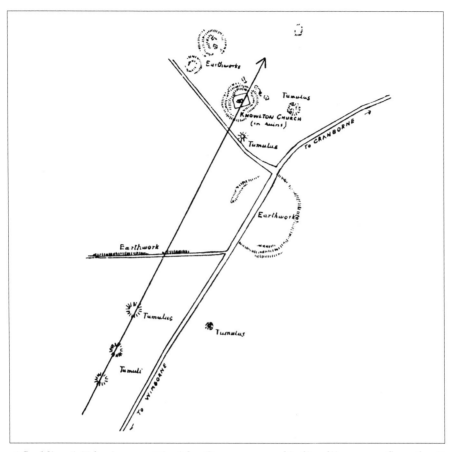

Afbeelding 5. Tekening van Hippisley Cox van een verbindingslijn van grafheuvels uit de Bronstijd met het neolithische monument in Knowlton, Dorset

langrijke archeologische plaatsen in de omgeving lopen. Hij toonde aan dat Stonehenge gelegen was op een driehoek waarvan ook de Old Sarum – Clearbury Ring-lijn deel uitmaakte. Blijkbaar was Lockyers interesse voor deze lijn gewekt door kolonel Johnston.

In 1908 publiceerde Sir Montagu Sharpe de resultaten van zijn onderzoek van een rooster van verbindingslijnen in Middlesex, waarop kerken voorkwamen, grenspalen en aarden wallen. Zoals anderen vóór hem veronderstelde hij dat de overblijfselen dateerden uit de Romeinse periode. In 1909 schreef Alfred Devoir in een Duits archeologisch tijdschrift een artikel over de astronomische verbindingslijnen die hij ontdekt had tussen de megalieten in de buurt van Carnac in Bretagne. In 1910 merkte James G. Wood op dat in het grensgebied van Wales verscheidene oude grafheuvels zichtbaar waren wanneer men zich op één van die heuvels bevond en dat ze bovendien door een rechte lijn verbonden waren met prehistorische aarden wallen. In 1911 verklaarde Alice Dryden, een volkskundige die werkzaam was in het graafschap Leicestershire in het centrum van Engeland, dat ze van oordeel was dat de legende over een tunnel tussen de twee megalieten, de Steen van de heilige Johannes in Abbey Fields, Leicester, en de Humber Stone vijf kilometer daarvandaan, in feite een overgeleverde herinnering was aan een astronomische verbindingslijn tussen de monumenten.[3] (Ook Alfred Watkins beweerde dat volksverhalen waarin tunnels voorkwamen refereerden aan verbindingslijnen.) In hetzelfde jaar merkte de Eerwaarde W. Done Bushell verbindingslijnen op tussen megalieten in de Preseli Hills in Wales.[4] In *The Green Roads of England* (1914) schreef R. Hippisley Cox dat grafheuvels uit de Bronstijd verbonden waren met het neolithische monument van Knowlton in Dorset. In 1915 publiceerde Ludovic MacLellan Mann verslagen van 'geometrische relaties' tussen prehistorische cairns (kegelvormige steenhopen), rechtopstaande megalieten en opvallende topografische kenmerken in de streek.

Deze en andere observaties maken duidelijk dat het idee van de verbindingslijnen tussen oude monumenten helemaal ingeburgerd was tegen de tijd dat Alfred Watkins de 'leylijnen' ontdekte.

Het fenomeen leylijnen

Op 30 juni 1921, een zonnige middag, bestudeerde Watkins een kaart van Herefordshire in zijn auto terwijl hij in Blackwardine in het graafschap Herefordshire geparkeerd stond. Plotseling zag de 66-jarige zakenman, uitvinder, molenaar, pionier van de fotografie en publiek figuur dat een aantal heuveltoppen en plaatsen met overblijfselen uit het verleden op een rechte lijn lagen. Allen Watkins, de zoon van Alfred, zei later dat bij zijn vader 'de schellen van de ogen vielen' en dat hij 'in een flits' zag dat in de prehistorie paden aangelegd waren in rechte lijnen volgens het zichtlijnsysteem. 'Het hele plan van Het Oude Rechte Pad werd opeens duidelijk.'[5] Alfred Watkins kende als geen ander zijn geliefde onbedorven graafschap Herefordshire. Jarenlang had hij er rondgetrokken en daardoor leek het alsof de lineaire patronen in zijn onderbewustzijn gegrift waren. Hij realiseerde zich natuurlijk dat de originele prehistorische paden al lang verdwenen waren en dat er alleen nog enkele merktekens die erlangs aangebracht waren overbleven. Hij beschreef zijn visie van Het Oude Rechte Pad als volgt:

... stel u een lijn voor die loopt van de ene bergtop naar de andere, zo ver het oog reikt ... ze raakt ... de aarde bij een aantal bergkammen, aarden wallen en kleine ronde heuveltjes. Stel u dan een terp voor, een cirkelvormige aarden wal, of een groepje bomen die op deze hoge punten neergezet zijn, en op de laaggelegen punten in de valleien andere terpen omringd door water die vanaf een afstand gezien kunnen worden. Dan brengen grote, rechtopstaande stenen hier en daar merktekens aan langs die weg, en op een oever wordt een diepe gleuf getrokken die omhoog naar een bergketen leidt of omlaag naar een doorwaadbare plaats en die een leidraad vormt aan de horizon ... Hier en daar wordt aan beide kanten van de weg een vuur gemaakt om het pad aan te duiden ... Al deze zaken bevinden zich precies op de richtlijn.[6]

Het pad werd getrokken van de ene heuveltop, bergkam of bergketen naar de andere (door Watkins 'initiële punten' genoemd) met behulp van een systeem van staven of maatstokken. Verscheidene jaren later bevestigde de archeoloog R.J.C. Atkinson dat ervaringen tijdens zijn veldwerk hadden duidelijk gemaakt dat een lijn die volgens dit systeem tot stand gekomen was, een foutmarge had van slechts één meter op 50 km.[7]

De etymologische studies van Watkins brachten hem uiteindelijk bij de term 'leylijnen'. Hij was ervan overtuigd dat die verbindingslijnen een naam moesten hebben gehad, zeker in de tijd van de Kelten (de IJzertijd). Hij suggereerde dat de Welshe term *llan* (een omheind stuk heilig land) en de term '*ley*' eenzelfde etymologische ontwikkeling hadden gekend. Hoewel de Engelse term *ley* op dit ogenblik meestal geïnterpreteerd wordt als een aanduiding van een veld waarop gras is gezaaid, een weide of grasland, of een schoongemaakte open plek, vond Watkins toch ook met rotsen bezaaide plekken, eilandjes en heuvels met die naam. Hij veronderstelde dat de conclusie dat de term *ley* naar grasland verwees het gevolg was van het feit dat soms stukken bos gerooid moesten worden om de rechte paden aan te leggen. Hij ontdekte bovendien associaties met de term 'licht' (*light*) in de etymologische geschiedenis van het woord ley – de oorsprong ervan lijkt terug te gaan tot het Latijnse woord *lucere*, licht geven, wat merkwaardig genoeg dezelfde stam heeft als het Latijnse woord *lucus*, heilig bos.

Watkins ging ervan uit dat aan de realiteit van de oude rechte paden niet getwijfeld kon worden, of de term leylijnen nu een geschikte term was om ze aan te duiden of niet. Desondanks moet hij zich niet helemaal gelukkig gevoeld hebben met de term want de onderzoeker Jonathan Mullard heeft vastgesteld dat Watkins het woord maar een beperkte tijd gebruikt heeft in

Afbeelding 6. Zo zag Alfred Watkins het rechte pad. De tekening stond op de omslag van The Ley Hunter's Manual uit 1927.

de jaren 1920. Daarna gebruikte hij uitsluitend de termen 'oude rechte paden' en 'oude paden'.[8] Nochtans was hij waarschijnlijk dichter bij de waarheid dan hij kon vermoeden, want recent onderzoek door Alan Wharam heeft aangetoond dat in gerechtelijk Engels de term *laia* ten minste tot in de 17de eeuw gebruikt werd om een weg door het bos aan te duiden, en in het Frans wordt het woord nog steeds gebruikt. Het woord is bovendien verwant aan andere woorden in heel Europa die 'straat' betekenen.[9] De Belgische onderzoeker François Geysen bevestigt dat het woord 'lei' een veelgebruikt woord is in de streek van Antwerpen en dat het op oude kaarten gebruikt werd om wegen aan te duiden die recht naar een kerk of een kapel leidden (persoonlijk contact).

Wat ook de waarheid is omtrent hun oude naam, Watkins was ervan overtuigd dat de oude verbindingslijnen een systeem van handelsroutes vertegenwoordigden, die voor het eerst ontstaan zijn in het neolithicum, en zich dan duizenden jaren lang ontwikkeld hebben 'tot ze na de Romeinse overheersing in verval zijn geraakt'. Buiten de natuurlijke topografische verschijnselen, zoals heuveltoppen (vaak die toppen die in de Elizabethaanse periode bakens werden omdat ze onderling zichtbaar waren), prehistorische grafheuvels, megalieten en aarden wallen, vond Watkins ook andere plekken met overblijfselen uit het verleden op die verbindingslijnen, die hij toen in zijn geboortestreek nauwkeurig begon te bestuderen. Dat waren onder andere oude kerken en kruisen (van vóór de Reformatie), burchten, heilige bronnen, oude kruispunten van wegen. Hij vond bovendien steeds meer opvallende keien langs de lijnen die hij bestudeerde. Hij was ervan overtuigd dat ze deel uitmaakten van het oorspronkelijke patroon van de leylijnen en noemde ze daarom 'markeringsstenen'. Hij merkte ook op dat zich op bepaalde in het oog springende plaatsen langs de lijnen boomgroepen bevonden. Hij realiseerde zich natuurlijk dat de bomen zelf relatief jong waren, maar hij vroeg zich af of de oorsprong van de boomgroepen niet in een veel verder verleden te vinden was en dat ze de eeuwen getrotseerd hadden doordat er telkens nieuwe zaden ontkiemd waren. Desondanks benadrukte hij dat deze boomgroepen slechts een secundair belang hadden als markeringspunten van leylijnen.

Watkins verklaarde de aanwezigheid van christelijke kerken op voorhistorische lijnen met de stelling dat in de loop van de tijd bepaalde markeringspunten een speciale of sacrale betekenis kregen. Het is bijvoorbeeld een bekend feit dat in de Keltische tijd, en misschien zelfs vroeger, kruispunten als heilige plaatsen beschouwd werden – en Watkins beschouwde oude kruispunten van wegen als markeringspunten van leylijnen. Die speciale plekken evolueerden tot een soort van heiligdommen en later werden die gekerstend tot kerken en kruisen. Deze stelling wordt gestaafd door een aanzienlijke documentatie en een groot aantal bewijsstukken afkomstig van opgravingen op

Afbeelding 7. De Chapelle des Sept-Saints, Bretagne, een duidelijk voorbeeld van een christelijk gemaakte prehistorische heilige plaats. De huidige 17de-eeuwse kerk is in de plaats gekomen van vroegere kerken, die op hun beurt om een dolmen heen gebouwd waren.
(Naar A. de Mortillet)

het Europese vasteland en tot op zekere hoogte ook in Groot-Brittannië. Het was een proces dat duidelijk goedgekeurd en zelfs voorgeschreven werd door de vroegchristelijke Kerk. De burchten werden volgens Watkins langs de leylijnen gebouwd omdat de bewoners ervan op die hooggelegen plaatsen een overzicht hadden over de hele omgeving, wat hun uit militair oogpunt goed uitkwam. Dat was bovendien een factor die van even groot belang was voor de eerste landmeters. Watkins somde talrijke middeleeuwse burchten op waarin overblijfselen gevonden zijn van vóór de Normandische verovering. Bovendien wees hij erop dat het woord *castle* niet alleen 'versterkte burcht' betekende, maar dat het vroeger ook gebruikt werd om een prehistorische aarden wal aan te duiden.

In 1921 hield Watkins een lezing voor de *Woolhope Naturalists' Field Club*, waarvan hij een vooraanstaand lid was. Het daaropvolgende jaar publiceerde hij *Early British Trackways*, de tekst die hij voor zijn lezing gebruikt had. In 1925 publiceerde hij zijn voornaamste werk over de leylijnen: *The Old Straight Track*. Het werk was rijkelijk geïllustreerd met foto's die hij had genomen in de periode vlak nadat hij op het spoor van de leylijnen was gekomen, maar er zijn ook foto's in opgenomen uit zijn aanzienlijke collectie beeldmateriaal van de grensstreek van Wales en het werk bevat nu een schat aan archeologische, architecturale en sociologische informatie. *The Ley Hunter's Manual* werd gepubliceerd in 1927 en *Archaic Tracks Round Cambridge* in 1932.

Ook Watkins heeft de verbindingslijn tussen Stonehenge, Old Sarum and Clearbury Ring opgemerkt, en hij beweerde dat hij niet op de hoogte was van de bevindingen van Lockyer. Hij gaf wel toe op de hoogte te zijn van de ontdekkingen in verband met verbindingslijnen van sommige van zijn voorgangers, en waarschijnlijk heeft hij als tiener gehoord over de lezing van W.H. Black in de Woolhope Club, al heeft hij dat nooit zelf gezegd. In 1922, weten we, was hij op de hoogte van het bestaan van de rechte indiaanse paden omdat hij er een artikel over gelezen had in de krant (hij had ook Bellocs werk gelezen).

Toen hij op zoek ging naar leylijnen, vond Watkins aanwijzingen van deze lijnen in oude dorpen. De lijnen liepen onveranderlijk door oude kerken, een kathedraal of belangrijke kruispunten. In zijn geboortestad Hereford ontdekte hij dat wanneer het rechte stuk van Broad Street, dat de kerk van Alle Heiligen aan de ene kant verbond met de kathedraal aan de andere kant, doorgetrokken werd tot in het noorden van de stad, ze nog door drie andere kerken liep, en wanneer ze naar het zuiden doorgetrokken werd, liep ze door een oude doorwaadbare plaats in de Wye en door nog een oude kerk. Hij vond verscheidene gelijksoortige lijnen in Londen. Eén ervan verbond het oude kruispunt van Trafalgar Square en het rechte stuk van The Strand, en een andere liep door St Paul's Cathedral (die gebouwd is op oude fundamenten op het 'initiële punt' van Ludgate Hill). In Oxford merkte hij op dat lijnen die door kerken liepen elkaar kruisten op de Carfax, het centrale Romeinse kruispunt van de stad. Op die plaats bevond zich vroeger de marktplaats, en hij heeft in heel het land aanwijzingen gevonden dat oude marktplaatsen (en vaak ook de traditionele locaties van jaarmarkten, openluchtpreken en openluchtrechtspraak) ook letterlijk mark-eringsplaatsen waren, waar de merkstenen vaak nog aanwezig waren.

Op het platteland vond Watkins aardhopen, kerken, oude stenen, oude kruispunten en heuveltoppen die door rechte lijnen verbonden waren. Een bijzonder interessant voorbeeld zijn de op een heuveltop gelegen prehistorische aarden wallen van Sutton Walls in Herefordshire. Watkins was in een inham tussen de belangrijkste aarden wallen en een grafheuvel gaan staan en hij zag, wat nu nog steeds geverifieerd kan worden: dat de torenspits van Marden Church op één lijn lag met de vierkante toren van Wellington Church. In de andere richting loopt de lijn door tot Sutton St Nicolas Church. Een jaar na deze ontdekking kreeg Watkins een landbouwer op bezoek, die hem vertelde dat tijdens het ploegen een donkere lijn verschenen was in een veld vlak bij de Sutton Walls. Misschien was het 'een van uw oude paden', opperde hij. (Wanneer een veld geploegd wordt, gebeurt het vaak dat de aarde donkerder kleurt op de plaatsen waar de aarde al vroeger omgewoeld was; die plaatsen zijn dan vaak geërodeerde aarden wallen, funderingen van een gebouw of een oude weg.) Watkins bracht dadelijk een bezoek aan die plaats en zag dat de donkere lijn recht naar de inham liep waar hij had gestaan toen hij de verbindingslijn tussen de kerken had opgemerkt. Hoewel Watkins de leylijnen niet op de eerste plaats als astronomische lijnen zag, merkte hij toch dat sommige blijkbaar ook naar bepaalde hemellichamen georiënteerd waren.

Watkins zocht bewijzen voor het bestaan van zijn oude rechte paden telkens als de gelegenheid zich voordeed. Toen dus de riolering gelegd werd in Hereford, maakte hij van de gelegenheid gebruik om in de greppels die de werklui moesten graven te zoeken naar diep begraven overblijfselen van de lijnen op zijn kaarten. En soms had hij succes, zoals zijn foto's aantonen.

The Straight Track Postal Portfolio Club werd opgericht in 1926 als een reactie op het werk van Watkins. De leden wisselden per post onderzoek en opinies uit, die werden verzameld door de secretaris, majoor F.C. Tyler. De leden kwamen regelmatig samen voor een picknick op een markeringspunt

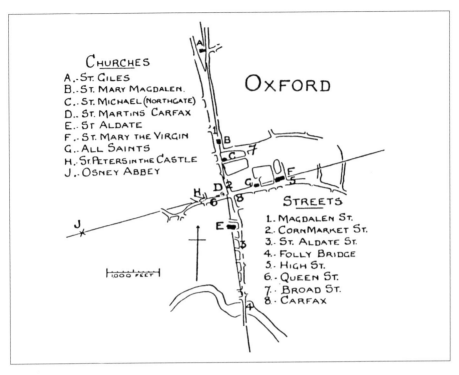

Afbeelding 8. De tekening van Alfred Watkins van de verbindingslijnen van de kerken in Oxford

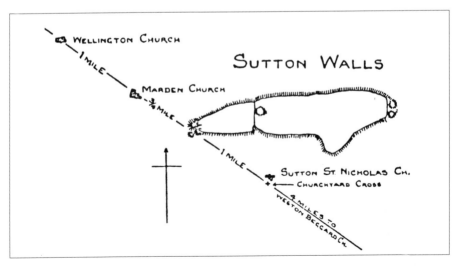

Afbeelding 9. Watkins' plattegrond van de verbindingslijn van Sutton Walls

langs een van de leylijnen. Watkins stond nu nationaal bekend als de man die een nieuwe hobby geïntroduceerd had: het zoeken naar leylijnen.

Maar ondanks de uitmuntende reputatie van Watkins en zijn succes in andere aspecten van de archeologie – zoals het correct voorspellen waar de middeleeuwse muren van Hereford zich moesten hebben bevonden en het catalogiseren van de oude kruisen langs de wegen van het graafschap – vond zijn theorie van de leylijnen geen gehoor bij de orthodoxe wetenschappers. O.G.S. Crawford, stichter en uitgever van het respectabele archeologische tijdschrift *Antiquity*, weigerde een betaalde advertentie voor *The Old Straight Track*, en liet zich laatdunkend uit aangaande de theorie van de leylijnen.

Een andere archeoloog beweerde dat die theorie 'niet alleen nonsens was, maar verdomde nonsens'. En inderdaad, de theorie was verdomd, in de betekenis van afgewezen. Het idee alleen al van Britse landmeters die in een ver verleden rechtlijnige paden aanlegden, botste met de overheersende overtuiging van de mensheid die in een spiraal van voortdurend verder schrijdende ontwikkeling zat. Bovendien was er op dat ogenblik in Groot-Brittannië bij de archeologen nog weinig bekend over rechtlijnige verschijnselen zoals de *cursuses* uit het Neolithicum (hoofdstuk 2) of de oude rechte paden van de indianen in Amerika (hoofdstuk 3). Er was dus niets wat de wetenschappers had kunnen voorbereiden op de opvattingen van Watkins. Het is misschien een teken van de geleidelijke, maar nog steeds karige verandering in de houding tegenover Watkins dat Ron Shoesmith, hoofd van de *Archeology Unit* in Hereford, in 1990 toegaf dat Watkins 'al de kenmerken had van een groot archeoloog'.[10]

Watkins stierf in 1935 en *The Straight Track Club* werd opgedoekt op het einde van de jaren 1940. De dozen met de archieven bevinden zich in de bibliotheek van Hereford.

Een Duits intermezzo

In Duitsland voltrok zich een merkwaardige parallel met het Britse werk in verband met de rechtlijnige verbindingen. Nigel Pennick beweert dat 'de basis van wat de "Duitse school van de studie van verbindingslijnen" genoemd kan worden' gelegd is door een artikel dat in 1909 in een Duits tijdschrift was gepubliceerd. Het artikel was van de hand van Alfred Devoir, een Frans onderzoeker die de astronomische lijnen van de stenen van Carnac in Bretagne had bestudeerd en die contact had gehad met Lockyer.[11] Bovendien was het werk van Lockyer in Duitsland gerecenseerd door een landmeter, Albrecht, en dat beïnvloedde op zijn beurt Johann Leugering, een katholiek priester, die in 1920 astronomische verbindingslijnen begon te zoeken in zijn geboortestreek Westfalen. Hij kreeg de hulp van een cartograaf uit dezelfde streek, Josef Heinsch (zie verder). In de jaren '20 bestudeerde Wilhelm Teudt onafhankelijk de Duitse verbindingslijnen, die hij *heilige Linien* (heilige lijnen) noemde. Zijn werk lijkt te zijn begonnen met de studie van een merkwaardige kapel die uit de rotsen gehouwen is op de top van een van de vreemde kalksteenformaties in de buurt van Detmold, die de *Externsteine* worden genoemd. Die kapel heeft een rond raam waardoor de zonnestralen binnen vallen op zomerochtenden. Teudt ontdekte dat vanuit de kapel markeringsplaatsen aan de horizon zichtbaar waren, die verscheidene verbindingslijnen opleverden. Hij zette zijn zoektocht naar verbindingslijnen verder in de buurt van kapellen, heiligdommen en pelgrimsoorden, kruisen langs de wegen, burchten, oude verzamelplaatsen en andere locaties in het noorden van Duitsland. John Michell beschrijft de ideeën van Teudt als volgt:

> Volgens Teudt ontstonden de astronomische relaties van deze plaatsen als gevolg van hun oude bestemming in verband met de rondgang van de festivals. Vanaf de plaats waar ze verzameld waren, zochten de mensen naar de zon in de richting van een bekend merkteken aan de horizon. Dat was zowel een daad van spirituele invocatie als een praktische methode om rekening te houden met de kalender. Na verloop van tijd werden die verre merktekens zelf heilige plaatsen en gingen ze daar ook festivals organiseren, zodat de behoefte ontstond aan andere markeringsplaatsen aan de horizon die op een rechtlijnige verbinding lagen met de twee andere plaatsen. Zo heeft het systeem van de heilige plaatsen zich ontwikkeld in Duitsland, zoals – met de woorden van Teudt – 'parels aan een snoer'.[12]

Teudt publiceerde zijn bevindingen en ideeën in 1929. Hij was een chauvinistisch Duitser die de komst van Hitler verwelkomde, en hij engageerde zich in een SS-project om de Externsteine om te vormen tot een centrum van nazi-cultus.

Heinsch was een heel ander soort man, die uiteindelijk Duitsland moest ontvluchten. Hij deed zijn werk in verband met de oude verbindingslijnen in Duitsland 'in een vruchtbare samenwerking' met Leugering, en in proefonderzoeken in Engeland, Frankrijk en het Midden-Oosten. Hij kwam tot de conclusie dat reeds in de Steentijd 'grote stukken land accuraat verdeeld en opgemeten konden worden'. Zijn onderzoek bracht aan het licht dat vaak dezelfde maataanduidingen gebruikt werden voor de afstanden die te maken hadden met de landschapsgeometrie, waartoe oude heilige plaatsen en grensmarkeringen behoorden. Bovendien:

> Omdat op de oude heilige plaatsen op dit ogenblik meestal kerken staan, kapellen of moskeeën … is hun patroon in grote lijnen nog altijd herkenbaar en verlenen ze een karakteristieke lokale stempel aan de structuur van een land of een landschap.[13]

De fundamentele 'verdeling van het land in driehoeken' was gebaseerd op 30° en 60°, en de diagonalen van een vierkant en een dubbel vierkant, en nog andere geometrisch significante hoeken. De

> … basislijn van dit oriëntatiesysteem verbindt twee belangrijke heilige plaatsen die regelmatig aangetroffen worden: (a) de heilige heuvel in het westen, oorspronkelijk vooral geassocieerd met de aanbidding van de Maan en in het christelijke tijdperk vaak opgedragen aan Onze-Lieve-Vrouw en (b) ten oosten daarvan op 84° of 96° (een afwijking van 6° naar het noorden of het zuiden van het precieze oosten) de plaats die oorspronkelijk aan de Zon was gewijd, en die in de christelijke tijd vaak werd opgedragen aan Johannes de Doper.[14]

Hij vond overvloedige bewijzen van die geometrische verbanden in 'de oude landschapsstructuur in de buurt van München'. In Frankrijk staat de kathedraal van Chartres, het prachtige gotische bouwwerk dat opgedragen is aan Onze-Lieve-Vrouw, op de oudste heuvel van de streek op de maanplaats. Een lijn op 84° verbindt de kathedraal met de zonneplaats, waar nu de kerk van Nognt-le-Paye staat, 6,5 km daarvandaan. Ten zuidwesten van Chartres staat op een andere heuvel die vroeger aan de maan gewijd was, de kerk van Notre Dame des Chatelliers, met op de bijbehorende zonneplaats op 84° naar het oosten de kerk van Ermenonville-le-Grande. Alles bij elkaar vond Heisch 36 overtuigende aanwijzingen van zijn oriëntaties binnen een straal van 25 km rond Chartres. In Engeland merkte hij eveneens de driehoek rond Stonehenge op, die Lockyer ontdekt had, en hij toonde een bijzondere belangstelling voor de Stonehenge – Old Sarum – Clearbury Ringlijn. Hij ontdekte de steencirkels in Odry, Polen, sites in de buurt van Jeruzalem en talrijke andere streken waar die lineaire patronen aangetroffen werden.

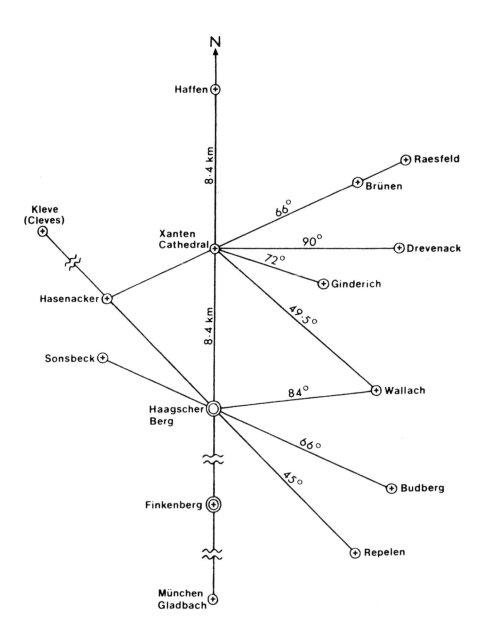

Afbeelding 10. Het oude landschapspatroon volgens Heinsch, gemarkeerd door oude sites op het platteland rond Xanten en de Haagscher berg, Duitsland (Michael Behrend, naar Josef Heinsch)

Heinsch voelde dat de onderliggende principes van de oude lineaire patronen 'een niet onaanzienlijke rol zouden kunnen spelen in het ontstaan van een *nieuwe wetenschap van landschapsstructuur*, aangepast aan de noden van een moderne samenleving'. Dat lijkt een eerste oproep te zijn tot een nieuwe versie van geomantiek (sacrale geografie).

In het begin van de jaren 1930 publiceerde A. Röhrig een werk over een rasterachtige structuur van verbindingslijnen over een gedeelte van Duitsland, waarbij hij als markeringspunten al de plaatsen gebruikte die typisch waren voor Watkins. In hetzelfde decennium bestudeerde August Meier verbindingslijnen in de omgeving van Lemgo in Lippe, waarop kerken en 'heilige heuvels' aangetroffen werden. Tussen 1940 en 1943 schreef Kurt Gerlach in de nazi-krant *Germanien* artikels waarin hij verbindingslijnen beschreef tussen kerken uit de 10de en de 12de eeuw. Het doel van deze lijnen was hetzelfde als van de leylijnen van Watkins: 'om lijnen van communicatie tot stand te brengen en om reizigers door het landschap te gidsen'.[15] Gerlach ging ervan uit dat de lijnen getrokken waren door benedictijnenmonniken 'als een onderdeel van de inspanningen van het Duitse keizerrijk om de beschaving te brengen naar de heidenen in het noorden en het oosten'.[16]

Omdat sommige studies van verbindingslijnen met het nazisme geassocieerd werden, kwamen de ideeën in Duitsland in een slecht daglicht te staan na de Tweede Wereldoorlog.

De grote heropleving van het zoeken naar leylijnen

Er zijn brieven waaruit blijkt dat enkele van de leden van de *Straight Track Club* in 1948, kort voordat de club ophield te bestaan, voorstelden om Heinsch te contacteren. Dat is echter nooit gebeurd vóór de club haar activiteiten staakte.

De belangstelling voor leylijnen nam af. Enkel nog *The Avalon Society* van Egerton Sykes en activiteiten van geïsoleerde individuen die over hun bevindingen schreven in gespecialiseerde blaadjes of zelfs in schoolkranten hielden de vlam brandend. In 1961 kwam daar echter verandering in dankzij de figuur van Tony Wedd, een vroegere RAF-piloot. Deze man was een vrijdenker, een criticus van het materialisme en had tegelijkertijd artistieke en technische talenten.[17] In 1949 had hij het boek van Watkins, *The Old Straight Track*, uit de bibliotheek gehaald, en sindsdien hadden enkele van zijn eigen ontdekkingen hem overtuigd van de waarde van de theorie van de leylijnen.

Wedd begon zich bovendien te interesseren voor vliegende schotels of UFO's en was ervan overtuigd dat telepathisch contact met wezens uit de ruimte mogelijk was. In 1960 vond een helderziende, die bij Wedd op bezoek was, een 'plek met magnetische krachten' in de buurt van zijn huis, waar een esdoorn groeide. De helderziende beweerde dat ze boodschappen ontving van een ruimtewezen met de naam Attalita. Tijdens die communicatie werd haar verteld dat er 'krachtlijnen' bestonden. Wedd en zijn vrienden spoorden twaalf van zulke lijnen op in Kent en vonden op die lijnen enkele van de – in de theorie van Watkins – markeringspunten van leylijnen (hoewel het hoofdzakelijk om boomgroepen ging, die volgens Watkins slechts een zwak bewijs vormden). Wedd merkte echter bovendien op dat sommige van deze markeringspunten vermeld werden in lokale berichten over UFO-waarnemingen, en vanaf dan nam hij aan dat de bestuurders van de vliegende schotels 'van de leylijnen op de hoogte waren'. Wedd raakte vooral onder de indruk van twee boeken over UFO's. Het ene was het boek van Aimé Michel: *Flying Saucers and the Straight Line Mystery* (1958) waarin de Franse auteur het had over de observatie dat in 1954 tijdens een UFO-golf in Frankrijk, UFO's laag bleven hangen of zelfs landden in rechtlijnige patronen, die hij *orthotenies* noemde. (Dit boek wordt nu niet meer serieus genomen.) Het andere werk was *My Trip to Mars, the Moon and Venus* (1956) van Buck Nelson. Nelson was een Amerikaan die beweerde dat hij contact had gehad met ruimtewezens en dat hij in hun ruimteschepen had meegevlogen. Nelson zei dat de ruimteschepen langs 'magnetische stromingen' reisden. Voor Wedd was alles nu eenvoudig: de leylijnen van Watkins en de *orthotenies* van Michel waren hetzelfde verschijnsel, en die lijnen waren kanalen van een magnetische kracht die de ruimteschepen konden gebruiken. In 1961 publiceerde Wedd een pamflet waarin hij zijn ideeën uiteenzette: *Skyways and Landmarks.*

Ik heb er geen belang bij te trachten deze ideeën te bevestigen. Het belangrijkste hier is dat deze bizarre mentale alchemie de vonk was die de belangstelling voor het onderwerp van de leylijnen weer deed opflakkeren in Groot-Brittannië en vandaaruit in talrijke andere landen. De tiener Philip Heselton leerde Tony Wedd in 1961 kennen en hij werd de stichter van de groep mensen die de leylijnen in verband brachten met 'aardemysteries', 'geomantiek', 'alternatieve archeologie' of 'oude mysteries', een veelomvattend, multidisciplinair terrein dat zijn oorsprong vond in de studie van plaatsen met overblijfselen uit het verleden en oude landschappen.[18] Heselton beweert dat hij voor het eerst iets over leylijnen gehoord heeft van Wedd:

Ik werd aangestoken door zijn enthousiasme en ... ik bestelde meteen
The Old Straight Track in de bibliotheek. Zo leerde ik nog meer over leylijnen. Ik kocht een kaart van de omgeving en begon zelf leylijnen te zoeken ...

Een schoolmakker, Jimmy Goddart, toonde eveneens interesse en samen
richtten we *The Ley Hunters Club* op. Met de hulp van Tony Wedd en
Egerton Sykes trachtte ik contact op te nemen met leden van The
Straight Track Club die nog in leven waren ... Van verscheidene van hen
kreeg ik een antwoord ...

Allen Watkins ging akkoord om de voorzitter van onze club te worden en
hij hield een lezing op de openingsbijeenkomst in november 1962 ...

We begonnen met een nieuwsbrief in 1965, die we de titel *The Ley Hunter* gaven. Hij bestaat nog steeds, na al die jaren. Jimmy gaf een reeks lezingen en bij één ervan waren John Michell en Paul Devereux aanwezig.
Door die lezing raakte hun belangstelling gewekt. Vele anderen raakten
in de loop van de jaren '60 in de ban van het onderwerp, zoals Anthony
Roberts, Nigel Pennick en Paul Screeton.

Het bereik van het onderwerp werd breder dan enkel maar de studie van
leylijnen ... [19]

De jaren '60 kenden een heropleving van de belangstelling voor het occulte
en dus ook voor leylijnen, UFO's en een heleboel onderwerpen die daarvoor
genegeerd werden of taboe waren. Het pas ontgonnen terrein van de aardemysteries werd meteen al overspoeld door het bruisende psychedelische
tijdperk. Op datzelfde ogenblik onderging de archeologie trauma's en revo-
luties met de herziening van de koolstofdateringsmethode, waardoor de academische modellen van de verspreiding van de beschaving en de technologie op de helling werden gezet en waardoor duidelijk werd dat de sites met
megalieten in West-Europa ouder waren dan aanvankelijk werd gedacht.
Daarbij kwam het ernstige onderzoek van Alexander Thom en anderen dat
aantoonde wat een belangrijk element de astronomische oriëntatie was geweest in de prehistorische megalietenmonumenten en dat had ook zijn invloed op de studies van de lijnen in het landschap in het algemeen. Meer en
meer raakte men ervan overtuigd dat het verre verleden een grote opslagplaats was van potentiële onthullingen voor de moderne geest.

John Michell leende zijn eruditie aan het onderwerp van leylijnen en UFO's
in artikels in underground publicaties en *The Flying Saucer Vision* (1967),
maar zijn werk *The View over Atlantis* van 1969 bleek echt vruchtbaar en
lag aan de oorsprong van talrijke latere ontwikkelingen – zowel waardevol-

le als waardeloze – op het terrein van de leylijnen en de aardemysteries. In 1969 werd Paul Screeton de uitgever van *The Ley Hunter*, dat korte tijd van de markt verdwenen was. In 1970 werd *The Old Straight Track* herdrukt (en sindsdien heeft het werk voortdurend herdrukken gekend). Op het einde van de jaren '60 en in de jaren '70 verschenen verscheidene gespecialiseerde en underground artikels die de beschikbare literatuur over geomantiek aanzienlijk uitbreidden. Het meest in het oog springend waren de inspanningen van John Nicholson (*Cambridge Voice*; *Arcana*), Anthony en Jan Roberts (*Zodiac House*) en Nigel Pennick (*Cambridge Voice*; *The Institute of Geomantic Research*). Zij gaven bijvoorbeeld oude teksten over feng shui opnieuw uit. Feng shui is een oud Chinees systeem dat de optimale plaats bepaalt voor huizen en graven en dat rekening houdt met het evenwicht tussen de hemel en de aarde (feng shui wordt nog steeds beoefend in Hongkong, Singapore en Taiwan). De Victoriaanse missionarissen die ermee in contact kwamen, hebben er talrijke boeken en artikels over geschreven. Ze gebruikten de term geomantiek, die sacrale geografie betekent, als ze feng shui bedoelden. Het was deze eeuwenoude definitie van het woord die de 'nieuwe geomantiekers' gingen gebruiken. (De oorspronkelijke betekenis van het woord 'geomantiek' is waarzeggen door het werpen van patronen van aarde.) Het *Institute for Geomantic Research* was grotendeels verantwoordelijk voor de vertaling van de Duitse teksten over de leylijnen (zie hoger) en voor de verspreiding ervan. Vanaf het begin van de jaren '60 tot in 1990 spande Tony Roberts zich in om de interesse voor 'Atlantische tradities' en elfenverhalen levendig te houden en hij was degene die het begrip van 'het geomythische' introduceerde, de interactie van de mythische realiteit met de topografie van de oude heilige landschappen.

De nieuwe studies over het zoeken naar leylijnen kenden veel bijval. In 1974 publiceerde John Michell zijn gedetailleerde studie over de verbindingslijnen tussen de megalieten en de kruisen langs de wegen van Land's End, de meest westelijke punt van Cornwall[20]. Hij had enkele van de astronomische lijnen die Lockyer beschreven had, doorgetrokken tot in Cornwall en ontdekte dat ze over het gehele land gemarkeerd werden door megalieten. Een klassieke verbindingslijn die uit zijn werk tevoorschijn kwam, was een zeer precieze lijn van 5 km die vertrok in de steencirkel van Boscawen-un, en die gemarkeerd werd door vijf megalieten.

In 1976 volgde ik Paul Screeton op als uitgever van *The Ley Hunter*. De connectie met UFO's verdween langzaam (hoewel ze af en toe nog eens opgerakeld wordt door een ouderwetse journalist of een onbeholpen nieuwkomer op het onderzoeksterrein). Het onderwerp is tot op zekere hoogte vervangen door de meer algemene theorie van 'aardelichten', die vreemde lichtverschijnselen beschouwt als een product van de aarde zelf; die verschijnselen zouden zich voordoen op die plaatsen die door de bouwers van de heilige monumenten uitgekozen werden.[21/22] Onderzoek van de energieën op die plaatsen, vooral door *The Dragon Project* (opgericht in 1977 en nu een trust) heeft aangetoond dat die plaatsen waarschijnlijk opzettelijk als heilige plaatsen gekozen zijn wegens de daar aanwezige natuurlijke geofysische energieën en geologische factoren.[23]

De nieuwe generatie onderzoekers van leylijnen ondernam voortdurend pogingen om nieuwe leylijnen te ontdekken of om reeds bestaande lijnen te controleren. Een belangrijk werk in die periode was *The Ley Hunters Companion* (1979) van Ian Thomson en mezelf. Om het boek voor te bereiden hadden we meer dan 300 voorbeelden van leylijnen verzameld. Sommige waren al eens gepubliceerd, andere waren ons toegezonden door enthousiaste vrijwilligers. Toen we ze bestudeerden op kaarten met grote schaal, zagen we dat de overgrote meerderheid hoogst verdacht was: plaatsen die niet echt op één lijn lagen, lijnen die zo lang waren dat het niet anders kon dan dat ze toevallig door een of andere opvallende plaats liepen, markeringspunten die twijfelachtig genoemd konden worden, zoals boerderijen. Op basis van de resterende lijnen en nog enkele nieuwe, onderwierpen we heel Engeland aan ons onderzoek. Het werd snel duidelijk dat lijnen 'op de grond' pas beschouwd konden worden als opzettelijk aangebracht wanneer ze minder dan 15 km lang waren en ten minste vijf opvallende markeringsplaatsen bevatten. Lijnen van drie à vier km moesten drie of vier markeringsplaatsen vertonen. Ze werden ter plaatse gecontroleerd met een prismatisch kompas en een kaart met schaal 1:25.000 en onze bevindingen moesten worden gestaafd met archiefmateriaal. Lijnen op een kaart moesten met een scherp, hard potlood en een meetlat getekend zijn op een schaal van niet minder dan 1:50.000. En zelfs dan vertegenwoordigde die potloodlijn een breedte van ongeveer 11 meter op de grond.[24]

Langzaam werden die nieuwe maatstaven in verband met de nauwgezette weergave van de verbindingslijnen de norm.

De overtuiging van Watkins dat de aanwezigheid van kerken op de verbindingslijnen duidde op vroegere heidense heilige plaatsen wordt nog steeds aanvaard door moderne onderzoekers, maar recent onderzoek heeft uitgewezen dat er ook in de historische tijd opzettelijke lijnpatronen zijn aangebracht. Eén manier waarop dit kan zijn gebeurd, is doordat de kerken gebouwd zijn op het onderliggende Romeinse of Saksische raster van straten in de oude dorpen en steden. In sommige gevallen, zoals in Oxford, lijkt het

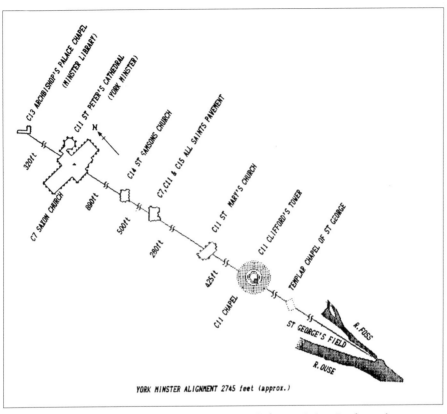

Afbeelding 11. De 'gewijde gang' in York (Naar Brian Larkman)

dat de kerken hun eigen lineaire patroon gekregen hebben, in relatie tot, maar niet identiek met het stratenpatroon. Bovendien zijn er ook meer individuele, specifieke verbindingslijnen ontdekt. Brian Larkman bijvoorbeeld ontdekte een verbazingwekkende lijn die de oude stad York in twee verdeelt.[25] Deze lijn is zeer nauwgezet onderzocht. De zeven oudste en belangrijkste kerken en kapellen van York bevinden zich op deze lijn en ze loopt door York Minster op het punt waar waarschijnlijk een kerk uit de 7de eeuw gestaan heeft. Deze korte maar overvloedig gemarkeerde verbindingslijn kan een overblijfsel zijn uit de prehistorie, maar het lijkt realistischer te veronderstellen dat ze in de loop van de historische tijd geëvolueerd is. Nigel Pennick heeft gelijksoortige lijnen ontdekt in Cambridge. Eén daarvan loopt door negen middeleeuwse en voormiddeleeuwse heilige plaatsen.[26] Hij heeft ook enkele merkwaardige verbindingslijnen ontdekt van kerken die dateren van vóór de brand van Londen. Sommige lijnen bevatten wel tien van zulke kerken. Zoals Watkins ziet ook hij 'afzonderlijke rasters voor de kerken en de straten' die teruggaan tot de Saksische en zelfs de Romeinse perioden.[27]

We kunnen alleen maar veronderstellen dat die rasters in verband staan met vroegere geomantische factoren. Een aanwijzing daarvoor vinden we in een van de lijnen die ik gevonden heb in Londen.[28] Ze verbindt de twee legendarische heuvels van de stad: Tower en Ludgate. De lijn loopt langs Cannon Street, die gedeeltelijk samenvalt met een straat uit de Romeinse tijd. De Romeinen moeten het ongetwijfeld relevant gevonden hebben de twee heuvels met elkaar te verbinden, om welke reden ook. In Cannon Street, en dus op de verbindingslijn, bevindt zich de London Stone, nu nog slechts een stukje steen achter een reling. De oorsprong ervan is heel duister, maar er wordt verondersteld dat de steen ooit de 'koningssteen' was in de Saksische periode (zie hoofdstuk 4). Twee kerken en St Paul's Cathedral liggen eveneens op de lijn, zoals u kunt zien op Afbeelding 12, en op twee van die plaatsen liggen ten minste drie legendarische of historische Britse koningen begraven. De andere kerk, All Hallows, staat op de plaats van een oud Saksisch heiligdom. De Tower of London staat op de White Mound of White Hill, die genoemd wordt in bardenliederen die thema's behandelen uit de IJzertijd, en wordt in verband gebracht met de Keltische verering van stamhoofden en complexe thema's in verband met de soevereiniteit. Dat deze lijn zoveel verwijzingen naar koningen bevat, is naar mijn mening niet toevallig. In het tweede deel zal ik de verbanden aantonen tussen de lijnpatronen en het koningschap, en de verrassende redenen daarvoor.

Afbeelding 12. De 'koningschapslijn' in Londen, die Ludgate Hill en Tower Hill verbindt.

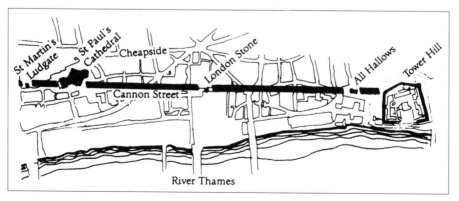

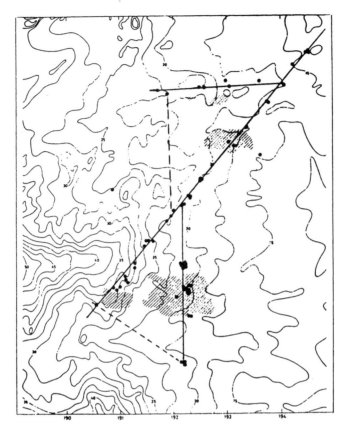

Afbeelding 13. De verbindingslijn van grafheuvels in de buurt van Epe, Nederland.
De gearceerde delen stellen 'Keltische Velden' voor.
(John Palmer, naar de Topografische Dienst)

Er zijn duidelijke bewijzen ontdekt van specifiek middeleeuwse geomantische praktijken. De onderzoeker John Palmer, die in Nederland gevestigd is,
heeft een enorme verzameling aangelegd van (tot nu toe ongepubliceerde)
documentatie over een patroon van 'blauwe stenen' dat gebruikt werd in de
middeleeuwse steden in West-Europa (en blijkbaar ook elders).[29] Hij heeft
talrijke nog bestaande stenen gelokaliseerd, of de posities van de verdwenen
stenen. Ze waren zeer belangrijke markeringspunten, *omphalos*, en ze werden geassocieerd met het koningschap, de Kerk en de rechtspraak uit die
tijd.
Een ander voorbeeld van middeleeuwse geomantiek is de belangrijke studie
van Salisbury door Nigel Pennick. Dit brengt ons opnieuw bij de steeds

terugkerende Stonehenge – Old Sarum – Clearbury Ring-lijn. Pennick heeft aangetoond dat Salisbury twee elkaar overlappende middeleeuwse straatpatronen heeft, en de hoek van de Stonehenge – Old Sarum – Clearbury Ringlijn valt op de plaats van de kathedraal *precies samen met de hoek van een van de straatrasters*. Er kan geen twijfel over bestaan dat de ontwerpers van het stratenplan van de middeleeuwse stad ervan op de hoogte waren dat de kathedraal op deze lijn stond (Old Sarum is zichtbaar vanuit Clearbury Ring en omgekeerd), en dat ze deze lijn deel hebben laten uitmaken van de fundamenten van de stad.[30]

John Palmer en Nigel Pennick, evenals bekende Belgische onderzoekers van leylijnen zoals Eugene Zimmer en Robert Dehon, de Duitser Ulrich Magin en de Zwitser Marco Bischof, en nog vele anderen hebben zich beziggehouden met de studie van de geomantiek op het Europese vasteland. Een van Palmers ontdekkingen is bijvoorbeeld de merkwaardige 6 km lange verbindingslijn van prehistorische terpen ten zuidwesten van Epe in Nederland.

En dan is er nog de luchtfotografie. Hoewel Watkins het belang daarvan voorspeld had, heeft die geen bewijzen geleverd voor zijn stelling dat er over heel Groot-Brittannië een uitgestrekt netwerk zou bestaan van rechtlijnige prehistorische paden. Wanneer er zo'n netwerk zou zijn, zou het tijdens onderzoek vanuit de lucht zichtbaar moeten worden door de anders gekleurde plekken in de velden, waar de gewassen groeien op plaatsen waar vroegere funderingen, wegen of aarden wallen in de bodem zitten, zelfs wanneer vanaf de grond niets speciaals zichtbaar is. Deze 'spookbeelden' worden veroorzaakt door een verschillend vochtgehalte in de plantengroei die veroorzaakt wordt door de gewijzigde toestand van de aarde eronder, en ze kunnen zichtbaar worden, meestal maar even, in bepaalde weersomstandigheden. Ze worden op film vastgelegd en aangeduid op kaarten op grote schaal. Op dit ogenblik zijn er al tienduizenden van deze plekken opgetekend en gecatalogiseerd maar de meeste moeten nog archeologisch onderzocht worden. Omdat deze merktekens teruggaan tot het Neolithicum en omdat er geen netwerken van rechte paden zichtbaar geworden zijn, lijkt de theorie van Watkins, die beweerde dat de verbindingslijnen overblijfselen zijn van oude handelsroutes, niet langer houdbaar. (Niettemin is het wel mogelijk dat bepaalde delen van deze lijnen als handelsroutes gebruikt werden, als paden voor bepaalde rituelen, enzovoort.)

Nochtans heeft de luchtfotografie wel het bestaan aangetoond van aarden wallen die op grote schaal terpen uit het Neolithicum met elkaar verbinden (ongeveer 5000–2000 v.C. in Engeland). Deze vormen het bewijs van het bestaan van een traditie die de rechte lijnen in verband bracht met heilige plaatsen uit de prehistorie en van het feit dat de oude Britten wel degelijk landmeters hadden die dergelijke paden konden aanleggen. Onderzoekers van leylijnen maken nu gebruik van deze bewijzen en ze liggen aan de basis van een belangrijke ontwikkeling in de moderne studies van verbindingslijnen. Daarom gaat het volgende hoofdstuk over deze verschijnselen en het onderzoek dat in verband daarmee gedaan wordt.

Een ander onderdeel van het onderzoek dat een groeiende belangstelling kent, is de vergelijkende studie van de patronen van de oude rechte paden in andere delen van de wereld. Veruit de belangrijkste daarvan zijn de verbindingslijnen van de indianen in Amerika, die een veelbetekenend onderzoeksgebied vormen, zoals in dit boek duidelijk zal worden gemaakt. Daarom wordt dit onderwerp in een apart hoofdstuk behandeld (zie hoofdstuk 3). Deze twee ontwikkelingen, de studie van relatief recent ontdekte prehistorische lijnpatronen in Britse landschappen en de zichtbare precolumbiaanse rechte paden in Amerika, hebben in de loop van de laatste decennia tot op zekere hoogte de discussies tussen de moderne onderzoekers van leylijnen en hun critici in verband met de statistieken van de verbindingslijnen overbodig gemaakt. De grote vraag was: zijn de verbindingslijnen die de onderzoekers van leylijnen op de kaarten vinden toevalligheden of overblijfselen van opzettelijke activiteiten in een ver verleden? Hoewel er reeds vroeger studies hierover uitgevoerd waren, en zelfs Watkins het probleem had aangekaart, begon men er zich pas ernstig mee bezig te houden na het in kaart brengen van de streek rond Land's End door Michell (zie hoger). Pat Gadsby en Chris Hutton-Squire ontwierpen een computersimulatie van de streek rond Land's End. Ze voerden de rasterreferenties in van al de plaatsen die door Michell onderzocht waren en lieten ze door de computer op willekeurige plaatsen zetten. Ze creëerden dus een artificieel landschap. Vervolgens vergeleken ze de verbindingslijnen op het artificiële landschap met de lijnen die Michell gevonden had. Wanneer de artificiële lijnen overeenkwamen met de set van de echte lijnen, was het waarschijnlijk dat de verbindingslijnen aan het toeval te wijten waren. Hoewel volgens de computer de meeste van Michells lijnen evengoed toevallig hadden kunnen zijn, waren er toch enkele die opzettelijk aangebracht leken, en zelfs enkele die opzettelijk niet rechtlijnig gemaakt waren. Om statistisch significant te zijn, moeten zulke tests echter 100 maal uitgevoerd worden (voor 1 procent significantie). Maar dat kost een heleboel computertijd, en de Land's End simulatie, met haar intrigerende resultaten, is nooit verder uitgewerkt. Men wilde bovendien de selectie van de plaatsen verfijnen, en het bleef moeilijk het statistische model te laten overeenkomen met de realiteit ter plaatse,

omdat men rekening moest houden met factoren zoals onderlinge zichtbaarheid. Het materiaal over Land's End is ook bestudeerd door andere statistici, maar technische meningsverschillen zorgden ervoor dat deze evenmin overtuigend waren. In 1990 echter maakte de archeologe Frances Peters een overzicht van 95 nog bestaande of vroegere menhirs (individuele
rechtopstaande grote stenen) in dezelfde streek (*Cornish Archaeology* No.
29) en zij kwam tot de conclusie dat het leek 'dat de menhirs met opzet
langs bepaalde lijnen gezet waren ... en dat ze zo geplaatst waren dat ze
goed zichtbaar waren, vooral vanaf een andere menhir'. Het feit dat de stenen zo geplaatst waren dat men vanaf die plekken 'een overzicht over het
gebied had', betekende voor Peters dat ze een meer dan lokale betekenis
hadden.

In de loop van de volgende jaren begonnen Bob Forrest en Michael Behrend
met het belangrijke statistische werk de accuraatheid en (soms) het gebrek
aan inzicht van de speurders naar leylijnen te testen. Ze toonden het feno-
menale belang van het toeval in deze zaken aan door geautomatiseerde statistische tests toe te passen op specifieke voorbeelden van verbindingslijnen. Die statische modellen werden echter voortdurend aangepast en verfijnd, zodat een lijn die aanvankelijk als niet toevallig was bestempeld, bij
de volgende test toch toevallig bleek. Talrijke speurders naar leylijnen, ikzelf ook, raakten daardoor helemaal gefrustreerd. Er was echter één voorbeeld dat elke test waaraan het onderworpen werd kon weerstaan: de lijnen
van de menhirs, 'Devil's Arrows' genoemd, in Yorkshire. Deze bleken niet
toevallig, zelfs na 400 computersimulaties. Andere lijnen bleken eveneens
statistisch significant, maar zijn nooit 'tot het uiterste getest' met latere statistische modellen, en daardoor blijft de zaak onbeslist, vooral omdat Forrest zich uit de strijd heeft teruggetrokken.

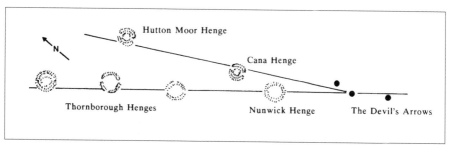

*Afbeelding 14. Zelfs nadat ze 400 keer door de computer getest waren, bleven deze ver-
bindingslijnen in Yorkshire statistisch significant. De lijn van de Devil's Arrows naar
de Thornborough Henges is 18 km lang. (Schematisch, niet op schaal)*

Een andere manier om het probleem van het toeval te benaderen is te kijken of er een voorspelbaar patroon van verbindingslijnen gevonden kan worden. Ik heb een onderzoek geleid van enkele bekende lijnen en het resultaat was dat er een 'heilige heuvel' patroon uit tevoorschijn kwam. De meeste lijnpatronen vertoonden opvallende gelijkenissen. Sommige zijn bovendien voorbeelden van oost-west georiënteerde lijnen. Op drie van de heuvels zijn oude kalkstenen figuren te zien, mogelijk prehistorisch, en ze hebben allemaal prehistorische aarden wallen op de top. Ze kijken uit over oude christelijke heilige plaatsen (die natuurlijk vroeger heidense heilige plaatsen kunnen zijn geweest) te Winchester, Hereford, Guisborough, Saintbury, Cerne Abbas, Uffington en Wilmington. Al de lijnen zijn bovendien maar enkele kilometers lang.

Dit werk moet verder ontwikkeld worden, zoals elk hedendaags onderzoek van leylijnen waarvan hier enkel de voornaamste elementen behandeld zijn. Het probleem is dat het werk meestal gedaan wordt door enthousiaste vrijwilligers met beperkte middelen, waardoor het onderzoek maar langzaam verloopt.

Er is nog een andere reden voor het traag vorderen van het onderzoek, een reden die mensen afschrikt die anders een waardevolle bijdrage zouden kunnen leveren, en die anderen in hun naïef enthousiasme misleidt. Laat ons eens kijken wie de schuldige is.

Verschillende denkpatronen

Het op onderzoek gebaseerde element van de hedendaagse studies van leylijnen is slechts een klein onderdeel van het actuele fenomeen dat de leylijnen omgeeft. In de jaren 1960 heeft zich een element bij het onderwerp van de leylijnen gevoegd dat in de loop van de tijd uitgebreid is tot het nu voor de meeste mensen het voornaamste onderdeel van de hele zaak geworden is, namelijk dat leylijnen lijnen van energie zijn. We hebben al gezien dat Wedd de leylijnen beschouwde als 'magnetische paden'. Dat was hem oorspronkelijk verteld door een helderziende, die het over 'krachtlijnen' had en bovendien hield hij zich bezig met 'ufologie'.

De helderziende dame van Wedd gebruikte heel raak dezelfde term als de beroemde occultiste Dion Fortune. Zij schreef in 1936, een jaar na de dood van Watkins, een roman met als titel *The Goat-Foot God*. Daarin verwees ze naar 'krachtlijnen' die oude heilige plaatsen met elkaar verbonden.

In 1969 kreeg het idee dat leylijnen in feite 'magnetische stromingen' zijn of 'lijnen van spirituele energie' een enorme oppepper, toen Michell zijn

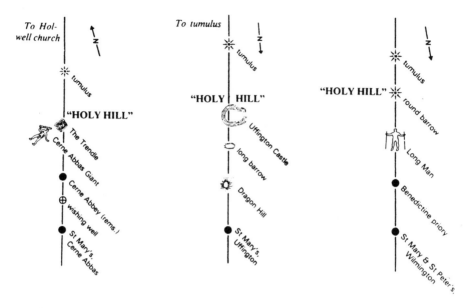

Afbeelding 15. Zeven voorbeelden van 'holy hills' of 'heilige heuvels' met een min of meer noord-zuid-richting. Bij de drie hierboven zijn figuren aangebracht op de kalk-heuvels en ze vertonen een gelijksoortige lay-out. De afbeelding van het paard van Uffington (naast de middelste lijn hierboven) dateert uit de Bronstijd.

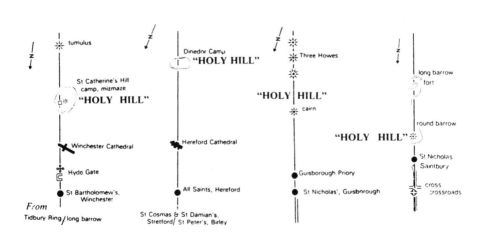

boek *The View over Atlantis* publiceerde. Hiermee reageerde hij duidelijk op de ideeën van Watkins, maar bovendien had hij er de invloed van twee andere onderwerpen in verwerkt.

Eén daarvan was de terminologie die door Victoriaanse schrijvers gebruikt werd om over feng shui te schrijven (zie hoger), waarbij de energieën of de *ch'i* van de aarde en de hemel in harmonie gebracht moesten worden op de plaatsen waar huizen en graftombes gebouwd werden. In een poging om deze *ch'i* van de aarde – die door de oude Chinezen gesymboliseerd werden door een draak en een tijger – te beschrijven, *vergeleken* de Victoriaanse schrijvers ze met een magnetische stroming. Die missionarissen leefden in een tijdperk toen elektriciteit en magnetisme ook op intellectueel niveau belang begonnen te krijgen, en ze leverden bruikbare beelden om het idee van *ch'i* duidelijk te maken.[31] Een andere bron van zulke terminologie was het boek van W. Evans-Wentz, *The Fairy-Faith in Celtic Countries* uit 1912. Daarin zegt hij dat een van zijn informanten (G.W. Russell, een mysticus, intellectueel en landbouwingenieur) beweert dat de elfenpaden '*zogenaamd* magnetische aders' zijn (mijn cursivering).[32] Deze, en andere, gelijksoortige analogieën die typisch waren voor die tijd, werden door Michell geherintroduceerd in de denkpatronen van de jaren '60, toen de elektronica een bijna magisch hoge vlucht nam (denk maar aan de impact van de transistorradio, geïntegreerde schakelingen, siliconenchips en ruimtevaarttechnologie in het algemeen). Dat veroorzaakte de verschuiving van de analogie naar de letterlijke betekenis – de lijnen *werden* energielijnen, alsof ze elektrische draden in het landschap waren.

Deze totale verschuiving van het oude symbolisme naar zogenaamde energielijnen in de omgeving is belangrijk, en ik zal er later nog op terugkomen. Michell onderging eveneens de invloed van een wichelroedeloper uit Wales, John Williams (Michell; persoonlijk contact), en in zijn boek van 1969 refereert hij aan het postuum uitgegeven boek van Guy Underwood, *The Pattern of the Past*.[33] Underwood baseerde zich op Franse en Duitse wichelroedelopers uit de jaren '30. De Fransen beweerden toen dat er water aanwezig was onder de oude monumenten en dat energiepatronen in het landschap met de wichelroede opgespoord konden worden. De Duitsers beweerden dat ze 'geopathologische zones' konden opsporen (dat zijn plaatsen waar zich een energie bevindt die ziekten veroorzaakt; deze energie zou eveneens met de wichelroede gelokaliseerd kunnen worden) en dat er wereldomvattende energiepatronen bestonden. Deze waren echter verschillend van die van de Fransen en ze verschilden bovendien onderling. Eigenlijk werd de eerste associatie tussen leylijnen en het lopen met de wichelroede voor het eerst gemaakt in 1939, toen Arthur Lawton, een lid van *The Straight Track Club*, beweerde dat leylijnen deel uitmaakten van een geometrisch ontwerp van oude belangrijke plaatsen, dat het resultaat was van een 'Kracht ... die tot nu toe nog niet bestudeerd is'.[34] Deze kracht kon volgens Lawton met een wichelroede opgespoord worden. De moderne klassieker van Tom Graves: *Dowsing* (1976), en *Needles of Stone* (1978) bevestigden nog eens deze associatie.[35/36] Het is interessant dat Graves nu beweert dat zijn uitspraken in die boeken niet letterlijk genomen moeten worden.

Het is duidelijk dat leylijnen in de loop van de heropleving van het zoeken naar deze lijnen wel erg nauw in verband gebracht zijn met energieën. Doordat het concept dadelijk bij het grote publiek aansloeg, breidde het idee zich sneller uit dan enig ander element in het onderzoek van de leylijnen. In hightech Amerika werd er vrijwel uitsluitend in termen van energieën over leylijnen gesproken, en na verloop van tijd werden die ideeën terug over de Atlantische Oceaan geëxporteerd. (Ik heb gepraat met sprekers uit het New Age-circuit die in hun lezingen over leylijnen praatten, maar die geen flauw benul hadden van de geschiedenis van het onderwerp, die niet wisten wie Alfred Watkins was, enzovoort.) Gedurende een periode in het midden van de jaren '70 denk ik dat er geen enkele speurder naar leylijnen was (ook ik niet) die de leylijnen niet beschouwde als energielijnen. Toen echter het onderzoek, het begrip van het fenomeen en de ervaring van mezelf en mijn collega's toenamen, begonnen enkelen van ons in te zien dat we opgescheept zaten met een complexe misvatting waarvan de omvang en de oorsprong pas op het einde van dit boek duidelijk zullen worden.

Natuurlijk is het niet de bedoeling het boek van Michell uit 1969 daarvan de schuld te geven, noch zijn ideeën in zijn vorige boeken; we waren toen allemaal aan het worstelen met complexe nieuwe denkpatronen in die periode en het was onvermijdelijk dat er enkele valse sporen gevolgd zouden worden. Vandaag echter, nu we de tijd gehad hebben om ons denken en ons onderzoek uit te breiden en te verfijnen, en nu de geschiedenis van de ideeen die aan de basis lagen van de heropleving van de belangstelling voor leylijnen in de jaren '60 ontrafeld kan worden, kunnen we ons niet langer meer zo welwillend opstellen tegenover degenen die ervoor kiezen zich niet te informeren of die opzettelijk hun kritische vermogens uitschakelen.

Op dit ogenblik zitten we in een situatie waarin naïeve of slecht ingelichte auteurs elkaars ideeën versterken. Deze krijgen aandacht in de media, waarop nog minder goed geïnformeerde reacties komen, die op hun beurt leiden tot nieuwe boeken, artikels, lezingen en groepen van wichelroedelopers. Leylijnen als kanalen van 'aarde-energie' is het stokpaardje geworden van de internationale New Age-beweging en dilettantische schrijvers uit dat milieu hebben hun eigen overtuigingen gepubliceerd en het concept van de leylijnen 'aangepast'. Nu zijn er dus fantastische kosmische energielijnen, planetaire rasters, leylijnen uit het verleden en de toekomst die opgespoord kunnen worden door wichelroedelopers die de tijd kunnen ontstijgen, yang-energielijnen van 2,5 m breed, leylijnen die de vorm hebben van een zandloper, energielijnen van duizenden kilometers lang, etherische leylijnennetwerken die de expressie zijn van Gaia, de levende Aarde, enzovoort. Vandaag wordt in sommige geomantische milieus het opsporen van energielijnen gelijkgesteld met spiritueel zijn – misschien een wat droevig gevolg van ons hedendaags spiritueel bankroet. In werkelijkheid is het allemaal psycho-showbizz.

Dat zou allemaal niet zo belangrijk zijn als dat idee niet het publieke beeld van geomantiek in het algemeen en van het onderzoek van leylijnen in het bijzonder zou domineren.

Uit eigen ervaring weet ik dat *sommige* wichelroedelopers *soms* relatief subtiele omgevingsenergieën kunnen lokaliseren, zoals ionisatie, elektromagnetische anomalieën, enzovoort. Ik ben er echter eveneens zeker van dat het overgrote deel van de energielijnen en patronen verzinsels zijn van de wichelroedelopers. 'Aarde-energie' is een veelgebruikte term in de populaire aardemysteries. Dat alleen al onthult een gebrek aan kennis en fundamenteel gezond verstand. Er bestaat natuurlijk geen individuele entiteit als 'aarde-energie'; de planeet herbergt ontelbare vormen van energie: de zwaartekracht, geomagnetisme, natuurlijke stralingen, infraroodstralen, natuurlijke microgolven en andere radiogolven, elektrische tellurische stromingen, ultraviolet licht. Daglicht, maanlicht, wind, geluid zijn ook allemaal energieën. Daarbij komen nog de ontelbare kunstmatig opgewekte elektromagnetische emissies van onze moderne tijd (het is waarschijnlijker dat om het even welke rechte energielijn die een wichelroedeloper opspoort een microgolftransmissie is dan een 'energetische leylijn'). Elke wichelroedeloper die op pad gaat met een pendel of wichelroede en met de bedoeling een of andere vorm van aarde-energie op te sporen, zal overspoeld worden met gegevens (als we ervan uitgaan dat hij of zij echt in staat is energieën waar te nemen). Afbeelding 16 toont vier diagrammen die de situatie weergeven. De willekeurig verspreide puntjes geven de kolkende, onzichtbare energetische omgeving weer waarin de wichelroedeloper zich begeeft. De patronen die erin getekend zijn, zijn patronen die vaak door wichelroedelopers gevonden worden. Ze zijn allemaal getekend in dezelfde massa ener-

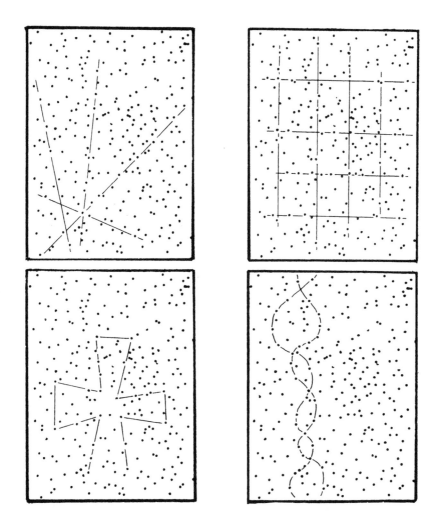

Afbeelding 16. Welk patroon vindt u het aantrekkelijkst? De verdeling van de puntjes is in elk vlak dezelfde maar de patronen die erin gevormd kunnen worden zijn vrijwel eindeloos. Op dezelfde manier kan een wichelroedeloper die op zoek is naar het vage idee van 'energieën' om het even welk patroon vinden in de wriemelende massa van omgevingsenergieën.

gie. Het is dus duidelijk dat subjectieve patronen gemakkelijk en onbewust gevonden kunnen worden in een willekeurige hoeveelheid informatie. Wanneer deze onbewust geconstrueerde patronen in boeken en artikels gepubliceerd worden, overgenomen worden en misschien zelfs deel gaan uitmaken van het dogma van een groep van wichelroedelopers, worden ze vaststaande feiten voor hun volgelingen.

Het idee dat een mysterieuze aarde-energie opgespoord kan worden en in de vorm gegoten van iemands spirituele fantasieën is een krachtig medium voor diegenen die uitdrukking willen geven aan een antirationeel, antiwetenschappelijk bewustzijn. Het is begrijpelijk dat men wil reageren tegen de negatieve kanten van het huidige rationalisme, maar het is verstandiger om krachtige – levende – kunst, muziek, architectuur, poëzie, menselijkheid, compassie en holistische wetenschappen te gebruiken om dat doel te bereiken; een toevlucht tot de fantasie bestendigt de bestaande malaise en laat ze zelfs toenemen.

Wichelroedelopers denken graag dat ze op zoek zijn naar een vorm van spirituele, niet-materiële *ch'i*, een ongekende kracht. Maar een wichelroedeloper is per definitie niet in staat een ongekende energie op te sporen; pas na zorgvuldig elimineren kan men zoiets beweren en ik heb nog nergens iemand gevonden die zich met dergelijk onderzoek bezighield. Als er al een niet-materieel energieveld bestaat is het waarschijnlijk het bewustzijn zelf, en dat loopt niet in de vorm van 2,5 m brede banen door de velden. (Het gebied van de buitenzintuiglijke waarneming is zeer hypothetisch; waarschijnlijk is het pendelen over landkaarten een vorm van BZW; het heeft niets te maken met het lopen met een wichelroede op de plaats zelf.)

Al met al zijn de ideeën die het concept van de leylijnen omringen gewoon chaotisch, onverantwoord en inadequaat. Het volstaat hier te zeggen dat rechtlijnige en andere verbindingslijnen in oude, sacrale landschappen oorspronkelijk niets met zulke ideeën te maken hadden. Het waren geen energielijnen, noch handelsroutes. In het vervolg van dit boek zullen we ons bezighouden met het zoeken naar een andere betekenis van de lijnen. Het plotselinge inzicht van Alfred Watkins was het startschot voor een reis die ons door oude landschappen zal leiden, die ons in contact zal brengen met spirituele tradities die zo oud zijn als het centrale zenuwstelsel van de mens, en die ons een blik zal laten werpen in de diepste kloven van de menselijke geest. U zult kennismaken met authentieke, edele mysteries, niet met de ersatzraadsels uit de hersenspinsels van het einde van de 20ste eeuw.

HOOFDSTUK 2

ANDERE ONDERZOEKSLIJNEN

Klassiek geschoolde archeologen zullen waarschijnlijk altijd allergisch blijven voor de term 'leylijnen'; statistici zullen ongetwijfeld niet ophouden zich af te vragen of de patronen van de zogenaamde leylijnen toevallig zijn ontstaan en enthousiaste zoekers naar leylijnen zullen onvermijdelijk behoefte blijven hebben aan hun dosis fantasie. Gelukkig heeft de persoon die nu echt het mysterie van de leylijnen wil doorgronden een uitwijkmogelijkheid uit deze tijdverspillende bezigheden: er bestaan onbetwistbaar fysiek aantoonbare lijnen in het landschap, die uit een zeer ver verleden stammen, en dat niet alleen in Groot-Brittannië, het geboorteland van Watkins, maar op plaatsen over de gehele wereld. Zij bieden letterlijk andere onderzoekslijnen. Watkins' theorie over de leylijnen was de belangrijkste theorie die zich uitsluitend bezighield met de oude landschapslijnen in het algemeen. Het is dan ook ironisch dat er waarschijnlijk nooit een consensus daarover zal komen. Deze andere lijnen echter, die lijken op en in vele gevallen zelfs niet te onderscheiden zijn van de leylijnen van Watkins, zullen ons helpen een inzicht te krijgen in de geest van de mensen uit een ver verleden, wat de studie van leylijnen altijd beloofd heeft.

Hoewel de moderne speurder naar leylijnen die deze fysieke lijnen onderzoekt, zich in het gezelschap bevindt van archeologen, archeo-astronomen, antropologen en andere academici die een beroep kunnen doen op veel meer hulpmiddelen, is iedereen gelijk voor het mysterie waarvoor de lijnen ons plaatsen. Iedereen kan dus, in theorie althans, zijn bijdrage leveren.

Cursuses of aarden wallen

Het verschijnsel dat bekendstaat als een *cursus* werd voor het eerst beschreven door William Stukeley in 1723. Hij ontdekte wat later de *Greater Stonehenge Cursus* genoemd zou worden, een lineaire aarden wal van 3,2 km lang, bijna een kilometer ten noorden van Stonehenge. Hij noemde het een cursus, de Latijnse naam voor renbaan, omdat hij dacht dat het dat was. Hij dacht ook dat de wal gebouwd was in de Romeinse tijd, maar we weten nu dat die monumenten uit het Neolithicum dateren.

Tussen de ontdekking van Stukeley en 1944 werden er tien cursuses ontdekt, maar sinds de Tweede Wereldoorlog, dankzij de luchtfotografie, is dat

Profpect from the weft end of the Curfus of Stonehenge.

Stukeley d. A. the eaftern meta. B. the eaftern wing of the avenue. C. Stonehenge.

Afbeelding 17. Een van William Stukeley's schetsen van de cursus van Stonehenge

aantal gestegen tot ongeveer 50. Door de erosie in de loop van de tijd zijn de meeste van deze cursuses nu onzichtbaar vanaf de grond en kunnen ze enkel waargenomen worden als anders gekleurde vlekken in de velden wanneer men de plaatsen vanuit de lucht bestudeert (zie hoofdstuk 1). Tot nu toe zijn ze alleen in Groot-Brittannië aangetroffen, waar ze voorkomen van Dorset in het zuiden tot in Schotland, honderden kilometers naar het noorden. De meest voorkomende vorm is die van een uitgerekte rechthoekige aarden wal waarvan de afmetingen variëren van enkele honderden meters tot enkele kilometers in lengte, maar nooit meer dan 100 meter breed. De hoeken zijn soms recht, soms afgerond, maar in sommige gevallen zijn de hoeken verdwenen; ze zijn zodanig beschadigd of verborgen dat ze zelfs niet meer als vlekken in de gewassen te zien zijn. Cursuses vormen vaak verbindingen tussen aarden wallen uit het Neolithicum en lange grafheuvels of worden er vaak mee geassocieerd. Ze komen vaak voor in landschappen waar nog meer ceremoniële monumenten uit het Neolithicum zijn gevonden.

We weten niet wat de functie was van deze aarden wallen. Er zijn maar weinig oude voorwerpen teruggevonden binnen de cursuses en eigenlijk zijn ze door de archeologen altijd genegeerd, waarschijnlijk omdat ze problemen opleverden in verband met de interpretatie. De laatste jaren is daarin ech-

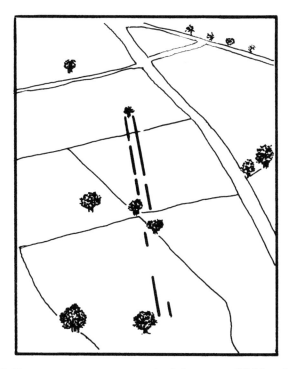

Afbeelding 18. Fragmenten van een cursus in de buurt van Welshpool op de grens van Engeland en Wales. De lijnen zijn zichtbaar door de verkleuring van de gewassen op de velden. (Getekend naar J.K. St Joseph)

ter verandering gekomen en meer en meer archeologen beginnen er belangstelling voor te krijgen. Ze tonen in ieder geval duidelijk aan dat de prehistorische Britten in staat waren lange rechte lijnen in het landschap te trekken en dat hun voorkeur voor rechte lijnen meestal te maken had met de rituele aard van bepaalde plaatsen, zoals de lange grafheuvels. De fundamentele kwestie achter het concept van de leylijnen wordt dus bevestigd door het bestaan van de cursuses. Het geometrische karakter van de meeste lijnen is duidelijk een van hun belangrijkste kenmerken. Een van de meest indrukwekkende cursuses is meer dan drie kilometer lang en kwam aan het licht door anders gekleurde plekken in de gewassen op luchtfoto's. Hij ligt vlak naast het startbanencomplex van de luchthaven van Heathrow (Afbeelding 19). Deze cursus is zo recht dat archeologen lange tijd gedacht hebben dat het een Romeinse weg was. Pas in 1980, toen er opgravingen gedaan zijn, werd de werkelijke aard ervan duidelijk. Het is een grappig toeval dat de moderne startbanen met hun precieze rechtlijnigheid zo vlak bij

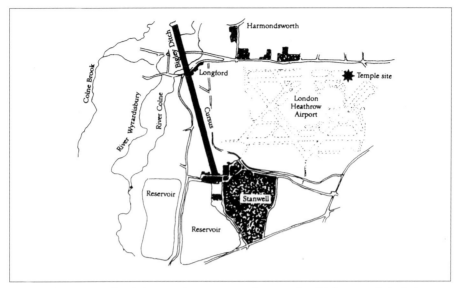

Afbeelding 19. De drie kilometer lange cursus (vette rechte lijn) naast de luchthaven van Heathrow, die zelf op een heidense heilige plaats aangelegd is.

een prehistorische lijn zijn terechtgekomen van een soortgelijke nauwgezetheid, en die ze zelfs in de schaduw stelt!

Fragmenten van een andere zeer regelmatige cursus bevinden zich in de buurt van Aston-upon-Trent in Derbyshire. Binnen in de cursus zijn er een ovalen vlek en vier cirkelvormige greppels zichtbaar tegen de noordwestzijde; een ervan (met een pijl aangeduid in Afbeelding 20) grenst bijna aan de zuidwestelijke zijde. De archeologen Alex Gibson en Roy Loveday merkten op dat 'de zijde van de cursus blijkbaar zo moest lopen dat ze deze cirkelvormige greppel raakte'.[1] Ze hebben opgravingen gedaan om te zien of de cirkelvormige greppel er al was vóór de constructie van de cursus, en dat bleek het geval te zijn. De onderzoekers vonden bewijzen die het idee bevestigden dat 'de kilometerslange greppel van de cursus uitgelijnd was met de grafheuvel. Een lange, rechte lijn uitlijnen met een grafheuvel – dat was de fundamentele activiteit van de bouwers van de cursusses, en het is een klassiek beeld van het concept van de leylijnen. Dit 'respect voor de cirkelvormige greppel', zoals de archeologen het noemden, lijkt 'een aardig eufemisme voor geomantiek', zoals de onderzoeker Chris Fletcher opmerkte in *The Ley Hunter*.[2] Door er speciaal de aandacht op te vestigen dat de overige cirkelvormige greppels in de buurt van de cursus 'zich merkwaardig genoeg bijna uitsluitend binnen in de cursus bevonden en een opzettelijke ruimtelijke or-

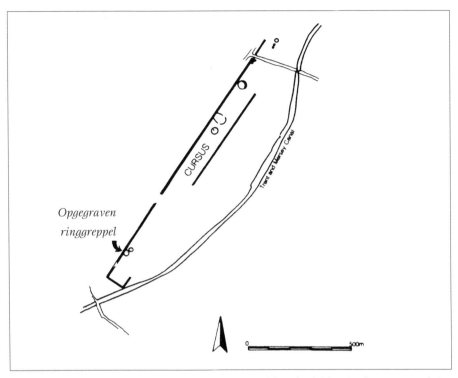

Afbeelding 20. De Aston Cursus, Derbyshire; verkleurde vlekken in de gewassen dui-den de plaatsen van de grafheuvels aan. (Getekend naar A. Gibson en R. Loveday)

dening vertoonden', deden de archeologen nog een geomantische uitspraak. In de buurt van een cursus in Scorton in Yorkshire ontdekte de onderzoeker Peter Topping een menhir met een gat. Hij vermoedde dat het misschien 'een overblijfsel zou kunnen zijn van een soort van uitkijkpost'.[3] Cirkelvormige verkleuringen in de gewassen juist voorbij de zuidoostelijke zijde blijken een verzameling locaties die als beginpunt van de cursus fungeerden. Er wordt verondersteld dat het andere, niet meer zichtbare uiteinde, op de top van een kleine heuvel lag. Topping stelt een tafereel voor waarin 'een systeem van rechtopstaande stenen het oog langs het stijgende terrein zou leiden naar een mogelijk brandpunt ... aan de horizon'.

Het is duidelijk dat we hier te maken hebben met de overblijfselen van grootschalige lineaire patronen uit het Neolithicum in het Britse landschap. Sommige cursuses vertonen enkele onregelmatige en gebogen elementen, vooral op het eerste gezicht. De cursus van Stonehenge (zie Afbeelding 22) ziet er op het eerste gezicht onregelmatig uit, maar wanneer men hem van

nabij bestudeert, wordt het duidelijk dat de noordelijke greppel over een afstand van anderhalve kilometer in feite zeer recht is; pas op het einde buigt
hij een weinig af. De zuidelijke greppel zorgt voor de variaties in de breedte van de cursus, waardoor het monument die onregelmatige indruk maakt.
Dat komt waarschijnlijk omdat deze zijde niet uitgelijnd is, maar gewoon
aangepast aan de noordelijke greppel.

Deze cursus werd gedeeltelijk blootgelegd in de jaren '40 en '50.[4/5] Fragmenten van blauwe steen (dezelfde steen als de kortere, originele stenen in
Stonehenge) werden aangetroffen op een plek langs de greppel en er zijn bewijzen gevonden dat het binnenste van de cursus waarschijnlijk samenge-
drukt is, misschien door de druk van eroverheen lopende voeten. (In het
kalksteengebied waar de cursus zich bevindt, moet hij oorspronkelijk een
schitterend witte dikke lijn in de groene weiden eromheen geweest zijn.)
Langs de oostelijke zijde bevond zich voordien al een lange grafheuvel, en
de archeoloog R.J.C. Atkinson was van mening dat de cursus 'klaarblijkelijk opzettelijk daarmee uitgelijnd was'. Aan het andere uiteinde hebben opgravingen een aarden wal blootgelegd, die blijkbaar een kopie is van de lange grafheuvel. Het is een *pseudo*-lange grafheuvel, die pas na de constructie
van de cursus gebouwd is.

De cursus van Dorset is de langste bekende cursus. In feite bestaat het monument uit *twee* cursuses waarvan de uiteinden bij elkaar aansluiten. Het
geheel is 9,7 kilometer lang en loopt van Thickthorne Down in het zuidwesten tot Bokerley of Martin Down in het noordoosten over de Cranbor-
ne Chase. Ongeveer in het midden loopt hij door Bottlebush Down. Net als
de cursus van Stonehenge is hij een van de weinige van dergelijke monumenten die op stafkaarten te vinden zijn. Het monument beslaat een gebied
van 90 hectaren en bestond oorspronkelijk uit 183,950 m³ aarden wallen.

*Afbeelding 21. De Dorset Cursus, de grootste die tot nu toe ontdekt is. Hoewel hij er in
zijn geheel kronkelig uitziet, zijn sommige delen recht uitgelijnd. 'Long barrow' duidt
op een lange grafheuvel. (Getekend naar R.J.C. Atkinson)*

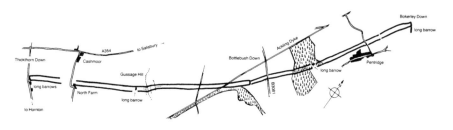

De cursus van Thickthorn Down is de vroegste van de twee, en zoals bij die van Stonehenge, is de zuidwestelijke zijde nu nog een hoge aarden wal, een duidelijke pseudo-lange grafheuvel. Zeer dicht in de buurt zijn echte lange grafheuvels aangetroffen, die naar het uiteinde van de cursus wijzen of er coaxiaal mee zijn. Een van deze grafheuvels bleek helemaal leeg te zijn.

Van dit zuidwestelijke punt loopt de cursus rechtdoor, maar op dit ogenblik onzichtbaar, tot bijna op de top van Gussage Hill, waar een opvallende lange grafheuvel staat, die ouder is dan de cursus, en zich in het midden tussen de greppels van de cursus bevindt. Atkinson vond dat 'daaruit kon afgeleid worden dat de cursus zodanig uitgelijnd was dat hij eromheen liep. Het is duidelijk dat de lange grafheuvel, die van kilometers afstand zichtbaar is, een voor de hand liggend markeringspunt vormde voor het uitlijnen van de cursus, afgezien van de rituele bedoelingen die de bouwers van de cursus hadden toen ze hem om de grafheuvel heen lieten lopen ...'[6] Net voorbij de top van Gussage Hill 'wiebelt' de lijn van de cursus. De reden daarvoor is ontdekt door Richard Bradley, de archeoloog die het monument het meest intens heeft bestudeerd. Hij beweert dat de bouw van de eerste van de twee cursuses aan beide kanten tegelijk aangevat is, van Thickthorn naar de grafheuvel op de Gussage Hill en van Bottlebush naar datzelfde punt. Volgens Bradley was het uiteinde in Bottlebush opzettelijk op lager gelegen terrein voorzien omdat:

> ... het betekende dat de grafheuvel nu een opvallend fenomeen aan de horizon werd. Ook hier was de cursus gericht naar de grafheuvel, maar zodra hij de beschutte plaats bereikte die Gussage Cow Down is, was de grafheuvel niet meer zichtbaar en begon de cursus van zijn koers af te wijken.[7]

De tweede cursus begint in Bottlebush, vlak tegen het eindpunt van het eerste monument, en loopt dan over de helling van de Down naar het noordoosten. Het lijkt dat de rest van de cursus geconstrueerd is vanaf het noordoostelijke eindpunt, omdat er opnieuw een misrekening lijkt te zijn geweest waar de lijn van de cursus over de heuveltop zigzagt.

Het noordoostelijke eindpunt bij Pentridge is zichtbaar als anders gekleurde plekken in de gewassen en is scherp afgelijnd en rechthoekig. Er komt nog één bocht voor in de cursus aan deze zijde, alsof de cursus in de juiste hoek geplaatst moest worden ten opzichte van de grafheuvel. Deze grafheuvel, die dateert van vóór de cursus en waarvan de as in de richting van het eindpunt van de cursus ligt, werd door de bouwers van de cursus verlengd tot 152 meter. Een andere lange grafheuvel in de buurt wijst eveneens in de richting van het eindpunt van de cursus. Een eindje van het eindpunt vandaan snijdt de noordelijke zijde van de cursus door de as van nog een grafheuvel. Atkinson bemerkte dat de associatie met de grafheuvels 'niet helemaal toevallig kan zijn', en veronderstelde dat de cursus op een of andere manier in verband gestaan moet hebben met 'praktijken die tot doel hadden de heilzame invloed van de doden over te brengen … op de levende gebruikers van de cursus'. (Deze bedenkingen zijn belangrijk en de lezer moet ze in gedachten houden wanneer we in de latere hoofdstukken het raadsel van de lijnen verder ontrafelen.)

Bradley trekt enkele algemene conclusies uit de studie van dit groots en mysterieus fenomeen. De fundamentele uitlijning van het monument werd 'toegepast op één greppel en de tegenhanger werd aangelegd met de eerste zijde als basis en werd soms niet afgemaakt'. De landmeters van de cursus ondervonden dat de zichtbaarheid op de grond belemmerd werd door bossen, heuvels en valleien en dat de rechtlijnige stukken vrij kort waren. Het is duidelijk dat de bouwers het soms moeilijk hadden met het laten aansluiten van sommige segmenten, 'maar de opzettelijke uitlijning beklemtoont monumenten en niet de natuurlijke fenomenen' benadrukt Bradley. Hij vervolgt:

> De cursus lijkt aangelegd te zijn tussen een aantal bestaande grafheuvels, maar het was geen bepaald opvallend fenomeen op zich. Hij liep door een aantal valleien en de positie van de eindpunten werd voor het uitzicht gekozen, langs de as van het monument; ze hebben er aan de buitenkant nooit erg opvallend uitgezien … Het belang van de eindpunten van de cursus werd beklemtoond door de concentraties van terpen, die op de as van de eindpunten gebouwd werden ofwel ermee uitgelijnd werden …
>
> … de cursus volgt de oorspronkelijke lijn ongeveer 10 km en … hij bekrachtigt de verspreiding van de lange grafheuvels …
>
> … het is de uitlijning die belangrijk is – niet de schaal van het bouwwerk – en het was de bedoeling van die lijn een hele reeks monumenten voor de doden met elkaar te verbinden … Nadat ze die lange verbindingslijn tussen de verschillende monumenten voor de doden tot stand gebracht hadden, begonnen de bouwers van de cursus nog meer grafheuvels eromheen aan te leggen.[8]

'Het is de uitlijning die belangrijk is.' Bradley had het bij het rechte eind, zoals we later zullen zien.

Omdat de aardwallen aan de buitenkant van de greppels lagen, het aantal ingangen beperkt was en door de positie van de cursus in het landschap gaat Bradley ervan uit dat het monument veel van wat er binnen de cursus gebeurde aan het oog onttrok: 'een element van het mysterie dat ons vandaag nog steeds bezighoudt'. De aard van het grote rechtlijnige monument kan maar begrepen worden als men er grote stukken van kan overzien, en Bradley heeft ontdekt dat dat maar op vier plaatsen mogelijk was: op de drie eindpunten en op de lange grafheuvel van Gussage. Deze plaatsen vallen niet op van buiten de cursus; ze zijn duidelijk bedoeld om gebruikt te worden als uitkijkpunten binnen in de cursus.

Er is al gezegd dat het eindpunt in Bottlebush Down daar geplaatst lijkt omdat vandaar de lange grafheuvel van Gussage goed zichtbaar is aan de horizon. Bradley ontdekte dat:

> ... dezelfde lijn ... naar de midwinter zonsondergang gericht was. De lijn bestrijkt zo'n lange afstand dat dit fenomeen vandaag nog steeds kan worden waargenomen. Ik ben niet helemaal overtuigd van de andere astronomische verbindingslijnen die met de cursus te maken zouden hebben, maar deze bezegelt het individuele karakter van dit monument ...
>
> De voorouders, met wie de levenden zich nog erg verbonden voelden, werden één met de krachten van de natuur...
>
> Er worden maar weinig mensen geëerd door middel van de grote monumenten. De rest is archeologisch onzichtbaar. De cursus beklemtoont het belang van de afzonderlijke grafheuvels en verenigt ze in één groots ontwerp, een Britse Dodenlaan, die de begraafplaatsen van de voorouders verbindt met de loop van de hemellichamen. En toch wordt dat ontwerp verborgen gehouden voor het grootste deel van de bevolking. Net als de archeologen vele eeuwen later, kunnen zij niet de echte structuur van de cursus zien omdat die enkel vanaf bepaalde plaatsen zichtbaar is en de toegang tot die plaatsen beperkt is ...
>
> ... de cursus van Dorset vervult zijn functie door het samenkomen van een monument voor de doden en de midwinterzon.[9]

(Een ander merkwaardig voorbeeld van rechtlijnigheid in verband met de cursus van Dorset is onverwacht aan het licht gekomen tijdens meer recente archeologische opgravingen in de streek, toen ontdekt werd dat grafheuvels in de buurt van het monument met de cursus verbonden waren door rechte 'lanen' van houten palen die een rechte hoek maakten met de zijde van de cursus.)

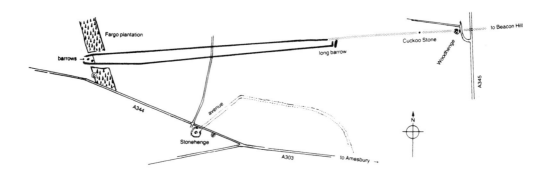

Afbeelding 22. De (Grote) Stonehenge Cursus. De lijn van de noordelijke greppel loopt voorbij een menhir en Woodhenge in het oosten. De lijn kan 5 km doorgetrokken worden naar Beacon Hill, een typisch 'initieel punt' van Watkinson. 'Barrow' is een grafheuvel, 'fargo plantation' betekent 'aanplanting van een korenveld'.
(Naar J.F.S. Stone)

Behalve het belang van het rechtlijnige karakter voor de speurder naar leylijnen, hebben cursuses soms ook andere karakteristieken van verbindingslijnen. In 1947 merkte de archeoloog J.F.S. Stone dat de as van de cursus van Stonehenge, wanneer ze verlengd werd in oostelijke richting, door de gevallen menhir liep die de *Cuckoo* (of *Cuckol*) *Stone* genoemd werd en dan verder naar het centrum van Woodhenge (Afbeelding 22). Dat is een verbindingslijn van 4 km lang. Het is in elke betekenis van het woord een leylijn. In 1966 maakte de archeoloog D.P. Dymond[10] melding van het feit dat een van de cursuses in Rudston, op de Humberside Wolds, in de richting wees van een grote menhir, de grootste in Groot-Brittannië, op het kerkhof van het dorp. Wanneer de steen vernietigd was geweest, wat vaak gebeurde met menhirs, zou de cursus in de richting van de kerk gewezen hebben, en dat zou geen enkele archeoloog belangrijk gevonden hebben.

Wanneer zulke observaties goed genoeg waren voor archeologen, redeneerde ik, waren ze ook goed genoeg voor speurders naar leylijnen. Dus hield ik me in 1987-88 bezig met het bestuderen van een 25-tal cursuses, ongeveer de helft van het aantal bekende cursuses, op zoek naar nog meer voorbeelden van assen die verlengd konden worden. Drie van die monumenten (waaronder Rudston en Stonehenge) wezen in de richting van prehistorische sites buiten hun omtrek en twaalf wezen in de richting van kerken of hun *llans* (gewijde grond eromheen). Archeologen hebben het soms moeilijk om kerken te accepteren als geldig 'doel' voor een cursus, maar we hebben in het vorige hoofdstuk gezien dat het zeer goed mogelijk is dat op die plaats vroeger een ander heiligdom heeft gestaan. In sommige gevallen zijn we daar zelfs zeker van. En dan is er natuurlijk het geval van Rudston, waarover ik het al gehad heb. De cursus in Fornham All Saints in Suffolk is in verband daarmee bijzonder interessant. Hij bestaat uit drie rechte stukken, waarschijnlijk op verschillende tijdstippen gebouwd, met telkens een andere as. Hij is waarschijnlijk al duizenden jaren niet meer zichtbaar vanaf de grond, maar op het zuidoostelijke segment staat een kerk! Bovendien loopt de as van het noordwestelijke segment, wanneer men ze 5 km doortrekt, door de oude en belangrijke abdij van Bury St Edmunds.

In een klein deel van de vallei van de Avon ten zuiden van Warwick treffen we een groep van drie cursuses aan. Ze zijn allemaal zo geconstrueerd dat ze naar een oude kerk wijzen. Bij een van de kerken, in Wasperton, loopt een prehistorische aarden wal als een omheining naar het punt waar de kerk zich bevindt. Het is moeilijk vol te houden dat dit telkens terugkerende patroon een toeval is. Een fragment van een cursus in de buurt van Lechlade in Gloucestershire dat als een verkleuring van de gewassen zichtbaar is, loopt in een rechte lijn door open velden naar een eenzaam kerkje in Southrop in Gloucestershire. Ook hier lijkt toeval uitgesloten.

Al met al wees 48 procent van de cursuses uit de steekproef in de richting van een oude kerk. (Van 64 procent van de cursuses liep de as, wanneer ze verlengd werd, door een prehistorisch monument, een oude kerk of allebei.) Bovendien was er maar één cursus waarvan de as in de richting van een moderne kerk wees op een afstand van ongeveer 7,5 km, terwijl al de andere sites zich bevonden op minder dan 5 km van de cursus waarmee ze op één lijn lagen.

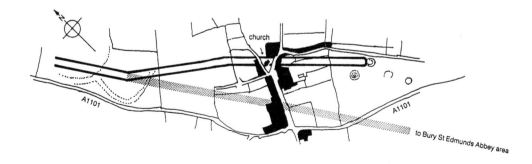

Afbeelding 23. De driedelige cursus van Fornham-All-Saints, Suffolk
(Getekend naar J.K. St Joseph)

Ik ben ervan overtuigd dat zulke kerken op plaatsen staan die in de Oudheid heilige plaatsen waren, waarnaar de verkleurde lijnen in de gewassen als spookachtige vingers lijken te wijzen. De cursuses die niet door een gelukkig toeval voor ons zichtbaar gemaakt zijn, zijn uit het landschap verdwenen en voor altijd voor ons verloren.[11]

Grens- of scheidingslijnen

Merkwaardige lijnen die plaatselijk bekendstaan als *reaves* zijn al lang een bekend verschijnsel op de granieten woestenijen van Dartmoor in Devon in het zuiden van Engeland. Het zijn lichte ophogingen gemaakt met bij elkaar gegooide rotsblokken, nu vaak helemaal begroeid of soms bedekt met turf en daardoor moeilijk te zien. Ze zijn soms verscheidene kilometers lang en er zijn twee verschillende types: blokken van parallelle reaves die onderverdelingen van het land vormen, en langere, individuele reaves, waarvan sommige gebogen lijnen vertonen en andere dan weer rechtlijnig zijn. In de 19de eeuw veronderstelde men dat ze oude paden waren of verhoogde wegen. Pas in de jaren 1960 begonnen archeologen zich ervoor te interesseren, maar het duurde nog een tiental jaren eer het werk van Andrew Fleming van de universiteit van Sheffield en zijn collega's de ware aard van de reaves blootlegde.[12/13]

Fleming ontdekte dat reaves de overblijfselen waren van grote grenslijnsystemen en veldsystemen of 'coaxiale' systemen. De veldsystemen bevinden zich op de lagere hellingen en de belangrijkste individuele reaves vormen scheidingslijnen tussen de valleien en de gemeenschappelijke gebieden of ze vormen de grens van de hoge heidevlakten, die blijkbaar gebruikt werden om de schapen te laten grazen, en ook als ceremonieel landschap te oordelen naar het aantal ceremoniële monumenten dat er aangetroffen is. Fleming ontdekte dat de belangrijkste reaves met gebogen lijnen de contouren volgden en vaak samenvielen met de bovengrens van een veldsysteem. Er waren ook meer exacte individuele reaves, die als stralen naar het centrum van de heide liepen (omdat ze de waterscheiding tussen de valleien volgen), en grote reaves die zich uitstrekten over verscheidene velden. De archeoloog merkte dat de langere individuele reaves 'duidelijk zichtbaar het landschap doorkruisen in de richting van een onzichtbaar doel kilometers daarvandaan'. Hij ontdekte dat reaves verschillende graden van vakmanschap vertoonden. Het materiaal dat gebruikt was, stamde uit de vroege Bronstijd, rond 1600–1700 v.C. Hoewel ze later gebouwd waren dan de meeste andere monumenten op de heidegronden, lagen deze laatste soms binnen de omtrek van de reaves; waarschijnlijk deden ze dienst als uitkijkpunten. In andere gevallen werden de reaves door de bestaande monumenten heen aangelegd.

Het beeld dat uit het onderzoek van Fleming tevoorschijn komt, is dat het verschijnsel van de reaves in Dartmoor *een eenmalig gebeuren* voorstelt dat ongeveer een eeuw geduurd heeft. Daaruit blijkt dat er in de Bronstijd landmeters waren 'die meer regionaal ingesteld waren dan strikt lokaal'. Het systeem van de reaves houdt zonder twijfel in dat landmeters lijnen konden trekken die bergkammen en ravijnen overspanden over grote afstanden; die lijnen zijn niet op een lukrake 'organische' manier tot stand gekomen. In een tekst die niet zou misstaan in *The Ley Hunter* wees Fleming erop dat 'het feit dat de coaxiale systemen soms geen rekening lijken te houden met het gebied, vaak betekent dat verscheidene zones daarvan niet onderling zichtbaar waren, waardoor de bouwers van de reaves voor vervelende problemen kwamen te staan, die ze nochtans 'wilden aanpakken en konden oplossen'.[14] In een belangrijke passage van die tekst erkent Fleming dat 'functionele theorieën hun beperkingen hebben':

> Het feit dat coaxiale veldsystemen gelokaliseerd waren waar er voedsel geproduceerd werd, sluit de mogelijkheid niet uit dat hun vorm een krachtiger ideologische of symbolische betekenis had. Dat de systemen soms geen rekening lijken te houden met het terrein maakt deze verklaring nog aannemelijker ...
>
> Wat voor een concept zat er achter het coaxiale systeem? We kunnen hier niet om het vrij moeilijk te vatten begrip van 'het rituele landschap' heen ... Het lijkt vrij duidelijk dat in Groot-Brittannië, gedurende een periode in het midden van het derde millennium v.C., er 'kerngebieden' bestonden ... [die] 'ceremoniële monumenten' bevatten ... Maar die monumenten kwamen niet zomaar in de gebieden terecht in de loop van de eeuwen. De aard ervan, de structuur in relatie tot de andere monumenten en in relatie tot het gebied, de onderlinge verbanden en soms de oriëntatie, duiden allemaal op de bewuste creatie van een speciaal gebied vol van symbolische betekenis.[15]

Fleming verwerpt op een arrogante manier elk idee in verband met leylijnen en geomantiek. Nochtans weerleggen zijn eigen woorden die houding, wat misschien meer Pavloviaans is dan scherpzinnig. De laatste zin van het citaat, bijvoorbeeld, is een perfecte definitie van geomantiek. Er bestaat geen betere. En het idee van een lijn die geen rekening houdt met het terrein is gewoon een eufemistische uitdrukking voor een leylijn. In elk geval heeft men helemaal het gevoel op een leylijn te staan wanneer men op de reave staat die door Walkhampton Common loopt, net ten zuiden van Princetown, en ziet hoe de rechte lijn kilometers ver doorloopt. Hoewel we al gezien hebben dat de totaliteit van het leylijnenconcept van Watkins, die beweerde dat er vroeger overal lange rechtlijnige paden waren, niet helemaal klopt, verleent het feit dat er prehistorische Britse landmeters waren die erin geslaagd zijn lange rechte lijnen te construeren over grote afstanden – zoals het onderzoek van Fleming aantoont – toch geloofwaardigheid aan de stelling van Watkins. Dat hij een thans twijfelachtig laagje glansvernis over zijn waarnemingen van de lineaire overblijfselen uit het verre verleden heeft gestreken, doet geen afbreuk aan het feit dat hij waarschijnlijk een authentieke stempel heeft waargenomen van prehistorische geomantiek.

Oude coaxiale systemen worden nog op andere plaatsen gevonden dan in Dartmoor, en daterend uit andere tijden. In Behy-Glenulra in Co. Mayo, Ierland, zijn in een veenmoeras de overblijfselen gevonden van een neolithisch systeem begrensd door muren van steen en aarde; het geheel bevindt zich in de nabijheid van een neolitisch ceremonieel monument. Op andere plaatsen in Engeland zijn systemen uit de IJzertijd en de Romeinse tijd blootgelegd. Fleming vraagt zich af of de kennis van het landmeten overgeleverd werd door een klasse van priesters of barden, 'die de traditionele kennis verzamelden, en mondeling doorgaven van generatie op generatie'. Sinds deze publicatie echter heeft John W.M. Peterson het idee in twijfel getrokken dat er op de Britse Eilanden gedurende een lange tijd – misschien wel 2500 jaar – een traditie van regelmatige verdeling van het land heeft bestaan.[16] Volgens hem bleef de praktijk bestaan omdat hij zo nuttig was op werelds vlak. Hij vond dat daarvoor geen kennis nodig was die door 'Flemings legendarische voorouderlijke figuren overgeleverd werd'.

Wat er ook van zij, de reaves van Dartmoor vormen een getuigenis van het bestaan van prehistorische kennis van landmeten en van een inzicht in grootschalig bezig zijn met het landschap door middel van het consequent aanleggen van lijnen die geen rekening houden met het terrein en gericht zijn naar onzichtbare doelen op een grote afstand. De diepe betekenis van leylijnen zit dus verweven in deze fysieke lineaire overblijfselen.

Steenrijen

Het relatief goed bewaarde prehistorische landschap van Dartmoor vertoont nog een ander type van lineair verschijnsel – de steenrijen. Ongeveer

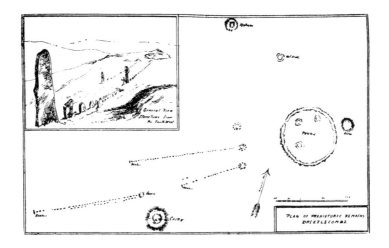

Afbeelding 24. Schets en plattegrond van het complex van steenrijen in Drizzlecombe, Dartmoor, door S. Baring-Gould in 1900 getekend

60 van deze rijen zijn min of meer intact op de heide bewaard gebleven, hoewel er vroeger veel meer waren. Ze komen individueel voor, in dubbele rijen of in meervoudige rijen en kunnen van een paar 100 meter tot een paar kilometer in lengte zijn. De stenen variëren in hoogte, maar zijn gemiddeld ongeveer een meter hoog. Vele rijen zijn min of meer recht, maar de meeste veranderen lichtjes van richting of hebben delen die een golvend patroon vertonen. Niettemin is rechtlijnigheid ook hier één van de karakteristieken. Behalve bij enkele staan bij alle overgebleven steenrijen van Dartmoor ceremoniële monumenten aan de ene of de andere zijde (of aan de beide zijden). Deze monumenten zijn meestal grote, individuele rechtopstaande stenen (menhirs), cairns (steenhopen) of steenkringen. Voorbeelden van zulke opstellingen kunnen worden gevonden te Drizzlecombe, waar drie rijen zijn. Eén ervan verbindt een steenhoop met een cairn; een tweede rij vertrekt van een cairn en de derde rij – die merkwaardig genoeg voor een deel dubbel is – verbindt een menhir met een cairn.

De rijen dateren uit de Bronstijd, hoewel blijkbaar nog maar één rij helemaal archeologisch opgegraven is (in Lee Moor, 1961) en toen zijn er geen overblijfselen van voorwerpen gevonden. Archeologen hebben niet erg veel interesse voor de steenrijen, evenmin als voor de cursuses, omdat ze er geen afdoende verklaring voor vinden. Tot nu toe heeft inderdaad nog niemand een volledig toereikende verklaring gegeven. Het is zonneklaar dat ze ceremoniële of rituele monumenten zijn, en ik wil de lezer vragen in gedachten te houden dat ze geassocieerd worden met grafheuvels of cairns en ceremoniële objecten als menhirs, omdat dit relevant is voor ons later onderzoek van de aard van het mysterie van de voorhistorische landschapslijnen.

Steenrijen komen ook op andere plaatsen in Groot-Brittannië voor, zoals in Wales. Bijvoorbeeld de rij megalieten in Parc-y-Meirw (Dodenveld) lijkt te wijzen naar de top van een Ierse berg, 113 km verder over de zee, die af en toe zichtbaar is en die een belangrijke plaats is voor de ondergang van de maan. In Schotland is er bijvoorbeeld *The Hill 'o Many Stanes* in de buurt van Wick, waar 22 rijen kleine stenen in een waaiervorm staan opgesteld. Er zijn steenrijen in de buurt van Fermanagh in Noord-Ierland en in de Ierse Republiek.

Steenrijen komen op vele plaatsen in de wereld voor, in het Midden-Oosten, in Kenia of op het Maleise Schiereiland. Op het Maleise deel van het schiereiland komen meer dan 100 rijen voor en in 1968 is er één ontdekt op het Thaise gedeelte.[17] Ze staat vlak bij een boeddhistisch klooster, Wat Mok Khalan, en 36 van de stenen zijn bewaard gebleven. Er wordt verondersteld dat de rij een rituele grens aanduidt. De grootste concentratie van steenrijen ter wereld bevindt zich in de buurt van Carnac, in Bretagne, Frankrijk. Hier staan er duizenden stenen in het landschap, opgesteld in complexen van meervoudige rijen. De belangrijkste groepen zijn Kerlescan, met dertien rijen, 354 m lang; Kermario, met zeven steenrijen; Kerzerho, waar de overblijfselen van tien rijen, die ooit meer dan een kilometer lang waren, bewaard zijn; Ménec, een complex van twaalf rijen die twee dolmen die ongeveer een kilometer van elkaar verwijderd zijn met elkaar verbinden; Petit-Ménec, met acht verspreid liggende steenrijen en St Barbe, Plouharnel, waar zich overblijfselen bevinden van rijen die ooit 400 meter lang waren. In die streek komen nog talrijke andere steenrijen voor evenals talrijke andere plaatsen met megalieten.

Deze 'andere lijnen' zijn vermeldenswaardige elementen in het raadsel van de rechte lijnen in de oude, gewijde landschappen. Ze maken deel uit van het kernmysterie dat met de hele zaak verweven is en dat we in dit boek zullen trachten bloot te leggen.

HOOFDSTUK 3

DE INDIAANSE ERFENIS

Hoe fascinerend en relevant de lijnen die we in het vorige hoofdstuk beschreven hebben ook zijn, we moeten nu naar Amerika om markeringen in het landschap te vinden die precies overeenkomen met de vormelijke aspecten van de leylijnen van Alfred Watkins.

Er zijn twee aspecten aan de opmerkelijke erfenis die de oude indianen hebben nagelaten voor de moderne onderzoeker van leylijnen: de traditie van het rituele gebruik van hallucinogene planten, dat nu met moderne middelen onderzocht kan worden, en landschappen waarin ceremoniële rechte lijnen, inderdaad Oude rechte paden, nog steeds zichtbaar zijn. Deze twee factoren samen betekenen naar mijn mening dat het mysterie van de leylijnen, dat in de Oude Wereld tot leven gewekt is door het moderne bewustzijn, opgelost kan worden in Amerika.

In dit hoofdstuk zullen we ons uitsluitend met de lijnen bezighouden. Een studie over oude rechte lijnen in een landschap is niet volledig zonder een behandeling van de indiaanse lijnen. Zij verschaffen ons de zekerheid dat die merkwaardige artefacten wel degelijk door mensen zijn gemaakt en leveren ons meer algemene aanwijzingen met betrekking tot de mogelijke oplossing van het mysterie van de lijnen.

We zullen snel van noord naar zuid reizen door de beide Amerika's. We pauzeren een beetje langer op drie plaatsen waar onlangs nog onderzoek gedaan is naar de indiaanse landschapslijnen: het gebied rond Chaco Canyon, New Mexico; het symbolische landschap rond Cuzco, Peru, en de lijnen van Nazca, eveneens in Peru.

Het noorden van de V.S.

De indiaanse cultuur die door archeologen 'Hopewelliaans' genoemd wordt, is ontstaan rond 150 v.C. en kende een bloeitijd rond 500 n.C. De Hopewell-cultuur, die waarschijnlijk meer een religieus fenomeen was dan een afzonderlijk volk, bouwde imposante ceremoniële aarden wallen, die gekenmerkt werden door uitgestrekte geometrische grondplannen en lineaire processielanen. Veel van deze opmerkelijke overblijfselen zijn verwoest door de blanke kolonisten, maar in Marietta, Ohio, waren de mensen verstandiger en hebben ze de aarden wallen die ze daar aantroffen, bewaard. Daar loopt

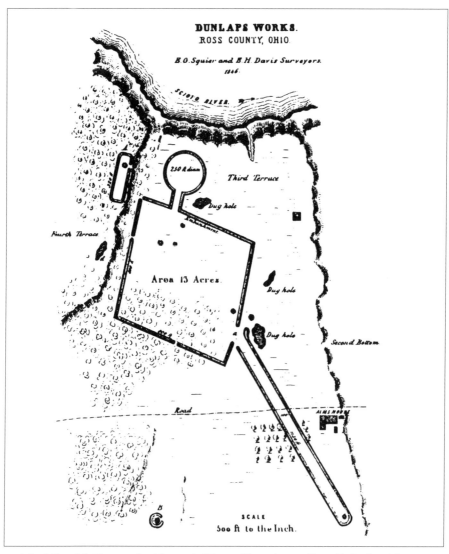

Afbeelding 25. Een voorbeeld van de Hopewell aarden wallen, die in de 19de eeuw door Squier en Davies onderzocht zijn.

nog steeds een rechte weg van de Muskingham River naar het complex van aarden wallen. Het vroegere ceremoniële karakter van de weg komt nog tot uiting in de huidige naam: de *Sacra Via*.

Omdat de noordelijke en oostelijke delen van de Verenigde Staten heel vroeg gekoloniseerd zijn, zijn ze nu sterk geïndustrialiseerd en dichtbe-

volkt. Daardoor zijn slechts deze monumentale types van indiaanse overblijfselen bewaard gebleven. Maar elders in Amerika zijn meer subtiele
markeringen in het landschap terug te vinden, die een meer direct verband
vertonen met de leylijnen, nog steeds zichtbaar, hoewel vele op het punt
staan te verdwijnen.

Californië

In de siërra's van Californië zijn er, of beter gezegd waren er tot voor kort,
overblijfselen van kaarsrechte indiaanse paden. In 1950 heeft Laetitia
Sample ze als volgt beschreven:

> De paden in de siërra's volgden natuurlijke doorgangen. Veel paden wa-
> ren breed en soms een halve meter diep uitgesleten door het gebruik. Ze
> bleven zichtbaar lang nadat de indianen verdwenen waren en de paden
> niet meer gebruikt werden. Ze lijken rechte lijnen te volgen ... zonder
> omwegen te maken voor, bijvoorbeeld, bergen.[1]

De nu uitgestorven Miwok-indianen woonden op de westelijke hellingen
van de siërra's, tussen de rivieren Mokelumne en Fresno, en een gebied ten
zuiden van het Tahoemeer. Tijdens de eerste decennia van de 20ste eeuw is
het gebied bestudeerd door S. Barrett en E.W. Gifford. Ze merkten dat de paden van de Miwok 'zo nauwkeurig recht waren dat ze op startbanen voor
vliegtuigen leken; ze liepen over heuvels en door valleien zonder te zigzag-
gen of omwegen te maken'.[2] *Startbanen voor vliegtuigen* – de inhoud van
hoofdstuk 7 zal een nieuwe betekenis geven aan deze accurate beschrijving.
In de Coloradowoestijn in Californië hebben onderzoekers paden gevonden
die afgeboord waren met stenen en waarlangs cairns en heiligdommen aangetroffen werden.

Het zuidwesten

De staten Colorado, Utah, Arizona en New Mexico vormen het zuidwesten
van de Verenigde Staten. In de vroege literatuur wordt gewag gemaakt van
rechte paden in Arizona, Colorado en New Mexico, maar wellicht de best
bekende lineaire verschijnselen in het gebied zijn de *Chacoan roads*. Ze zijn
geconcentreerd in de Chaco Canyon, een hooggelegen half-woestijn in het
noordwesten van New Mexico. Het gebied bevindt zich in het San Juan Basin, een schotelvormige depressie van ongeveer 150 km diameter. De cañon

is een brede, ondiepe zandstenen kloof, die van het oosten naar het westen loopt over het Chaco Plateau. De noordelijke wand van de cañon is de steilste en ongeveer 50 meter hoog.

Het gebied waar de vier zuidwestelijke staten samenkomen is bekend als het *'Four Corners'*-gebied en ooit behoorde dat land aan een indiaans volk dat de relatief recente Navajo-indianen de *Anasazi* (de Ouden) noemen en dat al in de laatste eeuwen v.C. het gebied bevolkte. In de 8ste eeuw n.C. verdwenen de 'kuilhuizen' van de Anasazi en werden vervangen door bovengrondse, rechthoekige huizen. Ze hadden een plat dak en waren gemaakt van modder, stenen en palen. Deze huizen betekenden het begin van de 'puebloperiode' in de evolutie van de Anasazi. De kuilhuizen werden omgevormd tot cirkelvormige onderaardse of semi-onderaardse rituele kamers (die *kiva's* genoemd worden door de hedendaagse Hopi-indianen). Chaco Canyon was een van de belangrijkste Anasazi-centra, waar hun cultuur haar hoogtepunt kende. In Chaco ontwikkelden de pueblo's zich tot complexen met verscheidene verdiepingen en terrassen, met Grote Huizen, grote gebouwen met muren, binnenplaatsen en *kiva's*, soms Grote Kiva's, heel grote ceremoniële kamers. In Chaco Canyon zelf zijn er negen Grote Huizen. Ze dateren allemaal uit de periode tussen 900 en 1115. De grootste is Pueblo Bonito, die meer dan een hectare groot is. In het uitgestrekte landschap rond de cañon zijn er ongeveer 150 Grote Huizen geïdentificeerd door archeologen.

Op het hoogtepunt van die cultuur, wat de archeologen de Bonito-fase noemen, was er duidelijk een aanzienlijke productie van goederen en een goed ontwikkelde handel. Ze deden aan tuinbouw, hadden kanalen en dammen om het kostbare water in goede banen te leiden en ze kenden, behalve een monumentale architectuur, een rijke ceremoniële of religieuze ritus. Ze kenden het ceremoniële gebruik van astronomie … en er waren de 'paden'. In de cañon en tientallen kilometers daaromheen ligt er een systeem van opmerkelijk rechte banen. Het zijn geen paden, maar geconstrueerde wegen, meestal 'zo recht als een pijl', zoals een van de onderzoekers ze heeft beschreven, die over grote afstanden van het ene punt naar het andere lopen, van richting veranderen en weer rechtdoor lopen. De Grote Huizen lijken verbonden te zijn geweest met dit netwerk, waarvan nu honderden kilometers blootgelegd zijn door onderzoek vanuit de lucht en vanaf de grond. Hedendaagse archeologen moeten toegeven dat 'de factoren die het uitlijnen van de wegen en de positie van de Grote Huizen beheersen nog niet kunnen worden verklaard'.[3] De wegen zijn breed, meestal ongeveer 9 meter; de zijwegen zijn ongeveer half zo breed. De randen bestonden uit aarden ber-

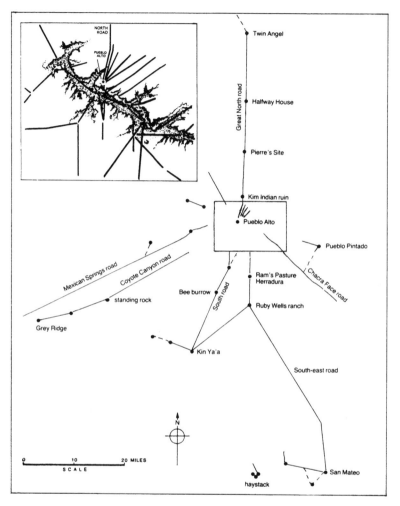

Afbeelding 26. Kaart van enkele van de rechte wegen in de omgeving van Chaco Canyon, New Mexico. Inzet: detail van de cañon zelf, waarop de ligging van de wegen in de cañon en in de omgeving getoond wordt.

men, rijen stenen of soms stapelmuurtjes. Het wegoppervlak was aangestampte ondergrond; soms was de aarde weggegraven tot op het onderliggende gesteente. Het is een mysterie waarom een volk dat geen paarden had of geen voertuigen met wielen kende, zulke brede, nauwkeurig rechte banen nodig had. Bovendien hebben luchtfotografie en apparatuur met infraroodsensoren aangetoond dat naast sommige stukken van die wegen parallelle wegen liepen, die nu niet meer zichtbaar zijn; langs de *North Road* (die soms de *Great North Road* genoemd wordt) liggen zelfs dubbele groepen van parallelle wegen!

Stukken van deze nu bijna onzichtbare, duizend jaar oude wegen, zijn al bekend van ten minste 1879, toen een rapport van het leger gewag maakte van 'opmerkelijke banen' in New Mexico 'die zich in rechte lijnen uitstrekken van de ene pueblo naar de andere …' Een rapport van een regeringsafgevaardigde in 1901 bericht over wegen in Chaco, en in de jaren 1920 heeft Neil Judd, een van de eerste archeologen in Chaco, het erover in een van zijn rapporten. In 1948 praatte Gordon Vivian, een andere archeoloog in Chaco, over de banen met een vrouw die zich herinnerde dat 'in de oude tijd' een brede baan in het noorden van de cañon 'in de lente en de zomer duidelijk zichtbaar was omdat de vegetatie daar duidelijk anders was dan elders'. Maar pas in de jaren 1970 begon men ernstig werk te maken van de banen. De bestaande luchtfoto's van de streek werden minutieus bestudeerd, en er werden talrijke nieuwe foto's gemaakt. Hoewel de wegen duidelijker waren op de vroegere foto's dan op de nieuwe door de verschillen in de begroeiing die veroorzaakt waren door de klimaatsverandering en door menselijke ingrepen, stonden de archeologen verbaasd van de omvang van het wegensysteem dat zichtbaar werd, en van de exactheid van de constructie die hun veldwerk en opgravingen aan het licht brachten. In de jaren '80 werden nog meer wegen zichtbaar door computervergrotingen van de foto's en door infraroodtechnieken die door de NASA ontwikkeld waren.

Waar de wegen van Chaco op het plateau de rand van de cañon bereikten, gingen ze vaak over in trappen die in de wand van de cañon uitgehouwen waren. Deze trappen zijn soms 8 meter breed en zijn nog steeds zichtbaar, hoewel ze geërodeerd zijn. De trappen zijn zo steil en de treden zo hoog dat ze waarschijnlijk niet bedoeld waren om alle dagen te gebruiken, en bovendien lijken ze op de ceremoniële trappen aan de zijkanten van de Midden-Amerikaanse piramiden. (Er zijn in Chaco ook rotstrappen die smaller zijn en een leuning hebben; deze waren waarschijnlijk wel voor dagelijks gebruik bestemd.)

De bestemming van de wegen kan niet louter verklaard worden door handel of werelds gebruik. Waarom moesten ze zo recht zijn? Waarom was de breedte zo nauwkeurig en waarom waren de zijwegen precies half zo breed als de hoofdwegen? Waartoe dienden de parallelle wegen en de dubbele parallelle wegen?

Uit onderzoek blijkt dat de Grote Huizen in verbinding stonden met het wegensysteem. Zij waren duidelijk geen woonhuizen, maar ceremoniële gebouwen. Ze hadden kamers die niet in verbinding stonden met de binnen-kant van het huis, maar alleen toegang gaven tot de wegen. Hedendaagse onderzoekers krijgen meer en meer de indruk dat de wegen een religieuze, ceremoniële functie hadden. Deze theorie wordt gesteund door andere be-wijsstukken. In de jaren '20, bijvoorbeeld, praatte Neil Judd over de wegen met enkele Navajo-indianen. We weten niet alles wat hij van hen gehoord heeft, maar achteraf verwees Judd naar die wegen als 'ceremoniële wegen'. Ten minste een van de Navajo-ouderen, Hosteen Beyal, heeft Judd verteld dat ze *geen echte wegen* waren, hoewel ze erop leken' (mijn cursivering). In een legende van de Navajo's wordt verteld dat de wegen eigenlijk 'tunnels' zijn waardoor de Ouden zich veilig konden verplaatsen – ik vermoed dat hierin een oude herinnering verwerkt zit maar ik kom hierop terug in hoofdstuk 7. In de jaren '80 vroeg Kendrick Frazier een Hopi-indiaanse vriend van hem wat hij wist over de wegen. De indiaan zei dat de wegen symbolisch waren en misschien de migratieroutes voorstelden van de vroe-ge Anasazi. De richtingen van de wegen die tot nu toe ontdekt zijn, komen overeen met wat in Hopi-legenden verteld wordt.[4] De archeo-astronoom Ray A. Williams verwijst ook naar een Hopi-legende waarin de plaatsen van de zonsopgang en -ondergang aan de horizon aangeduid worden en tot heilige plaatsen gemaakt: 'Jonge Hopi lopen na hun initiatie in een zo recht mogelijke lijn naar die plaatsen en terug om er hun bidstokken te plaatsen. Ze volgen als het ware letterlijk de rechte lijn van een zonnestraal.'[5]

Op bepaalde stukken langs de wegen zijn scherven van aardewerk gevon-den, vooral in de buurt van de Grote Huizen, en in Pueblo Alto, op de noor-delijke rand van de cañon. Hoewel sommige archeologen beweren dat dit overblijfselen zijn van de handel in aardewerk, is het ook zo dat in vele de-len van de wereld het breken van aarden potten de betekenis had van een offer, vaak geassocieerd met de doden, en het is zelfs mogelijk dat de wegen zelf als heilig beschouwd werden. In Frankrijk kwam het in de 17de eeuw nog voor dat een pad vereerd werd.[6]

Het gebruik van de wegen nam abrupt een einde in de 13de eeuw met het verdwijnen van de Anasazi-cultuur. Ze lijken weinig of niet gebruikt te zijn door de bewoners van het gebied in de post-Bonitofase.

Archeologen hebben ook een systeem van 'signaalheiligdommen' ontdekt, verspreid over het landschap rond Chaco Canyon. Negentien kilometer ten noorden van Chaco Canyon, bijvoorbeeld, loopt de *North Road* naar een groep duintoppen. Hij loopt rechtstreeks naar een top die de archeologen *El Faro* (de Vuurtoren) hebben genoemd, omdat ze daar een haard gevonden hebben waar herhaaldelijk vuren aangestoken zijn. Waarschijnlijk is er ook een kiva geweest. Opgravingen hebben geen bewijzen opgeleverd dat de weg over de top heen liep, maar er zijn fragmenten van de weg blootgelegd aan beide zijden van de top. Een vuur op de top van *El Faro* zou van grote afstand zichtbaar zijn geweest, ook vanuit Pueblo Alto, en daardoor begonnen de archeologen rekening te houden met de mogelijkheid van het bestaan van een systeem van signaalvuren in het landschap van Chaco.

Er lijkt een verband te bestaan met andere ontdekkingen omtrent vreemde structuren op de toppen van het plateau, verspreid over de cañon. Deze plaatsen waren gemarkeerd met stenen en op sommige van die locaties zijn schalen met kralen en schelpen aangetroffen, verstopt in een uitgehouwen holte in de rotsen. Ze zijn zo gesitueerd dat ze onderling zichtbaar zijn vanaf andere gelijksoortige plaatsen en Grote Huizen. Het is dus nu zo goed als zeker dat er behalve het fantastische netwerk van rechte wegen er ook een complex systeem bestond van zichtlijnencommunicatie in de omgeving van Chaco Canyon. De NASA-wetenschapper Thomas Sever, die zich bezighield met het infraroodonderzoek en de computervergrotingen van de luchtfoto's van Chaco, oppert dat de wegen misschien ontworpen zijn om als raakvlak te dienen voor het systeem van communicatie tussen de heiligdommen. Hij is er zeker van dat de wegen ceremonieel zijn en niet bestemd waren voor gewoon gebruik. Hij wijst op de rituele activiteit die aangegeven wordt door de scherven van aardewerk, de Grote Huizen en andere heiligdommen die langs de wegen voorkomen, en op het feit dat ze *bepaalde plaatsen in het landschap met elkaar verbonden in plaats van gemeenschappen.* Sever beweert dat we 'wegen niet altijd moeten zien als gebruiksvoorwerpen; dat we met andere woorden, ons concept van moderne wegen niet moeten verplaatsen naar de prehistorie.'[7]

Het wordt nu duidelijk dat Chaco Canyon een ritueel en ceremonieel centrum was, waarvan de bevolking verscheidene malen per jaar aanzienlijk toenam door het grote aantal pelgrims. Het was gesitueerd in het centrum van een uitgestrekt systeem van rechte gewijde paden, die op hun beurt in verbinding stonden met verschillende soorten heilige plaatsen verspreid over de San Juan Basin.

Mexico en Centraal-Amerika

Overblijfselen van netwerken van rechte paden die dateren van voor de Spanjaarden zijn nog zichtbaar in Mexico in de streek rond de archeologische site La Quemada in de westelijke staat Zacatecas. Daar zijn ongeveer 150 km indiaanse wegen geïdentificeerd die dateren van de periode tussen het jaar 700 en 800. Ze zijn voor het eerst in kaart gebracht door Charles De Burghes in 1833 en opnieuw door Charles Dickson Trombold in 1974. Zoals in Chaco, lijken de wegen ook hier een bepaalde breedte te hebben. De wegen van La Quemada zijn structuren van metselwerk op het grondoppervlak. Dit is de beschrijving van een typische weg door Trombold:

> Twee parallelle rijen stenen worden in een rechte lijn en op de gewenste hoogte en breedte gelegd. De ruimte ertussen wordt dan opgevuld met puin en stapstenen ... [8]

De twee bredere types van wegen verbonden gebieden die dicht bevolkt waren, terwijl naar 'verspreid liggende plaatsen in afgelegen gebieden altijd smalle wegen lijken te leiden'.

Op het Yucatan Schiereiland van Zuidwest-Mexico betreden we het hart van het oude land van de maya-indianen. De maya's verschenen op het toneel in de eerste eeuw v.C., maar het hoogtepunt van hun cultuur, de 'Klassieke Periode', dateert van de late 3de eeuw n.C., wanneer ze in steen begonnen te werken, tot 900 n.C. Overblijfselen van de mayacultuur zijn blijven voortleven tot na de Spaanse verovering in de 16de eeuw. Zelfs nu zijn er nog miljoenen indianen die de mayatalen spreken.

De maya's hebben piramiden, tempels en talrijke andere gebouwen nagelaten die getuigen van hun opmerkelijke capaciteiten als bouwers. Ze gebruikten ceremoniële astronomie, hadden een hoog ontwikkeld dateringssysteem waarbij ze gebruikmaakten van de interactie tussen een gewijde en een normale zonnekalender, ze kenden een verfijnde vorm van wiskunde en bewaarden documenten door middel van hiërogliefen die aangebracht werden op stenen *stelae* en in 'boeken' met bladen van schors of dierenhuiden bedekt met gips, die Codices genoemd werden. Hieruit blijkt hoe belangrijk de planeet Venus was in de kosmologie van de maya's.

De invloed van de maya's reikte tot het huidige Belize, Guatemala, El Salvador en Honduras. In deze zuidelijke regio raakte de cultuur om onbekende redenen in de 9de eeuw in verval en daardoor werd de noordelijke regio van Yucatan belangrijker. De maya's hadden lange rechte wegen aangelegd, zowel binnen hun heilige steden als tussen de steden, die ze *sacbeob* noemden (het meervoud van *sacbe*). De meeste ervan zijn maar fragmentarisch bewaard gebleven en sommige zijn nog steeds niet opgegraven omdat ze door de dichte regenwouden van Midden-Amerika lopen. De langste bekende sacbe is 100 km lang en verbindt Coba met Yaxuna in het noordelijke deel van het Yucatan Schiereiland, niet ver van de beroemde site van Chichen Itza. De ontdekkingsreiziger Thomas Gann ontdekte deze weg in de jaren 1920. Hij vond een 'grote, opgehoogde weg van ongeveer 9 meter breed ... Dit was een van de merkwaardigste wegen ooit geconstrueerd; de kanten bestonden uit grote blokken gekapte steen, waarvan vele meer dan 100 kilo wogen ... Voorzover we de weg gevolgd hebben, liep hij zo recht als een pijl en was hij bijna zo vlak als een spiegel.'

Segmenten van sacbeob zijn ook ontdekt op het eiland Cozumel, dat voor de noordoostkust van het schiereiland ligt, dat een pelgrimsoord van de maya's was en waar de maangodin Ixchel vereerd werd. Sommige van deze wegen verbonden verschillende nederzettingen. Het best bewaarde deel loopt tussen San Gervasio en de noordoostkust van het eiland. Vijf kilometer ervan is in kaart gebracht. De weg is 1,5 m breed en er stonden heiligdommen langs. Door de rechtlijnigheid van de weg was het mogelijk te voorspellen waar voor het oog onzichtbare delen zich zouden bevinden.

Colombia

De Sierra Nevada de Santa Marta op de noordelijke kust van Colombia is de habitat van het Kogivolk, dat erin geslaagd is een ongeschonden voorbeeld te bewaren van precolumbiaanse indiaanse cultuur in Amerika. In hoofdstuk 7 zullen we hierop terugkomen, maar nu wil ik vermelden dat hun afgezonderd woongebied 'niet enkel een reservaat voor wilde dieren' is, zoals de filmproducent Alan Ereira geschreven heeft; 'het is een filosofisch reservaat, de thuishaven van een gemeenschap die het mentale landschap bewaard heeft dat in de rest van Amerika door de Europeanen weggewerkt is ... De Kogi ... hebben hun wereld intact gehouden, met zijn geheimen'.[9] Deze mensen hebben een levende traditie van sjamanisme ... en ze hebben netwerken van bestrate wegen, waarvan ten minste een deel recht is, dat zich over de siërra uitstrekt.

We zullen later op dit verschijnsel en op de Kogi terugkomen, precies omdat de Kogi het precolumbiaanse mentale landschap bewaard hebben. We moeten trachten daarvan een glimp op te vangen, al was het maar van een conceptuele afstand, als we een inzicht willen krijgen in het mysterie van de rechte lijnen.

Cuzco

Cuzco, Peru was de hoofdstad van het inca-imperium, dat zich op zijn hoogtepunt over meer dan 3200 km uitstrekte, van Colombia in het noorden tot

Chili in het zuiden. Cuzco was zowel een administratief centrum als een heilige stad.

De inca's verwierven de suprematie over een aantal andere indianenstammen in de Andes rond 1200 en behielden die tot hun cultuur verwoest werd door de Spanjaarden in de 16de eeuw. Het imperium werd met een absolute autoriteit geregeerd door de Sapa Inca, de opperste heerser en god-koning, de Zoon van de Zon. Het bestuur van het immense incarijk vanuit een gecentraliseerd machtscentrum werd aanzienlijk vergemakkelijkt door een opmerkelijk wegennet, waardoor een snelle communicatie mogelijk was en een snelle verplaatsing van de legers wanneer dat nodig was. Ook de roofzuchtige *conquistadores* moesten toegeven dat 'zelfs in het christendom niets deze wegen evenaarde'. Hedendaagse onderzoekers hebben ongeveer 22.540 van de geschatte 40.250 km in kaart gebracht. Sommige stukken waren bestraat, terwijl andere, vooral in de woestijn, bestonden uit rijen stenen met daartussen aangestampte aarde. Cairns of heiligdommen stonden op bepaalde plaatsen langs de wegen. Bovendien waren er op regelmatige afstanden posten of *tampu* langs de wegen gebouwd voor de *chasquis* of boodschappers. Zo'n boodschapper liep naar een van die posten, waar hij een verbale boodschap, samen met enkele goederen, of een *quipu* (een geheugensteuntje dat bestond uit een reeks gekleurde touwen met knopen) kon doorgeven aan de boodschapper die klaarstond om hem af te lossen. De ontdekkingsreiziger Von Hagen berichtte dat de wegen van de inca's 'onfeilbaar recht'[10] liepen tussen twee punten, maar soms een beetje afweken om een obstakel te vermijden. Het staat vast dat sommige van deze wegen opgeknapte stukken waren van oudere paden die uit de tijd vóór de inca's dateerden[11], wat overeenkomst vertoont met de bewering van Alfred Watkins dat sommige stukken van Romeinse wegen oudere routes volgden.

Maar het is in het landschap rond Cuzco zelf dat we de meest mysterieuze rechte lijnen aantreffen – de *ceques*. Deze hadden een diepgewortelde sociaal-politieke en religieuze natuur.

De belangrijkste gebouwen van Cuzco waren gerangschikt volgens een rasterpatroon. Binnen dat patroon en eromheen werd een strikte sociale ordening gevolgd. Het imperium werd Tahuantinsuyu genoemd, wat 'het Land van de Vier Gewesten' betekende, en mensen die vanuit verre streken naar Cuzco kwamen, kregen bepaalde wijken in de stad toegewezen, afhankelijk van waarvandaan ze kwamen in Tahuantinsuyu. Deze verdeling in gewesten van het imperium, die uitstraalde vanuit Cuzco, was niet gebaseerd op een noord-zuid/oost-west schema en ook niet op een eenvoudig X-patroon. De zuidoost-zuidwestgrens vertoonde een vreemde knik naar buiten toe, waardoor het zuidwestelijk gedeelte groter was dan het zuidooste-lijk deel. De vier wegen die het middelpunt van het wegensysteem van de inca's uitmaakten, vertrokken in Cuzco op de plaats waar nu de Plaza de Armas is – een gereduceerde versie van het grote plein dat de inca's Hu-acaypata noemden – en liepen naar hun respectievelijke gewesten. Het cen-trum van het cequesysteem echter lag een paar honderd meter daarvan-daan, bij de Coricancha, wat de Spanjaarden later de Tempel van de Zon noemden. In feite was die tempel, die de inca's gebruikten voor staatsaan-gelegenheden en ceremoniën, het belangrijkste centrum van verering van de voorouders, en 'de relatie met de onderwereld was zeker even sterk als die met de hemelen'.[12]

Spaanse historici schreven dat 41 lijnen of ceques als stralen vanuit die plaats vertrokken. Drie van de wijken of *suyus* van Cuzco telden elk negen van deze ceques, conceptueel gegroepeerd in drie sets van drie, maar de vier-de en grootste wijk van Cuzco, de zuidwestelijke wijk, telde er veertien.

Wat waren ceques precies? De eenvoudigste definitie is dat ze verbindings-lijnen waren van heilige plaatsen of *huacas*. Een huaca kon een menhir zijn, een natuurlijke rots of een rotspiek, een waterval of een bron, een bocht in de rivier, een tempel of ander heiligdom, een heilige heuvel of grot, een hei-lige boom, een topografisch verschijnsel, zelfs een brug of een plaats waar ooit een gevecht had plaatsgevonden. Meestal bevonden zich tussen drie en dertien huacas langs een ceque, wat kan worden vergeleken met het aantal knopen in een quipu. (De speurder naar leylijnen zou natuurlijk de over-eenkomst zien met het concept van Watkins.) De Spaanse kroniekschrijvers hebben 328 huacas langs de ceques rond Cuzco geïdentificeerd, en ze be-weerden dat ze elk een dag van het incajaar vertegenwoordigden. In feite vertegenwoordigden ze een enorme aardse kalender, maar de Spanjaarden hebben niet alleen nagelaten zich er verder in te verdiepen, ze hebben ook een aantal van de huacas vernield. Dr. Tom Zuidema van de universiteit van Illinois, die een belangrijk onderzoek naar de ceques heeft geleid, ging ervan uit dat het systeem gebaseerd was op de siderische maanmaand van 27,3 dagen (de tijd die de maan nodig heeft om beginnend bij een bepaalde ster aan het firmament opnieuw bij diezelfde ster te komen). Wanneer men 328 dagen deelt door de 12 maanden van het incajaar, krijgt men namelijk een maand van 27,3 dagen. De Amerikaanse archeo-astronoom Anthony F. Aveni beschreef het cequesysteem als 'een mnemonisch systeem dat in de natuurlijke en door de mensen gemaakte topografie van Cuzco ingebouwd zat en dat diende om ideeën over religie, sociale organisatie, hydrologie, de kalender en astronomie tot één geheel te maken'.[13]

Sociale groepen of groepen van familieleden, *ayllus* genoemd, moesten voor specifieke ceques zorgen. Terwijl het rituele jaar door het symbolische landschap wentelde, had elke ayllu de verantwoordelijkheid de heilige plaatsen klaar te maken langs de lijn of lijnen die hun toegewezen waren zodat op het juiste tijdstip de gepaste ceremoniën konden plaatsvinden. Het thema van het water was een symbool dat heel vaak voorkwam in het cequesysteem, en dat had genealogische en dus sociale correlaties want het water kwam vanuit de ondergrond en daar verbleven de voorouders. De ceques deden ook dienst bij het ordenen van territoriale relaties, coöperatieve rituelen en arbeid, en zelfs huwelijken. 'Al met al', zegt Aveni, 'kan het cequesysteem beschouwd worden als een vrij complexe kaart van verwantschappen gebaseerd op de woonplaats en de verering van de voorouders in een radiale en in vier delen verdeelde geografische structuur.'[14]

Met als leidraad de beschrijvingen van het systeem door de 17de-eeuwse Spaanse kroniekschrijvers, hebben Zuidema en Aveni getracht de ceques in het huidige landschap te plaatsen. Ze kwamen tot de vaststelling dat de ceques 'nooit meer dan een paar graden van een rechte lijn afweken' en dat ze over de ingewikkelde topografie van de streek rond Cuzco liepen naar veraf gelegen en onzichtbare bestemmingen. Ze ontdekten dat de huacas zich vaak bevonden op plaatsen waar de loop van het water van richting veranderde, zoals in de bocht van een rivier, en dat slechts een vierde van de ceques een astronomische functie had. Astronomische zichtlijnen konden van een huaca op de ene ceque naar een huaca op een andere ceque lopen of naar een natuurlijk fenomeen aan de horizon. Soms bevonden de uitkijkpunten zich in Cuzco zelf. Torens die nu vernield zijn en die ook huaca waren, werden gebruikt als een onderdeel van dit astronomische systeem doordat ze de positie van de zon aanduidden op bepaalde belangrijke tijdstippen in het jaar. De astronomie bepaalde het verloop van het ceremoniële jaar, dat op zijn beurt in verband stond met de landbouwcyclus.

Zuidema heeft een pelgrimsroute van de inca's ontdekt, die begon bij de Huanacauri, een heilige berg die een huaca was in het cequesysteem. De bedevaart vond plaats in juni en vierde de geboorte van de zon (de zonnewende in juni is de midwinter op die breedtegraad):

> De bedevaart volgde een route met 21 haltes … De route liep in een rechte lijn stroomopwaarts langs de Vilcanota Rivier naar een plaats die de Spanjaarden La Raya noemden, de 'scheidingslijn' (ook wel het dorp Vilcanota genoemd, naar huis [nota] van de zon [villca] in het Aymara). Het is bovendien interessant dat deze rechte lijn in zuidoostelijke richting

liep, de richting van de zonnewende in december. Een van de haltes, Om-otoyanacauri, was waarschijnlijk de plaats waarvandaan de inca's op de dag van de zonnewende in december de opkomst van de zon observeerden vanuit een zonnetempel (Puquincancha) in Cuzco zelf ... Er bestaan bewijzen ... dat deze rechte lijn vanuit Huanacauri doorliep tot voorbij Vilcanota, helemaal tot het Eiland van de Zon in het Titicacameer ... [15]

De ceques hadden nog een andere, vrij gruwelijke bestemming: ze dienden als routes voor de kinderen die naar hun oorspronkelijke deel van het imperium moesten gaan om geslachtofferd te worden in tijden van grote crisis of ter gelegenheid van buitengewone ceremoniën.
Ceques worden verondersteld meestal conceptueel te zijn, enkel geconstrueerd om plaatsen (huaca) met elkaar te verbinden, maar segmenten ervan zijn door Tony Morrison gefotografeerd met infraroodtechnieken[16] en op deze foto's zijn de ceques duidelijk zichtbaar als rechte donkere lijnen in de begroeiing eromheen. Daaruit blijkt dat ten minste sommige ceques oude rechte paden moeten zijn geweest.

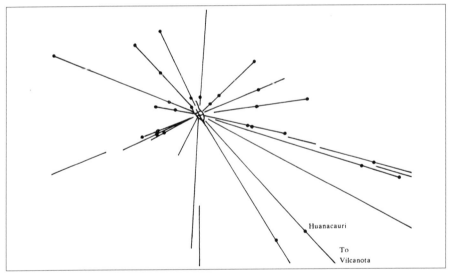

Afbeelding 27. Plattegrond van enkele ceques (ongeveer de helft van het werkelijke aantal) die 'uitstralen' over de Cuzco-vallei vanuit de oude inca-hoofdstad. De stippen duiden de huacas of heiligdommen aan. Ten tijde van de inca's vond er een bedevaart plaats langs de ceque van Huanacauri naar Vilcanota en misschien zelfs nog veel verder (zie tekst). (Getekend en vereenvoudigd naar T. Zuidema)

Het fundamentele stralenpatroon van het cequesysteem, de complexe en diverse functies ervan en de associatie met water zijn factoren waarmee Aveni rekening hield toen hij in de jaren 1980 de lijnen van Nazca ging bestuderen.

Nazca

Nazca ligt een paar honderd kilometer ten zuiden van Lima, Peru. Tussen de kust en de hoge Andes bevinden zich woestijnplateaus, *pampa's*, die op bepaalde plaatsen doorkruist worden door diepe, weelderige kloven die uitgesneden zijn door rivieren op hun weg van de Andes naar de zee. De pampa's tussen deze rivieren zijn onvruchtbaar en bezaaid met platte rotsen. De wind kan deze rotsen niet verplaatsen en er valt haast geen regen zodat er heel weinig verandering komt in de oppervlaktestructuur, behalve door menselijke ingrepen. Op sommige van deze pampa's, vooral rond Nazca, maar ook verder weg, worden tekeningen of merktekens op de grond aangetroffen. Ze worden geogliefen genoemd en zijn aangebracht door de donkere, geoxideerde bovenlaag weg te halen, waardoor een lichter gekleurde en lossere ondergrond aan het licht komt. De rotsen die weggeruimd werden om de geogliefen te kunnen vervaardigen werden soms opgestapeld of er werden randen mee gemaakt. Het is aangetoond dat zulke geogliefen relatief snel tot stand kunnen komen.

De merktekens kunnen in specifieke types worden verdeeld. Er zijn figuren – dieren, planten, mensen en bovennatuurlijke ('biomorfe') figuren, en patronen zoals spiralen en blijkbaar abstracte configuraties. Deze geogliefen zijn eenlijnig – gevormd door één enkele lijn (of pad). Dan zijn er de vrijgemaakte geometrische oppervlakken – vaak 'trapezoïden' genoemd. Ze vormen de grootste van de merktekens van Nazca en variëren in vorm van driehoeken tot lichtjes misvormde rechthoeken, en soms komen verscheidene rechte lijnen samen aan één kant ervan. De rechte lijnen hebben soms één of meer parallelle lijnen (zoals in Chaco) en zijn soms enkele kilometers lang. Ze lopen vaak gewoon over heuvels en bergkammen, alsof die niet bestaan – om de woorden van Andrew Fleming te gebruiken (hoofdstuk 2): ze 'houden geen rekening met het terrein'. En ten slotte zijn er nog kleine, niet goed afgebakende stukken pampa waar de stenen weggeruimd zijn en die *campos barridos* genoemd worden.

De beroemdste geogliefen – omdat die het vaakst gefotografeerd, bestudeerd en bezocht zijn – bevinden zich op de pampa tussen de Nazcavallei en de vallei van de Ingenio-rivier in het noordwesten, hoewel er geen markerin-

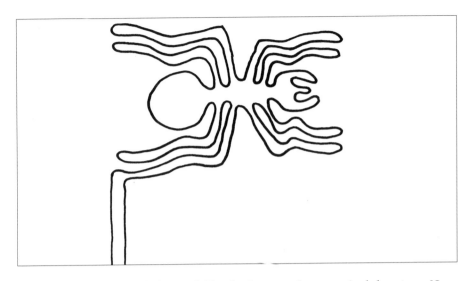

Afbeelding 28. Een van de biomorfe lijntekeningen op de pampa in de buurt van Nazca. De spin is 46 m lang.

gen voorkomen op de pampa's in de omgeving en ten noorden van dat gebied.

De Peruviaanse archeoloog Toribio Mejia Xesspe was de eerste moderne academicus die de lijnen heeft bestudeerd. Hij heeft ze bij toeval ontdekt en dacht dat ze ceremoniële wegen waren die in verbinding stonden met de nabijgelegen aquaducten en begraafplaatsen, en hij gebruikte de term ceques om ze aan te duiden. De lijnen kregen meer algemene aandacht in de jaren 1930, toen vliegtuigen regelmatig over de pampa begonnen te vliegen en de geogliefen, vooral de trapezoïden en lijnen, duidelijk zichtbaar waren vanuit de lucht. Nadat hij van de ontdekkingen van Mejia Xesspe gehoord had, bezocht de Amerikaanse historische geograaf Paul Kosok in 1941 de pampa. Hij had gedacht dat de lijnen misschien een oud irrigatiesysteem waren, maar toen hij ze zag, wist hij dadelijk dat ze iets anders moesten zijn. Toevallig was hij getuige van een zonsondergang tijdens een zonnewende, precies aan het eindpunt van een van de lijnen. Daardoor kwam hij op het idee dat het Nazcacomplex 'wel eens het grootste astronomieboek ter wereld zou kunnen zijn'. Zijn enthousiasme sloeg over op Maria Reiche, een Duitse wiskundige, die de rest van haar leven heeft doorgebracht met het bestuderen en in stand houden van de lijnen. In de loop van de jaren hebben ook andere onderzoekers zich met de studie van de lijnen beziggehouden. Het verschijnsel werd zeer populair in de jaren '60, toen de bestsellerauteur

Erich von Däniken opperde dat de lijnen landingsbanen waren voor ruimtetuigen uit de prehistorie. Deze onzin wordt door sommige mensen nog steeds geloofd.

De grootste mythe die over de lijnen de ronde heeft gedaan, is dat ze astronomische doeleinden hadden. Op het einde van de jaren '60 echter heeft Gerald Hawkins van de Smithsonian Institution in de Verenigde Staten een onderzoek naar de lijnen gedaan en hij heeft er geen significant astronomisch verband voor gevonden.[17]

Pas in de jaren '80 is men tot een beter begrip gekomen van de betekenis van de geogliefen dankzij het relatief onbekende interdisciplinaire onderzoek van Anthony F. Aveni en zijn collega's. Jammer genoeg hebben we hier niet genoeg plaats om diep op dat onderzoek in te gaan en de geïnteresseerde lezer kan de titels van de werken met de gedetailleerde studies in de referenties vinden.[18] Zij hebben geen conclusies getrokken die niet gestaafd konden worden door wat bekend is over de vroegere en huidige cultuur in de Andes. Ze hadden de vroegere theorieën bestudeerd en ze 'te licht

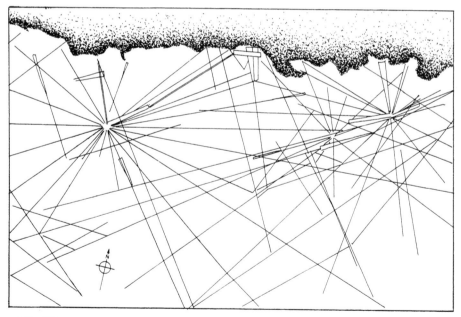

Afbeelding 29. Een gedetailleerde weergave van een gebied in het noorden van de Nazca-pampa, dat uitkijkt over Ingenio Valley (bovenkant plan). Behalve rechte lijnen, kunnen trapezoïden onderscheiden worden en een 'stralencentrum' (boven links). (Getekend naar Maria Reiche)

bevonden' en ze waren geschokt te vernemen dat de hele pampa niet al vroeger helemaal in kaart gebracht was of behoorlijk onderzocht om te trachten overblijfselen van gebruiksvoorwerpen te vinden. 'Dat volledigheid en nauwkeurigheid niet de belangrijkste criteria waren geweest voor het opstellen van de voorgestelde verklaringen verbaasde ons.'[19]

Een van hun belangrijkste ontdekkingen was een patroon van een netwerk dat ingebed lag in het spel van de lijnen. Maria Reiche nam wat zij 'sterachtige kernen' noemde waar en Aveni en zijn team slaagden er steeds beter in deze te onderscheiden. Deze 'stralenkernen' of 'lijnenkernen', zoals het team van Aveni ze noemde, bestaan uit een of meer natuurlijke heuvels of aardhopen, vaak met bovenop een of meer stapels rotsblokken en vanwaaruit verscheidene lijnen van verschillende breedte vertrekken. Als de spaken van een wiel: hier hebben we hetzelfde radiale element dat ook in Cuzco opgemerkt was. De onderzoekers hebben meer dan 60 van deze kernen gevonden in de overvloed aan lijnen op de pampa. Ten minste één lijn van zo een kern was met een andere verbonden. Sommige lijnen vertrokken echter in een bepaalde kern en liepen naar dezelfde kern terug.

De geogliefen leken in vele gevallen in verband te staan met water. Ze kwamen talrijk voor aan de randen van de rivierbeddingen op de pampa, er wa-

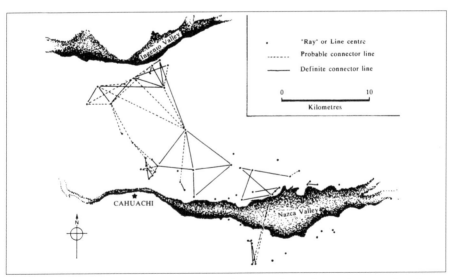

Afbeelding 30. Een erg vereenvoudigde plattegrond van de 'stralencentra' op de Nazca-pampa met enkele van de belangrijkste verbindingslijnen (Getekend en vereenvoudigd naar A.F. Aveni)

ren groepen van driehoekige vormen vlak bij de oude aquaducten (onderaardse kanalen) die het water naar de valleien brachten, en talrijke lijnen liepen langs of naar de vele opgedroogde rivierbeddingen (*quebradas*) op de pampa.

De onderzoekers raakten de impressie niet kwijt dat de lijnen bedoeld waren om gezien te worden vanuit de lucht, maar Aveni wijst er eveneens op dat 'iedereen die een voet op de pampa zet zich dadelijk zal realiseren dat de lijnen zeker ook bedoeld waren om op te lopen, of astronomie of hydrologie, of beide, nu een rol gespeeld hebben bij het ontwerp en de constructie van de lijnen van Nazca of niet'. Inderdaad, bepaalde aspecten van de lijnen zijn dezelfde als van de wegen van de inca's en uit de periode vóór de inca's (de Nazcalijnen zijn veel ouder dan de incacultuur): de rechtlijnigheid, de kernen waaruit stralen vertrekken, de manier waarop stenen gebruikt werden om de randen te vormen. De archeoloog Persis B. Clarkson, die de lijnen van nabij te voet heeft bestudeerd, merkte op dat sommige lijnen 'gedurende een onbepaalde tijd bij voorkeur gebruikt werden als voetpaden omdat zich slingerende sporen gevormd hebben binnen de grenzen van de rechte lijnen'.[20]

Maar niemand twijfelt eraan dat de lijnen in Nazca geen gewone wegen zijn. Natuurlijk moesten de mensen soms de pampa oversteken en sommige van deze lijnen kunnen waarschijnlijk op die manier verklaard worden, maar als er zoveel over sommige lijnen gelopen is als blijkt uit het onderzoek, moeten we aannemen dat er ook op een rituele manier over gelopen werd. In Cuzco (zie hoger) hebben we gezien dat er 'ritueel gelopen werd over de rechte, vooraf vastgelegde routes'[21] gedurende de bedevaart in juni. (Later zullen we zien dat soortgelijke bedevaarten ook in andere culturen voorkwamen.) Bovendien moesten de menselijke slachtoffers (*capac hucha*) ook langs bepaalde ceques lopen. Zuidema schrijft hierover:

> ... De derde bestemming [van de ceques] is die van de capac hucha. Hier wordt de visuele connectie uitgebreid door de handeling van de acclla, die werkelijk reist als een cachahui (boodschapper ...) tussen twee afgelegen punten ... in een rechte lijn ... [22]

We hebben al gezien (zie Chaco Canyon) dat de Hopi tijdens het ritueel van hun initiatie in een rechte lijn naar de horizon moeten lopen, naar belangrijke punten op de zonnekalender. Het is dus mogelijk dat er verscheidene rituele gebruiken hebben bestaan waarbij de lijnen een rol speelden. In de Nazcavallei ten zuiden van de Nazcapampa en 21 km ten westen van de stad Nazca bevinden zich de overblijfselen van een belangrijk religieus centrum van de Nazcacultuur dat Cahuachi genoemd wordt (zie Afbeelding 30). De Nazcacultuur is ontstaan in de laatste eeuwen v.C. en kende een bloeiperiode in de periode van 1–750 n.C. Te Cahuachi zijn er zes natuurlijke heuvels 'die bekleed waren met grote, wigvormige adobes'[23] om piramides te vormen. De grootste was ongeveer 7 m en bood uitzicht op een ommuurde binnenplaats van meer dan 3600 m². De piramides en de wallen van het centrum zijn ernstig geërodeerd. Daarnaast stond een gebouw waarvoor massief houten pijlers gebruikt waren, maar het dak van deze vermoedelijke tempel is al lang verdwenen en de reeks pijlers is grotendeels weggeroofd in de loop van de voorbije decennia.

Helaine Silverman heeft een gedetailleerde studie van de site gemaakt. Ze beschrijft Cahuachi als 'een site van natuurlijke huacas ... een binnendringen van het heilige, een *axis mundi* ...'[234]

Lineaire geogliefen zijn ook ontdekt op de Pampa de Atarco even ten zuiden van Cahuachi, en Silverman heeft opgemerkt dat sommige daarvan naar de heuvels van Cahuachi gericht zijn. Bovendien maakte ze er melding van dat men 'vanaf bepaalde heuvels te Cahuachi ... een prachtig uitzicht heeft over de Pampa van Nazca aan de andere kant ... waarop het grootste deel van de lijnen en figuren gevonden zijn ...'[25] Ze vermoedt dat Cahuachi een bedevaartsoord was dat door de pelgrims op een rituele manier benaderd werd langs de lijnen op de pampa. Bovendien lijken er etymologische associaties te bestaan tussen 'Cahuachi' en het Quechuawoord *qhawachi*, dat 'maak dat ze zien; maak dat ze kijken, waarnemen' betekent. Door associatie kan daaruit de betekenis van 'voorspellen' afgeleid worden: 'maak dat iemand anders voor u iets ziet'. Silverman vermoedt dat 'de Nazcapriester/-wetenschapper de natuurlijke en bovennatuurlijke wereld observeerde vanuit Cahuachi en vanaf de pampa'.[26] Zij – en andere wetenschappers – denken ook dat de lijnen in de perioden dat ze gebruikt werden, *ritueel schoongeveegd* werden. Dat was niet alleen een religieuze daad, merkt ze op, maar het maakte de lijnen ook beter zichtbaar doordat het laagje woestijnzand weggehaald werd. Ongetwijfeld hadden ook hier verscheidene ayllus de verantwoordelijkheid voor bepaalde lijnen, zoals in Cuzco. Dit systeem van samenwerken en gedeelde verantwoordelijkheid werd *mit'a* genoemd en werd ook toegepast om de wegen, de irrigatiekanalen enzovoort te onderhouden. De antropoloog Gary Urton heeft tijdens een verblijf in de Andes in Pacariqtambo gemerkt dat dit systeem nog steeds toegepast wordt in een rituele context. Het plein voor de kerk en het raadhuis was onopvallend in stroken verdeeld. Elke ayllu van de gemeenschap had de plicht de strook die hem toegewezen was schoon te houden en klaar te maken voor de feesten. Tot deze activiteiten behoorde het rituele schoonvegen van de stroken. Tijdens de feesten worden er beelden van heiligen rondgedragen zodat 'op de dagen van de religieuze feesten de begraafplaats en het plein omgevormd worden tot heilige plaatsen, en daarom moeten ze schoongemaakt worden zodat ze toonbaar zijn voor de heiligen'.[27] De stap van deze stroken op het plein naar de Nazcalijnen is niet zo groot.

(Dit rituele schoonvegen is belangrijker dan het op het eerste gezicht lijkt. Later zullen we zien dat de handeling in een direct verband staat met wat ik de fundamentele factor noem die aan de grondslag ligt van de rechte, ceremoniële lijnen in het landschap.)

Het plein vóór de oude begraafplaats in Quebrada de la Vaca aan de kust is verdeeld in stroken die lijken op de voorbeelden van Urton in Pacariqtambo; ze worden gescheiden door regelmatig aangebrachte lijnen van kleine stenen.

Aveni en Urton hebben ontdekt dat de stroken op de beide plaatsen min of meer georiënteerd zijn naar de plaats waar de zon opkomt op de twee dagen van het jaar wanneer de zon door het zenit komt, eenmaal 'boven' en eenmaal 'beneden', aan de andere kant van de aarde, door het 'anti-zenit'. Diezelfde oriëntatie is ook in Cuzco opgemerkt, en Aveni wijst erop dat van de Nazcalijnen een kleine meerderheid in de richting wijst van de zonsopgang en de zonsondergang op de dagen dat de zon door het zenit komt.[28] Behalve dat heeft hij geen andere verwijzingen naar de astronomie gevonden in de Nazcageogliefen, en daarom vindt hij het 'op culturele gronden niet redelijk te veronderstellen dat de hele pampa een kalender zou voorstellen'.

Op de Nazcapampa zijn er behalve de geogliefen talrijke andere overblijfselen gevonden en Clarkson heeft ze allemaal opgetekend. Er zijn bijvoorbeeld steencirkels, gemaakt van rotsblokken. Het lijkt aannemelijk dat ze dienden als bescherming van de bouwers of de gebruikers van de wegen tegen de hevige winden die soms over de pampa blazen. Er zijn ook cairns aangetroffen, die zeer goed zichtbaar zijn vanaf de grond, en hopen stenen die de plaatsen aanduiden waar de lijnen plotseling versmallen of verbreden. Clarkson heeft ook hoopjes kleine stenen gevonden, schelpen en vooral keramiek op haar tocht langs de geogliefen. Het aardewerk was meestal gebroken, bijna zeker opzettelijk kapot gemaakt in de meeste gevallen, hoewel ook een paar intacte en bijna intacte potten gevonden zijn. Sommige potten zijn gewone waterkruiken, maar andere waren ongetwijfeld bedoeld voor rituele offergaven. Deze voorwerpen worden vooral aangetroffen in de buurt van de lijnkernen.

Het aardewerk kan min of meer gedateerd worden door de variatie in de stijl. Het is opvallend dat de motieven op het aardewerk van Nazca dezelfde zijn als de figuratieve geogliefen op de pampa. Er is bijvoorbeeld de afbeelding van een reiger of aalscholver met een opvallend kronkelende nek. Precies hetzelfde motief komt voor op een Nazcapot. (De kronkelende nek geeft precies de beweging weer die de vogel maakt als hij voedsel doorslikt.) Als resultaat van haar studie van het aardewerk en de figuratieve geogliefen, oppert Clarkson voorzichtig dat de biomorfe geogliefen zouden dateren uit de Nazcaperiode, en dat de lijnen en trapezoïden uit een latere periode zouden dateren – misschien in het jaar 1000 of zelfs later. Er bestaat in elk geval geen enkele reden om aan te nemen dat de talloze figuren van Nazca gelijktijdig ontstaan zijn. Sommige lijnen kruisen elkaar, wat suggereert dat de ene weg over de andere heen aangelegd is. Jammer genoeg heeft Maria Reiche, in haar pogingen om de lijnen zo goed mogelijk te bewaren, sommige markeringen weggeveegd en daardoor is het nu moeilijker voor de onderzoekers om te bepalen welke markeringen de oudste zijn, daar waar overlappingen voorkomen. Bovendien heeft ze daardoor de scherven van het aardewerk verplaatst. Gelukkig hebben Helaine Silverman en David Browne ongeschonden voorbeelden van geogliefen kunnen onderzoeken in de valleien ten noorden van de Nazcapampa. Zich baserend op de datering van het aardewerk daar, kwamen ze tot de conclusie dat de lijnen dateren uit de Nazcacultuur van ca. 100 v.C. tot ca. 500 n.C. ('Vroege Tussentijdse periode'), en dat er 'weinig aanduidingen zijn in ons materiaal die erop wijzen dat de ene soort van geogliefen ouder zou zijn dan de andere'.[29]

Deze hoeveelheid gegevens van de verschillende onderzoekers heeft een complex beeld opgeleverd van de Nazcalijnen, zoals Aveni zelf toegeeft: 'Water, voetpaden, astronomie, verwantschap, arbeidsverdeling en ceremoniële verantwoordelijkheid, schoonvegen, radiale lijnen – wat een vreemd samenraapsel van verklaringen! Ons interdisciplinair onderzoek heeft uitgewezen dat we een plaats moeten vinden voor al deze handelingen en concepten in het verhaal van de Nazcalijnen'.[30]

We kunnen niet langer meer geloven dat de lijnen door één begrip kunnen worden verklaard. De lijnen zijn het resultaat van een wereldbeeld dat helemaal verschilt van ons wereldbeeld nu.

Bolivië

Ten zuiden en ten westen van Nazca ligt de hoogvlakte, de *altiplano*, van West-Bolivië. Ook daar komen oude rechte indiaanse paden voor – sommige veel langer dan de paden van Nazca. Kaarsrecht lopen ze over de vallei en de toppen zonder af te wijken. Ze hebben voor het eerst de aandacht getrokken van een westerling toen de Fransman Alfred Métraux ze in de jaren 1930 ontdekte. Hij vond aarden heiligdommen die in rechte rijen opgesteld waren, vertrekkend vanuit een klein dorpje op de hoogvlakte. Deze rijen waren enkele kilometers lang en stonden langs paden die 'volkomen recht waren, ook al vertoonde het terrein onregelmatigheden'. De voorbeelden die Métraux bestudeerde, leken al een lange tijd niet meer gebruikt te zijn. De indianen konden of wilden Métraux geen informatie geven over de lijnen. Een priester in het dorp wilde enkel kwijt dat ze voor 'bijgelovige doeleinden' gebruikt werden.

Niet zo lang geleden heeft Tony Morrison een goede beschrijving gegeven van deze lijnen en foto's ervan gepubliceerd.[31] Naar het schijnt kwam er in de jaren '60 nieuwe kennis over de lijnen aan het licht, toen er luchtfoto's gemaakt werden voor een nieuwe kaart van Bolivië. Morrison en zijn collega's onderzochten toen enkele van die lijnen ter plaatse en ze stelden vast dat het onderhoud van de lijnen samen met de oude bewoners van de dorpen op de hoogvlakte uitsterft. Als gevolg daarvan raken veel van die lijnen, die vrij van stenen en struiken moeten worden gehouden, stilaan weer overgroeid en worden onzichtbaar in het landschap. Niettemin vond hij eveneens verse offergaven bij de cairns op enkele van de lijnen.

Sommige van de heilige plaatsen op de oude rechte paden zijn gekerstend. Meestal zijn het heiligdommen opgetrokken uit in de zon gedroogde klei, maar soms treft men kerken aan op de lijnen, zoals in Sajama. Deze oude indiaanse paden benaderen van al de Amerikaanse lijnen, het dichtst de leylijnen van Watkins. Zelfs het kerstenen van bepaalde markeringspunten komt ook hier voor. Midden in de Zuid-Amerikaanse wildernis, tussen het heidendom en het katholicisme, worden enkele van deze lijnen nog steeds gebruikt. In 1985 was de antropoloog Johan Reinhard getuige van een indiaanse processie langs een lijn die naar een bergtop liep. Dansend en musicerend liepen de indianen langs de lijn naar de top en terug. Op de top brachten ze offergaven aan een lokale godheid om regen af te smeken.[32]

Chili

Morrison heeft lijnen gevonden in de Atacama-woestijn in het noorden van Chili, mogelijk een weg van de inca's. We kunnen er zeker van zijn dat er nog talrijke andere voorbeelden van oude rechte indiaanse paden te vinden zijn in het gebied van de Andes in Zuid-Amerika.

Als we de indiaanse lijnen als een geheel beschouwen, is het echt onmogelijk niet het gevoel te krijgen dat we te maken hebben met iets wat fundamenteel één fenomeen is. Er zijn verbazingwekkende overeenkomsten tussen de lijnen in Nazca en Cuzco, bijvoorbeeld, maar er bestaan geen aanwijzingen dat er enig rechtstreeks contact geweest is tussen beide culturen.
Het is natuurlijk correct van Aveni en zijn collega's te trachten een beeld te
krijgen van de geest van de Nazca om de geogliefen in de pampa te kunnen
begrijpen, maar het gevaar bestaat dat het grondbeginsel van de indiaanse
lijnen verloren gaat in een overvloed aan culturele deklagen. Het staat buiten alle twijfel dat de lijnen, paden of ceques die door verschillende indiaanse volkeren zijn aangelegd, verschijnselen zijn die geleidelijk zijn ontstaan, en dat ze een specifieke betekenis en functie hadden voor elke cultuur. Maar men kan niet voorbijgaan aan de opmerkelijke gelijkenis tussen
de verschijnselen, die voorkomen van Californië tot Chili – en waarschijnlijk nog veel verder. Waarom de oude indianen deze lijnen door zowat heel
Amerika aangelegd hebben, is een vraag waarop we later zullen terugkomen. Het volstaat hier erop te wijzen dat deze formeel eenvoudige lijnen,
die zoveel overeenkomsten vertonen met de leylijnen, nochtans hoog ontwikkelde fenomenen zijn.

DEEL 2
HET MYSTERIE

HOOFDSTUK 4

DE KONING EN HET LAND

De oorspronkelijke vorm van de spirituele expressie van de mens was het animisme, waarin de natuur zelf als heilig werd beschouwd. Dit animisme nam verschillende vormen aan. Er was het animisme dat de natuur als geheel als gewijd beschouwde: de aarde werd als een levend wezen beschouwd. De topografie werd antropomorf voorgesteld – heuvels leken op de borsten van Moeder Aarde, een rotsmassa had het gezicht van een god. Het landschap werd het toneel van legendarische gebeurtenissen en was bevolkt met legendarische personages, de wezens uit mythische tijden. Er was ook een meer 'geconcentrcerde' vorm van animisme: bepaalde plaatsen zoals heuveltoppen, rotsen, bomen, watervallen, enzovoort werden beschouwd als de woonplaatsen van de geesten – vandaar stamt het idee van de geesten die met een bepaalde plaats verbonden werden, de *genius loci*. Een vage echo van deze benadering van de natuur heeft de eeuwen getrotseerd en komt nog tot uiting in het geloof in en de zogenaamde waarneming van feeën, elfen, natuurgeesten en elementalen; wij hebben allemaal in mindere of meerdere mate wel eens het gevoel dat een bepaalde plaats 'goddelijk' is. Het animisme was een religieuze instelling die typisch was voor de nomadische volkeren, de jagers-verzamelaars – het soort gemeenschappen dat geassocieerd wordt met het Paleolithicum (de Oude Steentijd) en het Mesolithicum (de Middelste Steentijd).

Totemisme is een verder ontwikkelde vorm van animisme. Hierin werd een bepaalde diersoort beschouwd als verbonden met een bepaalde clan. Totemisme kon ook verschillende vormen aannemen, maar eenvoudig gezegd betekende het dat van een bepaald dier gezegd werd dat het een 'groepsziel' had – soms werd het geïdentificeerd met de geest of de godheid van de 'Dier Meester' – die overeenkwam met de groepsziel van de clan.

Het lot van beide was met elkaar verbonden; wanneer een dier van de soort van het totemdier gedood was, of gedood was op een manier die niet met de rituele regels in overeenstemming was, werd de dood van een lid van de clan in diezelfde periode daarmee in verband gebracht. Daarom werden de totemdieren op een speciale manier behandeld: soms was het taboe een totemdier te doden, of het mocht alleen op een speciale manier gedood worden, of het vlees mocht maar bij speciale gelegenheden gegeten worden. Totemistische gemeenschappen gingen ervan uit dat ze met hun totemdiersoort dezelfde voorouders deelden: 'Een eeuwenoude verbondenheid', zoals Joseph Campbell het noemde.[1] Totemisme wordt geassocieerd met stammengemeenschappen. Campbell wijst erop dat de heiligdommen met berenschedels van de Berencultus in de poolstreken tijdens het Paleolithicum 'het vroegste bewijs op aarde vormen van de verering van een goddelijk wezen'.[2] Vanuit de universele magisch-spirituele achtergrond van animisme en totemisme ontstond het katalytisch religieuze fenomeen van het sjamanisme. Neville Drury heeft sjamanisme gedefinieerd als 'toegepast animisme of animisme in de praktijk'.[3] De sjamaan was de tussenpersoon tussen de geestenwereld van de natuur en de stam. Door middel van wat Mircea Eliade 'oude technieken om tot extase te komen' noemt – die we later nog zullen behandelen – raakt de sjamaan in trance of bereikt hij een gewijzigde bewustzijnstoestand. Zo kan hij naar de wereld van de geesten reizen om daar informatie te zoeken die de stam nodig heeft, de verloren gegane of ontvoerde zielen van zieke stamleden de weg terug te wijzen of een ziel van een overledene de weg te wijzen naar de Andere Wereld; hij kan de hulp vragen van de geesten om de aanvallen van sjamanen van andere stammen af te weren of om zelf in de aanval te gaan. De sjamaan kon terugkijken in de tijd en was de opslagplaats van de geschiedenis van de stam; hij of zij kon vooruitkijken in de tijd en toekomstige gebeurtenissen voorspellen. (Denk aan de waarschijnlijke betekenis van Cahuachi in Nazca.)

Een belangrijk element in het sjamanisme – zoals we zullen zien – was de mogelijkheid om blijkbaar als geest door de omgeving te reizen en gebeurtenissen te observeren die elders plaatsvonden. De sjamaan verwezenlijkte dat door de vorm aan te nemen van een dier of door de directe ervaring van wat we een uittreding uit het lichaam kunnen noemen. Deze 'magische vlucht' is in feite de essentiële betekenis van 'extase' – 'buiten de zinnen'. Het was een van de basiselementen van het sjamanisme en werd daarin tot zijn meest verfijnde expressie gebracht.

De fundamentele sjamanistische kosmologie bestond uit drie werelden: de 'Middenaarde' of de menselijke werkelijkheid, de hogere wereld van de spirituele wezens en de helse onderwereld. (Dit basismodel heeft vele variaties gekend verspreid over de wereld en in de tijd, vooral varianten met zeven of negen werelden.) De toegang tot die Andere Werelden werd mogelijk gemaakt door een conceptuele as die ze verbond: een Wereldboom, een Kosmische Berg, of werkelijke fenomenen die zo een as symboliseerden, zoals een tentstok, rook die door het rookgat in de tent omhoog steeg, een straal zonlicht, een touw of een ladder. Door in trance symbolisch langs deze as te reizen, in wat voor vorm ook, kon de sjamaan naar de hemel opstijgen of

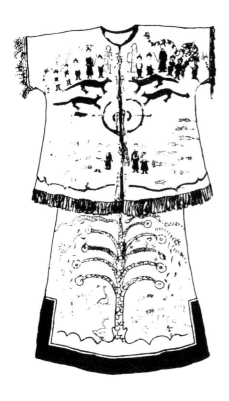

Afbeelding 31. Het rituele kostuum van een Toengoes-sjamaan, met een afbeelding van de Wereldboom

diep in de aarde afdalen, in de Onderwereld.

De sjamaan was bovendien een genezer, een medicijnman en, in vele opzichten, een acteur die in staat was een genezing te veroorzaken (of te vergemakkelijken) door de patiënt te imponeren met goochelarij, toneelspel en buikspreken. Dat had een buitengewoon psychologisch effect op de zieke en de stamleden die stonden te kijken. Een medicijnman of genezer was nochtans niet noodzakelijk een sjamaan.

Dieren die bij de sjamaan hoorden waren zijn geestelijke helpers, intimi, om een term uit de Europese hekserij te gebruiken. Hij of zij werd dus vaak vergezeld van geestelijke helpers in de vorm van een dier, die alleen zichtbaar waren voor de sjamaan.

Een persoon die sjamaan werd, had vaak als kind een zware ziekte of een andere crisis doorgemaakt waarin de geestenwereld zich aan hem geopenbaard had. Deze gewijzigde bewustzijnstoestanden konden aanvankelijk in die persoon een toestand teweegbrengen die we nu schizofrenie zouden noemen. De toekomstige sjamaan was vaak teruggetrokken en soms zelfs een sociale outcast. Androgynie en travestie kwamen eveneens voor. De persoon die de sjamaneninitiatie en de leertijd overleefde, leerde hoe hij die gewijzigde bewustzijnstoestanden kon controleren en integreren, herstelde zijn psychosociale evenwicht en ging een belangrijke rol spelen in de gemeenschap. Het is dat element van controle dat typisch is voor de sjamaan en hem onderscheidt van andere mediums. De sjamaan was in staat de cirkel van dood en wedergeboorte te overleven. De sjamanen verkeerden in de wereld van de geesten. Ze konden terugkeren met kennis uit de Andere Wereld en die gebruiken voor het welzijn van de stam. Er wordt

*Afbeelding 32. Een Toengoes-sjamaan met een gewei terwijl hij op zijn trom slaat om
zich in trance te brengen. (Detail van N. Witsen, 1705)*

zelfs verondersteld dat de term 'sjamaan' afgeleid is van het naamwoord *sa-
man* in het Toengoes, dat op zijn beurt is afgeleid van het werkwoord *sa*
'weten'; 'hij die weet'.

Joan Halifax schrijft dat de zijnswijze van de sjamaan 'bijna zo oud is als
het menselijke bewustzijn zelf ... Door de tijden heen is de praktijk van het
sjamanisme levendig gebleven en heeft zich aangepast aan de verschillende
culturen in de wereld ... De sjamaan houdt zich soms op in het hart van de
cultuur, in andere culturen vindt men hem aan de duistere zelfkant. De oorsprong van het sjamanisme in de paleolithische periode is onlosmakelijk
verbonden met de wereld van de jacht. De sjamaan werd metafysisch geïdentificeerd met de wilde schepselen, die de stam voedsel verschaften, kle-
ding en zelfs bescherming'.[4] Verscheidene soorten herten, bijvoorbeeld, werden met sjamanisme in verband gebracht in verschillende delen van de
wereld, van Siberië tot Zuid-Afrika en Amerika. Vandaar waarschijnlijk dat
de hoofdtooi voor sjamanen op talrijke plaatsen en in verschillende tijden

een hertengewei was. Halifax vermoedt dat de reden daarvoor was dat een hertengewei 'een symbool was voor regeneratie en groei omdat het voortdurend vernieuwd werd' en dat het 'bovendien geassocieerd werd met de Heilige Boom en de mysteries van dood en wedergeboorte'.[5]

De Duitse etno-psycholoog Holger Kalweit beschrijft sjamanen als 'de technici van het Gewijde, de specialisten van het Hiernamaals. De sjamaan is de klassieke onderzoeker van het rijk van de dood …'[6] Op een soortgelijke manier verwijst de antropoloog Marlene Dobkin de Rios naar sjamanen als 'de technici van het bovennatuurlijke'.[7] De Amerikaanse antropoloog Michael J. Harner definieert een sjamaan als 'een man of een vrouw die in direct contact staat met de geestenwereld wanneer hij of zij in trance is en die één of meer geesten als helpers heeft die zijn bevelen ten goede of ten kwade helpen uitvoeren'.[8] De grote specialist van het sjamanisme, Mircea Eliade, wijst erop dat 'magie en magiërs aangetroffen worden over de gehele wereld, maar sjamanisme heeft een specifieke magische kwaliteit …: "meesterschap over het vuur", "magische vlucht" enzovoort … de sjamaan leert in trance zijn lichaam te verlaten en naar de hemel op te stijgen of af te dalen in de onderwereld'.[9] Eliade realiseerde zich bovendien dat de grondbeginselen van het sjamanisme in vele delen van de wereld voorkwamen; het was een fundamentele ervaring van het menselijk bewustzijn, niet een aangeleerd kunstje. Niettemin was hij van oordeel dat het sjamanisme zijn meest totale manifestatie had gekend in Noord- en Centraal-Azië.[10]

Sjamanisme was de voorloper van enkele van de belangrijkste religies in de meer gestructureerde maatschappijen, zoals het boeddhisme, taoïsme, tantrisme en de filosofie van Zoroaster of Zarathoestra. Men zou kunnen zeggen dat deze religies een gewijzigde vorm van sjamanisme vertegenwoordigden, en op hun beurt zorgden ze ervoor dat de sjamanistische tradities, hoewel marginaal, bleven voortbestaan in die verschillende culturen. Eliade merkte op dat zelfs in Centraal-Azië, het hart van het 'klassieke' sjamanisme, 'de religies in alle richtingen verder reikten dan het sjamanisme, zoals elke religie verder reikt dan de mystieke ervaring van zijn geprivilegieerde beoefenaars'.[11]

De aard van het sjamanisme varieerde ook afhankelijk van de maatschappij. In het klassieke geval was de sjamaan de 'heilige man', het religieuze brandpunt van de clan, die in afzondering leefde. In andere culturen was sjamanisme een meer verspreid fenomeen, zelfs onder de gewone leden van de stam; tijdens bepaalde ceremoniële zittingen kon iedereen de rijken van het bovennatuurlijke ervaren. In nog andere gemeenschappen waren er verschillende graden van sjamanen, belangrijke en minder belangrijke.

In de maatschappijen waar de functie van de sjamaan door één persoon vervuld werd, ontstond de rol van de priester. De antropoloog Gerald Weiss kwam tot de vaststelling dat de sjamaan tot de stammengemeenschap behoort en de priester tot een staat. De priester is dus 'waarschijnlijk pas later op het toneel verschenen, hoewel het mogelijk is dat ze elkaar soms overlapten'. Typisch voor de sjamaan was dat hij zich in trance bracht, terwijl de priester 'zich bezighield met het leiden van routineuze, gunstig stemmende ceremoniën van verering, gebed en offergaven'. Leo Sternberg heeft het over een 'ontwikkeling van sjamaan naar priester met een daarmee samenvallende overgang van bezetenheid naar verzoeken, van geest naar god, van hut naar tempel'. Weiss merkte op dat in vele culturen de sjamaan voorstellingen gaf of seances hield 'terwijl de verzamelde leken passieve toeschouwers bleven'. Misschien was het maar een 'kleine stap' van deze situatie naar het ritueel van de priester. Dit was misschien de *behavioural link* tussen de meer algemene sjamanen en de gespecialiseerde priesters, die de overgang van de ene naar de andere heeft mogelijk gemaakt'. Hij heeft de sjamanistische praktijken bestudeerd bij de Campa-indianen van Peru, waar volgens hem deze overgang bezig was.[12]

In maatschappijen die meer gestructureerd of hiërarchisch werden, verschenen theocratieën: een religieus bewind waarin de priesters en de regering verenigd werden. In bepaalde gevallen evolueerde dat naar het idee dat het opperhoofd goddelijk was en van de goden afstamde: de Goddelijke Koning. Maar zelfs deze evolutie behield nog restanten van het sjamanisme. Eliade verwijst bijvoorbeeld naar de eerste koning van Tibet, Gna-k'ribstan-po, die volgens de overlevering 'uit de hemel neerdaalde langs een touw dat *dmu-t'ag* genoemd werd. Dit mythische touw werd ook afgebeeld op het koninklijke graf om duidelijk te maken dat de heerser na zijn dood opnieuw naar de hemel opsteeg. Voor de koningen was de communicatie tussen hemel en aarde eigenlijk nooit verbroken'.[13] (Het bonisme, een traditie die op het sjamanisme is gebaseerd, kende vóór de opkomst van het boeddhisme een bloeitijd in Tibet en is eigenlijk nooit uitgestorven.) Sir James Frazier haalde in zijn beroemde werk *De Gouden Tak* (1922) talrijke voorbeelden aan van heilig koningschap. Hij kwam tot de conclusie dat de oorsprong van de instelling van het koningschap 'moet gezocht worden in de orde van publieke tovenaars of medicijnmannen'. In 1919 rapporteerde Harold Bailey dat zelfs in het instituut van de Britse monarchie 'het concept van Keizerlijke goddelijkheid niet helemaal uitgestorven is … hoewel de geestenwereld op de vlucht geslagen is, blijven sporen ervan achter in onze koninklijke ceremoniën'.[14]

Natuurlijk moeten zulke ontwikkelingen niet gezien worden als een grote, gemeenschappelijke chronologische evolutiestroom: ze kwamen niet universeel voor, en bovendien bestonden er talloze variaties op het basisthema. Niettemin hebben gemeenschappen van mensen deze vormen van spirituele overtuigingen ervaren, en de sociale structuren die ermee gepaard gingen. En in meerdere of mindere mate treffen we in de wereld van vandaag nog steeds sporen daarvan aan. In het tweede deel van het boek zal ik de suggestie uitwerken dat het leidmotief van de ceremoniële, rechte landschapslijnen zijn oorsprong vindt en een van de centrale elementen van de sjamanistische ervaring, en dat de verzameling van lineaire fenomenen in de oude gewijde landschappen zelf de bovengenoemde evolutie weerspiegelt. We kunnen nu een onderzoekslijn volgen die ten minste een glimp laat zien van de talrijke facetten van deze situatie en die de weg opent naar de oplossing van het raadsel van de lijnen.

Een Indo-Europese aanwijzing

De term Indo-Europees verwijst niet naar een raciale groep maar naar volkeren die een gemeenschappelijke linguïstische achtergrond hebben, die zich uitstrekt van India tot West-Europa. Vanaf ongeveer de eerste eeuw n.C. werden in dit uitgestrekte gebied talen gesproken die teruggevoerd kunnen worden tot een gemeenschappelijke taal die 6000 jaar geleden in Eurazië werd gesproken. 'De volkeren die deze prototypische taal spraken, noemen we Indo-Europeanen of Proto-Indo-Europeanen,' zegt de wetenschapper J.P. Mallory. 'Maar ook al kunnen we ze een naam geven; ze lijken niet op enig ander volk dat we zouden kunnen ontmoeten. Zij zijn de linguïstische voorvaderen van bijna de helft van de bevolking van de planeet en daarom zijn ze een van de belangrijkste – en een van de meest onvatbare – fenomenen in onze kennis van de voorhistorie'.[15] Mallory wijst erop dat de Indo-Europeanen 'niet plotseling de geschiedenis kwamen binnengestormd. Ze sijpelden hier en daar binnen in de loop van een periode van 3500 jaar'. Ze lieten hun linguïstisch stempel achter in de vorm van kleitabletten in Griekenland, inscripties op de rotsen in Iran, een opdracht geschreven op een Duitse helm, en nog vele andere zaken op vele andere plaatsen. De overblijfselen van de Indo-Europese taal zijn natuurlijk ouder in het Oosten omdat het schrift daar het vroegst ontwikkeld was.

De invloed van het Indo-Europees was zo groot dat het bijna al de andere inheemse niet-Indo-Europese talen verdrong. De Indo-Europese taal die we Keltisch noemen, kan waarschijnlijk geassocieerd worden met de La Tènecultuur uit de IJzertijd in West-Europa en daardoor werd de Indo-Europese linguïstische invloed zeer wijd verspreid. Hoewel het Latijn aanvankelijk gewoon een regionale Indo-Europese taal was, heeft het een belangrijke rol gespeeld bij de verspreiding van het Indo-Europees omdat het de taal was van het Romeinse Imperium. Maar de aard van de oorspronkelijke expansie van de Proto-Indo-Europese brontaal stelt ons voor grotere problemen en zadelt ons natuurlijk op met de vraag waar dat oorspronkelijke Indo-Europese moederland dan wel gevestigd was. Het spreekt vanzelf dat er vele talen bestonden in het voorhistorische Europa en Eurazië, en uit wat ervan opgetekend is, blijkt duidelijk dat het Proto-Indo-Europees één daarvan was, ongeveer tussen 4500 en 2500 v.C. Door studie van de bekende Indo-Europese talen zijn wetenschappers erin geslaagd een deel van de woordenschat te reconstrueren van de prototypische taal, maar waar het moederland van het volk dat deze taal heeft gesproken gevestigd was, is nog niet helemaal duidelijk. Zich baserend op een heleboel aanwijzingen zijn ze tot de conclusie gekomen dat het waarschijnlijk een gebied geweest is dat zich van het westen naar het oosten uitstrekte, ten noorden van de Zwarte Zee en de Kaspische Zee, en een tijd lang tot aan de rivier de Oeral, de Pontisch-Kaspische regio. Van dit gebied zijn meer linguïstische getuigenissen overgebleven dan archeologische vondsten, hoewel het archeologisch gezien eveneens interessante mogelijkheden biedt. Ondanks het feit dat verschillende wetenschappers verschillende gebieden poneren, komt het steppegebied aan de Zwarte Zee voor in de meeste suggesties.

De manier waarop de invloed van het Proto-Indo-Europees zich heeft verspreid is nog een onderwerp voor discussie. Er lijkt een toevloed te zijn geweest van Koergan-graven (het bouwen van grafheuvels boven een grafschacht, wat karakteristiek was voor het gebied van de Zwarte Zee) in de gebieden rond de Pontisch-Kaspische zone in precies die periode van de prehistorie die in aanmerking zou komen voor de expansie van een Indo-Europees moederland. De archeoloog Marija Gimbutas beweert al tientallen jaren dat de Indo-Europese revolutie het gevolg was van de expansie van het Koerganvolk. Zij roept een beeld voor de geest van het patriarchale steppevolk dat binnenvalt in het gebied van de vredelievende, meer matriarchale landbouwvolken die de niet Indo-Europese inheemse bewoners van Europa waren. Maar tenzij we Proto-Indo-Europeanen behoorlijk kunnen identificeren, zullen we niet weten wat hun ware aard was, en stellen we ons misschien te veel voor van de invallen in Zuidoost-Europa. Mallory waarschuwt 'dat er geen reden is om aan te nemen dat de Indo-Europeanen een van nature oorlogszuchtig volk waren'.[16]

De archeoloog Colin Renfrew beweert dat de verspreiding van de Indo-Europese invloed kan worden verklaard door de 'fundamentele en wijdverspreide culturele en economische veranderingen in de vroege Steentijd in Europa', waardoor de gemeenschappen van jagers-verzamelaars veranderden in landbouwgemeenschappen.[17] De Amerikaanse antropoloog John Robb suggereerde dat de dominantie van de Indo-Europese taalstructuur wel eens het natuurlijke gevolg zou kunnen zijn van vele kleine interacties tussen naburige taalgemeenschappen die zich geleidelijk aan als een soort van linguïstische en sociale 'Brownse beweging' (de veelvuldige en lukrake fluctuatie van partikels) gingen gedragen en die uiteindelijk de metataal voortbrachten die het Indo-Europees is.[18]

Wat ook de problemen zijn waarmee onderzoekers af te rekenen hebben, we weten zeker dat er een expansie geweest is van een Indo-Europees taalpatroon vanuit een Proto-Indo-Europese gemeenschap. Linguïstisch opzoekwerk leert ons dat ze schapen en vee hadden en waarschijnlijk het juk en de ploeg kenden – overblijfselen wijzen erop dat ze ossen gebruikten. De sikkel is eveneens een Proto-Indo-Europees woord. We weten niet in wat voor soort huizen ze woonden, maar het lijkt waarschijnlijk dat ze een vorm van versterkte nederzettingen kenden. Misschien kenden ze het koper en ze kenden zeker hennep (dit detail is interessanter dan het lijkt, zoals we later zullen zien). Ze gebruikten het wiel en het is vrijwel zeker dat er proto-woorden bestonden voor spil en kar. Ze schijnen eveneens boten met roeispanen gehad te hebben. Maar misschien wel het belangrijkste en meest opvallende 'gebruiksvoorwerp' van de Proto-Indo-Europeanen was het paard. Het paard speelde een zeer grote rol zowel in het wereldlijke als in het geestelijke leven van de Proto-Indo-Europeanen. De meeste experts zijn het erover eens dat ze paarden konden temmen.

In de sociale organisatie was waarschijnlijk de man dominant, met een patrilineaire afstamming. Er waren clans en blijkbaar ook een klasse van krijgers. Sociaal gezien bestonden er drie groepen: priesters, krijgers en herders-landbouwers, zoals in de Keltische maatschappij van de Galliërs, bijvoorbeeld, die verdeeld was in druïden, *equites* en *plebes*. Deze drieledigheid wordt weerspiegeld in de Indo-Europese mythologie, en die associatie tussen sociale orde en mythologische structuur is een steeds terugkerend kenmerk van vele traditionele maatschappijen.

Het paard was niet alleen belangrijk in het wereldse leven van de Proto-Indo-Europeanen, zoals blijkt uit de hoofdthema's in bekende Indo-Europese gemeenschappen, maar ook in hun religie en hun mythologie. Dat komt tot uiting in het beeld van de tweelingen, bijvoorbeeld, een heel belangrijk motief in de Indo-Europese mythologie. De bekendste voor ons zijn waarschijnlijk Castor en Pollux of Hengist en Horsa (wat letterlijk hengst en paard betekent), maar er zijn er veel meer, en het zijn allemaal ruiters. Versies van paardenoffers komen voor in de Indische, Romeinse en middeleeuws Ierse rituelen. Het paard dat geslachtofferd zou worden, werd in een Indisch ritueel eerst nog voor de wagen van de koning gespannen en in vele versies wordt het lichaam van het gedode paard in stukken verdeeld en aan verschillende goden geofferd. De heidense Ierse koningen zouden zelfs een bad genomen hebben in een soep die gemaakt was van de overschotten van het offerdier! Jaan Puhvel heeft een Proto-Indo-Europese mythe en ritueel gereconstrueerd 'waarin een persoon van de koninklijke klasse moest paren met een paard om zo de beroemde goddelijke paardentweeling voort te brengen'.[19] Het lijkt er dus erg op dat er een soort van ritueel met het paard als centrum bestaan moet hebben in de Proto-Indo-Europese periode, en bovendien één waarbij een rituele vergiftiging kwam kijken met een soort van mede (in het Proto-Indo-Europees *medhu*; de asterisk betekent een verondersteld woord, een vorm van een woord of betekenis).

Dat het temmen van het paard een enorme invloed zou hebben op een maatschappij valt te verwachten, maar waarom het rituele belang van het dier? Een interessante vondst brengt een waarschijnlijke samenhang met sjamanisme aan het licht. Op sites in het gebied van de Zwarte Zee, in het Pontisch-Kaspische gebied en in mindere mate in Zuidoost-Europa hebben archeologen stenen 'scepters' in de vorm van een paardenhoofd opgegraven. Tot nu toe zijn er meer dan 30 gevonden. 'Het wordt algemeen aanvaard,' aldus Mallory, 'dat deze objecten van een steppevolk afkomstig zijn, waar het paard een zeer belangrijke rol speelde in de economie en de rituelen, en waar de traditie van het kappen van dierenfiguren in steen teruggaat tot het Neolithicum.'[20] Maar het paard speelde ook een belangrijke rol in het sjamanisme. De trommel waarmee Boeryat-, Toengoes- en Yakoet-sjamanen van de Altaïsche taalgroep van Centraal-Azië een trance opwekten, werd een 'paard' genoemd, de hengst die de sjamanen naar de Andere Wereld bracht. De Boeryat-sjamaan had een stok met een paardenhoofd, waarop hij schrijlings gezeten ronddanste zoals kinderen op een stokpaardje (en zoals de middeleeuwse Europese heksen op hun bezem, zie hoofdstuk 7). Deze rituele scepters met paardenhoofden hebben misschien een soortgelijke magische functie gehad en betekenen misschien dat in de gemeenschappen waar ze gevonden zijn een sjamaan/priester werkzaam was. Eén is gevonden in Suvororo in Bulgarije (Afbeelding 33) in het graf van een man, samen met lange stenen messen en een stamper om oker fijn te wrijven. We

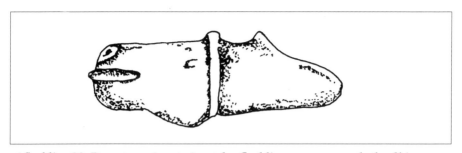

Afbeelding 33. Deze stenen 'scepter' met de afbeelding van een paardenhoofd is gevonden in het graf van een man te Suvorovo in Bulgarije. Het is 17 cm lang.
(Getekend naar M. Gimbutas)

kunnen ons alleen maar afvragen of de Proto-Indo-Europeanen een direct of indirect contact hebben gehad met de Altaïsche sjamanencultuur. Uit linguïstische aanwijzingen weten we wel zeker dat de Proto-Indo-Europeanen contact hadden met de Fins-Oegrische taalgemeenschappen, en tot deze gemeenschappen behoorden machtige Noord-Europese sjamanistische bevolkingsgroepen zoals de Lappen, de Komi, de Vogulen en de Ostiaken. De Fins-Oegrische talen vormden een tak van de Oeral-taalfamilie; de andere tak was het Samojeeds, waartoe de sjamanistische groepen van Noord-Siberië behoorden.

Mircea Eliade merkte op dat 'we heel weinig met zekerheid weten over de religieuze prehistorie en protohistorie van de Indo-Europeanen … De documenten waarover we beschikken getuigen van godsdiensten die al helemaal ingeburgerd zijn, soms zelfs al in onbruik geraakt.' Sjamanisme was geen dominante factor in het Indo-Europese religieuze leven, maar 'er zijn getuigenissen van het bestaan van technieken voor extase'.[21] Eliade was van oordeel dat de aanwezigheid van de drieledigheid (zie hoger) in het Proto-Indo-Europese religieuze denken 'er zeker op wees dat er kennis bestond van een sjamanistische ideologie en sjamanistische ervaringen'.

Ongetwijfeld kunnen sjamanistische elementen aangetroffen worden in vele Indo-Europese mythologische teksten. Een voorbeeld daarvan is de mythe van Odin, waarin een Wereldboom (Yggdrasil) een rol speelt, en Odins achthoevige paard Sleipnir; waarin het lichaam van Odin de vorm van een dier kan aannemen voor magische reizen en van een arend voor magische vluchten, en waarin Odin geest-helpers heeft in de vorm van zijn kraaien Huginn (Gedachte) en Muninn (Herinnering). Hij dronk bovendien mede wanneer hij de vorm van een dier wilde aannemen, en we hebben de associaties van deze drank al besproken. Soortgelijke elementen komen voor in de mytisch-religieuze teksten van de oude Grieken, de Kelten, de Perzen, de Scythen, de Kaukasiërs en de Indiërs.

Eliade had vastgesteld dat de sporen van sjamanistische traditie in het Indo-Europese religieuze leven 'vooral gegroepeerd waren rond de mythische figuur van de vreesaanjagende vorst, van wie het archetype Varuna schijnt te zijn, de Meester van de Magie, de grote "Binder"'.[22] G. Dumézil heeft de mythologie van de Indo-Europese koningen van nabij bestudeerd en heeft daaruit de aard van de Proto-Indo-Europese koningen afgeleid. Volgens zijn bevindingen vervulde de priesterklasse de soevereine functie; ze combineerde de wetgevende en de magisch-religieuze rollen. Als voorbeeld geeft hij het, gelukkig bewaard gebleven, opgetekende verdrag uit 1380 v.C. tussen Matiwaza, de koning van de Mittani, en een koning van de Hittieten. Matiwaza roept de hulp in van onder andere de goden Mitra, Varuna en Indra. In de veda's worden de eerste twee goden 'altijd met elkaar verbonden voorgesteld' zoals Mallory het zegt, als Mitra-Varuna. Dumézil wijst erop dat Mitra de god is die geassocieerd wordt met gouvernementele en wetgevende aspecten, en Varuna het magische en religieuze symboliseert. Deze dubbele figuur vertegenwoordigt zo de dubbele natuur van de Indische soevereiniteit.

Deze functionele ambiguïteit van de soevereiniteit houdt verband met het koningschap-sjamanisme-complex en brengt ons bij een cruciaal woord dat bestond in de Proto-Indo-Europese taal: *reg-. Deze oude linguïstische schat haalt het concept van de rechte lijnen binnen dat complex en brengt ons naar de kern van ons onderzoek:

De top van de Proto-Indo-Europese maatschappij werd, volgens de klassieke handboeken over de Indo-Europese cultuur, geregeerd door een koning van wie de titel meestal in de teksten is bewaard gebleven: in het Sanskriet rai, in het Latijn rex, in het Gallisch rix, in het Oud Iers ri en waarschijnlijk in het Tracisch Rhesos. Het Proto-Indo-Europese woord *reg betekent rekken, uittrekken in een rechte lijn en recht trekken. Het Engelse woord right heeft dezelfde stam en bovendien vindt men in al de Indo-Europese talen dezelfde tegenstelling tussen 'recht' in de betekenis van rechtschapen, correct, en 'krom' in de betekenis van afwijkend, illegaal ... Jan Gonda en Emile Benveniste zochten in de basisetymologie van het woord een aanwijzing voor de oorspronkelijke functie van het woord *reg-. Gonda suggereerde dat het woord 'degene die zich uitstrekt of ergens naar reikt', een metafoor voor de formele activiteiten van de koning, betekende ... Benveniste beweerde dat het 'degene die bepaalt wat

tabel 1

VOORBEELDEN VAN WOORDEN DIE AFGELEID ZIJN VAN HET PROTO-INDO-EUROPESE *REG-

RUIMTELIJK

Latijn:
regula (een recht stuk hout; een meetlat); regio/region (een rechte lijn, een grenslijn, een grensgebied); regere (op het rechte pad leiden). Het verleden deelwoord van regere is rectus, waarvan het 'rect'-element in sommige woorden in verscheidene talen is afgeleid. In het Latijn hebben we bijvoorbeeld rectum (het rechte stuk van de dikke darm) en rectitudo ('rechtheid', zowel ruimtelijk als figuratief).

Frans:
règle (liniaal, rechte rand); réglage (instelling [op een instrument ...], aanpassen van regels [op papier]); droit (rechte lijn; recht [richting]). Dit woord lijkt misschien niet in verband te staan met *reg-, maar het belangrijkste element is roi, waarover we het later zullen hebben (onder KONINGSCHAP). Dresser (oprichten; rechtop houden; rechtop zetten; richten; ordenen). Dit woord is afkomstig via het Oudfranse drecier (richten, hanteren) van het volkslatijn directiare.

Nederlands:
regio (gebied); regel (lijn, reeks woorden, gewoonte), regel (liniaal, balk, lat); regelmaat (orde in opvolging); regretteren (betreuren [van het Middelnederlandse 'weeklagen' of 'bewenen van een dode']). Rechtstreeks (zonder omwegen); recht (niet gebogen). Dood en rechtlijnigheid schijnen hier met elkaar verbonden te zijn.

Engels:
right (richting); region (gebied); direction (richting); erect (rechtop).

Duits:
Rechteck (rechthoek; rechte hoek); recht (recht [richting]).

KONINGSCHAP

Latijn:
rex (koning; volgens Partridge is dit woord hetzelfde als *regs maar met een klankverschuiving); regina (koningin); regulus (koninkje, prins). Het vrouwelijke equivalent, regula, betekent een recht stuk hout (zie onder RUIMTELIJK), en benadrukt het conceptuele verband tussen koningschap en ruimtelijke rechtlijnigheid.

Frans:
roi (koning): dit is afgeleid van het Latijnse regem, de accusatief van rex, via het Oudfranse rei.

Spaans:
real (koninklijk; zie ook het Engelse royal).

Nederlands:
regaal (koninklijk); regalia (koninklijke voorrechten).

Engels:
regal (koninklijk); regalia (koninklijke voorrechten); regency (regentschap); regent (regent); regicide (koningsmoord); reign (heerschappij); sovereignty (soevereiniteit); royal (koninklijk; dit woord is afgeleid van het Oudfranse roial, waarvan via roialté/royaulté het Engelse royalty is afgeleid); realm (koninkrijk).

Duits:
Reich (rijk): dit is afgeleid via het Middelhoogduitse riche, van het Oudhoogduitse rihhi (koninkrijk), dat op zijn beurt afkomstig is van het Oudkeltische *rig- (koning).

Sanskriet:
raj (heersen over); raja (koning); rani (koningin, prinses).

REGEREN EN ORDE HANDHAVEN (SOCIAAL, MOREEL, MILITAIR)

Latijn:
regnum (macht door de koning uitgeoefend; koninkrijk); regentia (ambt van heerser); regimen (het regeren).

Frans:
droit (recht, niet verkeerd; eerlijk; rechtvaardig); droits (accijns, belasting, rechten); dressage (trainen [van dieren]), afgeleid van het Latijnse directus via het Oudfranse drecier (aanwijzingen geven).

Nederlands:
regent (bestuurder); regeren (besturen); reglement (geheel van bepalingen); regulier (door de regel voorgeschreven); regiment (militaire eenheid); regie (leiding); regulair (geregeld); regelmatig (met vast ritme); regenereren (hernieuwen); rechter (hoofd van de rechtbank).

Engels:
regime (regime); regiment; regular (regelmatig); regulation (reglement); right (juist); rights (rechten [moreel, wettelijk, menselijk]); righteous (gerechtvaardigd); direction (bevel); correct; rectitude (rechtschapenheid); rectify (rechtzetten)

Duits:
Regel (regel, reglement); regelrecht (gepast); Regierung (regering); regeln (regelen, controleren).

juist is' betekende. Dat hield in dat de leider meer bekommerd was om het handhaven van de sociale en morele orde dan om de wereldse heerschappij ... Benveniste opperde zelfs dat er misschien meer openlijk priesterlijke functies geassocieerd waren met de Proto-Indo-Europese koning omdat de betekenis van de stam van het woord, 'uitstrekken' of 'rechtmaken', in verband gebracht kan worden met het bepalen van grenzen, en dat kunnen zowel morele grenzen zijn, als de grenzen van een gebied of de nationale grenzen.[23]

Jim Kimmis was de eerste die de aandacht van de speurders naar leylijnen op het woord *reg- vestigde.[24] Hij wees er in *The Ley Hunter* op dat de fysieke, ruimtelijke lineaire associaties van het woord op een abstracte manier uitgebreid waren zodat ze 'een parallel werden van eerlijkheid, rechtvaardigheid, regering en sociale orde ... Tussen de fysieke en abstracte betekenissen van dit complexe woord staat een kleine groep verwanten die "heerser" of "koning" betekenen'.[25]

Kimmis verwees naar het etymologisch woordenboek van Eric Partridge, *Origins* [28]. Met die bron als voornaamste basis geven we in Tabel 1 een selectie van woorden van verscheidene Indo-Europese talen die verband houden met de Proto-Indo-Europese stam *reg-. Ze zijn geplaatst onder de kop die het bereik aanduidt van de betekenissen en associaties van het woord, zoals Kimmis ze opgetekend heeft.

Als u enkele ogenblikken Tabel 1 bestudeert, zult u merken hoe de betekenis van 'recht' in de fysieke wereld in de overeenkomstige termen is binnengesijpeld. Zo kan het Franse *roi*, bijvoorbeeld, gezien worden in termen van koningschap, als een onderdeel van *droit*, recht, wat ook nog eens zowel fysiek recht kan betekenen als juridisch recht of moreel recht. *Tout droit* betekent, altijd rechtdoor. Het Engelse *right* heeft dezelfde betekenissen. Bovendien betekent het Engelse *dead straight* perfect recht, en *dead on* betekent precies, nauwkeurig en dus recht. (Over het verband tussen 'dood' en 'recht' zullen we het in de loop van dit boek nog enkele keren hebben.) Een mooi voorbeeld van het in elkaar overlopen van de fysieke en abstracte betekenissen is het woord 'regel'. Dat kan zowel een rechte lijn betekenen (op de regel schrijven) als een richtlijn waaraan men zich dient te houden (volgens de regels leven).

John Palmer (persoonlijke communicatie) heeft het verband opgetekend tussen het Gaelic *ree*: op een doodsbed uitstrekken, omhullen als een lijk; het vroeg Ierse *regem*: ik strek mij uit; het Welshe *reiat*: rij; en het Nederlandse rei of rij, rek, reiziger en reis.

Recht – lineaire orde en beweging – koningschap – orde, regering. Waarom heeft zich deze reeks verbanden ontwikkeld? Ik geloof dat het gebeurd is omdat in sommige gemeenschappen het concept van *recht*schapenheid een cruciale evolutie onderging. Het concept, en dus ook de fysieke uitdrukking daarvan, de rechte ceremoniële landschapslijn, ondergingen samen die veranderingen. En deze veranderingen moeten we nu identificeren.

Partridge geeft een fascinerende kernbetekenis voor de Proto-Indo-Europese stam *reg*-, de stam van al de afleidingen die we in Tabel 1 aantreffen: 'recht zetten, op het rechte pad leiden of gidsen; daarvan afgeleid het naamwoord: een ware gids; vandaar: een machtige gids; vandaar: een koning, een opperhoofd. Misschien is de basisbetekenis van *reg*- "een rechte lijn" of nog beter "een beweging die in een rechte lijn van het ene punt naar het andere gaat; vandaar: een beweging langs een rechte lijn"'.[26]

Een beweging langs een rechte lijn. We hebben in dit hoofdstuk al gezien hoe in sommige gemeenschappen de figuur van de koning of het opperhoofd geëvolueerd is vanuit vroegere priesterfiguren en theocratische instellingen, die op hun beurt afgeleid waren van de figuur van de sjamaan, een chronologisch ver verwijderde figuur in die culturen waar zo'n evolutie heeft plaatsgevonden. Een restant van die evolutie was de overtuiging dat de koning goddelijk was of in verbinding stond met de Andere Wereld en bovennatuurlijke krachten had. We kunnen ons dus zonder moeite het beeld voor de geest halen van een Proto-Indo-Europese priester/koning 'die zich langs een rechte lijn beweegt'. Maar wat deed hij daar precies? Wat was de aard van de beweging? Wat was de betekenis?

In hoofdstuk 3 hebben we het gehad over het rituele lopen in de Andes, meer bepaald de bedevaarten langs de ceques en de uitgesleten voetpaden binnen de rechte lijnen van Nazca. De volkeren van de Andes waren niet de enige met dit soort praktijken. In Ashkeit in Soedan, bijvoorbeeld, bestond het gebruik dat de mannen op bepaalde tijdstippen in een rechte lijn van een bepaald huis naar een ander huis moesten stappen. Deze huizen vertegenwoordigden belangrijke punten in de gemeenschap. Ze waren daar de hele dag mee bezig. Toen deze mensen verhuisden naar Kashm el-Girba stonden ze voor een probleem: de indeling van deze plaats leende zich niet voor een rituele wandeling in een rechte lijn. Was het belangrijk dat de wandeling in een rechte lijn verliep of zou een wandeling langs een meer onregelmatige lijn ook goed zijn? Na ernstig overleg besloten de dorpsoudsten dat 'het feit dat de lijn recht was het belangrijkste aspect van de activiteit was' en hebben ze het nieuwe ritueel daaraan aangepast.[27] Ik heb nog op andere plaatsen voorbeelden gegeven van rituelen waarbij langs een rechte lijn gelopen moest worden, zoals opgetekend in de folklore in Engeland.[28] Hoe bizar dergelijke activiteit ons nu ook toeschijnt, we moeten accepteren dat bepaalde volkeren zich ermee hebben beziggehouden. We kunnen met zekerheid aannemen dat onze ceremoniële processies in deze praktijk hun oorsprong vinden. De sjamanistische praktijk lijkt in sommige culturen ook een soortgelijk ritueel gekend te hebben. In de Ndedema Kloof in Zuid-Afrika, bijvoorbeeld, zijn in een grot schilderingen gevonden met afbeeldingen van sjamanen met een antilopenkop die in een processie lopen, en op andere plaatsen zijn tekeningen van andere soorten processies gevonden.

Maar wat *deed* die Proto-Indo-Europese priester/koning terwijl hij langs die rechte lijnen liep? Misschien legde hij op een ceremoniële manier grenzen vast – waarschijnlijk grenzen van gewijde gebieden. Dat zou uiteindelijk connotaties hebben met regeren (een *reg*-woord), een concept dat zowel spirituele als territoriale aspecten omvat. Misschien leidde hij de deelnemers in rituele processies. Maar door de nadruk erop in de taal, het verband ervan met het hoogste staatsambt en de afleidingen ervan die we aantreffen in de woordenschat die betrekking heeft op controle en regeren, is het duidelijk dat deze lineaire activiteit te maken heeft met een diepgeworteld fenomeen. Ik veronderstel dat het rituele lopen een ceremoniële, publieke en fysieke expressie was van een spirituele, of misschien beter een mentale, niet materiële realiteit – de realiteit die zich bevindt in het hart van de betekenis van de rechte landschapslijnen. De fysieke beweging symboliseerde een ander type van beweging, een beweging van de geest. We moeten ons nu een weg banen door een andere laag van de evolutie om te kunnen begrijpen wat dat precies was.

Koning en land

In de verhalen over Koning Arthur bevindt de Graal zich in een kasteel in een Woest Land dat bewoond wordt door een Visser-Koning die 'aan de dijen gewond is', een eufemisme voor een genitale verwonding. De genezing van de koning en het daarmee samenhangende herstel van de voorspoed en de vruchtbaarheid van het land is afhankelijk van de juiste vraag die over de Graal gesteld moet worden (gewoonlijk: Wie dient de Graal?) en het antwoord dat erop gegeven wordt. De koning en het land zijn in feite één. Dit element in de cyclus van Arthur bevat een oeroude herinnering aan de verbinding tussen het land en de koning. In *Arthur and the Sovereignty of Britain* maakt Caitlin Matthews de scherpzinnige opmerking dat '… de subtekstuele energie van de *Matter of Britain* met de heerschappij te maken heeft: wie heerst over het land en met welk recht? Alleen die koningen en invallers die hun emblemen en mystiek ontlenen aan het diep gewortelde, mythische kader van het land zijn succesvol. ... Voornamelijk de Godin van de Soevereiniteit vervult de rol van de *genius loci*, de geest van de aarde onder onze voeten. In vele landen krijgt ze de vorm die aan de plaats is aangepast en een aantal symbolen die passen bij haar cultus'.[29] Matthews verwijst naar een oud Iers bardenverhaal, *Echach Muigmedoin*, waarin de held, Niall, samen met zijn broers, zonder dat hij het weet een aantal tests ondergaat waaruit moet blijken of hij geschikt is om in de toekomst op de troon te zitten. De Keltische Ieren noemden het *rigdamna* (let op het *reg*-element), het recht om te regeren. In een van die tests ging Niall als enige in op het verzoek van een lelijke oude vrouw die een bron moest bewaken om haar te zoenen en met haar te slapen. Natuurlijk werd ze daarna een mooie jonkvrouw en ze zei: 'Aan mij is de heerschappij; O Koning van Tara, ik ben Soevereiniteit ... en uw zaad zal in elke clan terechtkomen.' Over het water dat ze Niall te drinken geeft, zegt ze: 'Heerlijk zal smaken wat gij uit de koninklijke hoorn drinkt, het zal mede zijn, het zal honing zijn, het zal sterk bier zijn.'

Alwyn en Brinley Rees wijzen erop dat het verhaal van Soevereiniteit die zich voordoet als een oud vrouwtje tot ze in een mooi jong meisje verandert door de omhelzing van een toekomstige koning, vaak voorkomt in Engelse en Franse liefdesverhalen en ook in andere Ierse legenden.[30]

In talrijke versies van de middeleeuwse verhalen over Arthur werden elementen uit vroegere bronnen – zoals de Welshe bardentekst *The Mabinogion* – mooier gemaakt. Die vroegere werken vonden hun oorsprong in mondeling overgeleverde verhalen, waarvan de bron onbekend was, maar die zeker teruggingen tot de Keltische IJzertijd. Er bestaat inderdaad een tot de verbeelding sprekende aanwijzing dat er sporen in aanwezig zouden zijn van veel oudere elementen. Sommige wetenschappers gaan er namelijk van uit dat de naam Arthur niet is afgeleid van de Welshe vorm van het Romeinse 'Artorius', maar van het Welshe *Arth Fawr*, de Grote Beer. John Michell wijst erop dat dit geassocieerd werd met de schitterende ster Arcturus waarvan de plaats in de nachtelijke hemel aangeduid wordt door twee sterren in de 'staart' van de constellatie van de Grote Beer. De Grote Beer stond ook bekend als de wagen van Arthur, 'het voertuig waarmee hij rond de pool cirkelde'.[31] Als deze associaties iets betekenen, is het zelfs mogelijk dat in de legenden over Arthur nog zwakke echo's weerklinken van de Cultus van de Beer, die dateert van het einde van de laatste ijstijd.

Het onderliggende thema in de verhalen over Arthur kan in elk geval in verband gebracht worden met het feit dat over de gehele wereld en al van veel vroeger het lot van de koning beschouwd werd als verbonden met de toestand van zijn koninkrijk. Frazer merkte op dat 'het leven of de levenskracht van de koning ... innig verbonden (was) met de voorspoed van het land'.[32] De koning was verantwoordelijk voor de vruchtbaarheid van het land; wanneer er droogte heerste, of de pest, of als de oogst mislukte, werd de koning verantwoordelijk gehouden. Dan had hij gezondigd of was hij onrechtvaardig geweest. In sommige gemeenschappen moest de koning zulke rampen met de dood bekopen.

De Keltische Ieren kenden de term *banais rigi* (opnieuw het *reg- element!), wat 'huwelijk van het koningschap' betekende. De koning was getrouwd met het land, hij had een verbintenis aangegaan met de Godin van de Aarde, Soevereiniteit. Alwyn en Brinley Rees vermoeden dat Koningin Medb van Connacht misschien de belichaming was van Soevereiniteit. Ze was de dochter van de koning van Tara en ze trouwde met Koning Conchobar, maar ging bij hem weg. Vele vrijers maakten haar het hof omdat ze opgenomen wilden worden in de koninklijke familie. In de Ierse traditie bestaat nog een verhaal van een andere Medb, een koningin van Leinster, die de koningin was van negen koningen, die pas koning konden worden nadat ze met haar waren getrouwd. Het is interessant op te merken dat de naam Medb verwant is met het Welshe *medww*, 'dronken', en met (de drank) 'mede'. Coomaraswamy en anderen hebben de Soevereiniteit van Ierland in verband gebracht met de Indische godin Sri-Lakshmi, die 'de geest van de soevereiniteit' is, de gezellin van Indra.[33] Zij bracht het geschenk 'soma', de heilige drank – een onderwerp waarover we het nog zullen hebben.

De vereniging tussen de godin van een land en een koning was ook een sleutelelement in een koninklijk ritueel in het Nabije Oosten. Uit dat complex van ideeën is de heilige prostitutie voortgekomen.

De mystieke vereniging van de vorst met het land werd in talrijke culturen gesymboliseerd door de koning die op een heilige steen zat of stond tijdens de kroningsceremonie. (Dat komt ook tot uiting in de legenden van Arthur, wanneer Arthur de enige is die erin slaagt het zwaard Excalibur uit de steen te trekken, of, in sommige versies, uit een aambeeld dat op een steen stond.) Zelfs vandaag de dag wordt de Britse vorst gekroond op een middeleeuwse houten stoel waar in een compartiment onder de zitting een heilige steen zit, de Steen van Scone. Deze steen was een Schotse koningssteen, die naar Westminster was gebracht om de in Engeland gevestigde Britse monarchie te consolideren. De steen was het onderwerp van legenden; er werd bij-

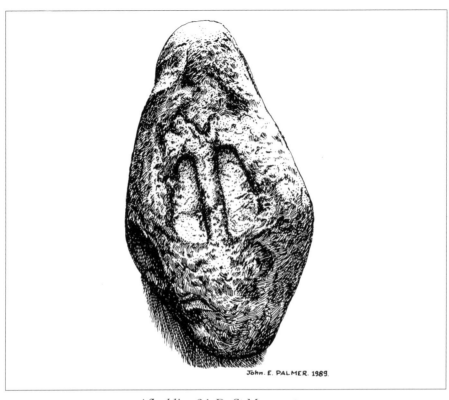
John. E. PALMER. 1989.

Afbeelding 34. De St Magnussteen

voorbeeld verteld dat het de steen was waarop Jakobus had geslapen. Schotland had verscheidene koningsstenen, zoals de vermeende inhuldigingssteen, die op Orkney bekend is als de St Magnussteen en waarin twee voetafdrukken gehouwen zijn. De Angelsaksische koningssteen kan nog steeds – van achter ijzeren relingen – bekeken worden langs de Thames, enkele kilometers stroomopwaarts van Westminster, in Kingston-upon-Thames. Zoals te verwachten valt, heeft ook Ierland verscheidene koningsstenen. In Castlereagh heeft de koningssteen de vorm van een stoel; in andere waren voetafdrukken gehouwen, waarin de koning zijn blote voeten plaatste tijdens de kroning – een voorbeeld daarvan is de ongeveer 2 m² grote steen van de Koningen van O'Doherty in Derry (Londonderry). Op de meest gewijde koninklijke plaats in heel Ierland, de Heuvel van Tara, waarop zich eveneens een grafheuvel bevindt, de *Mound of Hostages*, vinden we de *Lis Fal*, een steen waarvan gezegd wordt dat hij schreeuwde wanneer de juiste koning gekroond werd. In Tullahoge, in de Middeleeuwen de hoofdstad van

108

Tyrone, had men van een rotsblok een koningssteen gemaakt door er drie platte stenen omheen te plaatsen om zo een troon te vormen. De Turoesteen in Galway is bedekt met versieringen van gebogen lijnen, waardoor hij omstreeks de derde eeuw v.C. gedateerd kan worden, en hij bevond zich oorspronkelijk op een prehistorische aarden wal. Hij is cilindrisch met een koepelvormige top en de Keltenspecialiste Anne Ross merkt op dat 'er helemaal geen twijfel over bestaat dat de steen opzettelijk de vorm van een fallus gekregen heeft'.[34] Er bestaan geen tradities meer die met deze steen in verband kunnen worden gebracht, maar de vorm lijkt erg op die van de *omphalos*-steen te Delphi, bijvoorbeeld. Omphalosstenen of navelstenen markeerden het centrum van de conceptuele wereld, het gewijde, geomantische centrum van een plaats, een gebied of een land, vanwaaruit geodetische opmetingen en verdelingen plaatsvonden. Het is interessant te zien dat de tekeningen op de Turoesteen in vier segmenten uiteenvallen. Waarschijnlijk symboliseren ze de Vier Gewesten van de wereld. Een steen, een natuurlijke rotspiek, in Uisneach, Ierland, stond bekend als de Navel van Ierland. Zoals de menselijke navel, vertegenwoordigden ook die stenen de plaats waarlangs het voedsel binnenkomt, maar in metafysische zin. Ze werden in verband gebracht met het in stand houden van de gezondheid van het land en het spirituele leven van de mensen. Ze markeerden de plaatsen waar er contact met de wereld van de geesten tot stand kon worden gebracht, en ze zijn een variant van de Kosmische As, die, zoals we hebben gezien, een zeer belangrijk element is in sjamanistische tradities.

Voorbeelden van stenen die in verband staan met het koningschap en vruchtbaarheid kwamen vroeger in de gehele wereld voor. Een zuil in de vorm van een fallus, maar met de eikel in de grond geplaatst, is gevonden in Pfalzfeld, Duitsland.[35] John Palmer merkt op dat 'de koningen van Zweden ingehuldigd werden bij de koninklijke stenen, de *Mora Stenar*, in de buurt van Uppsala; op die plaats werd eveneens recht gesproken. En de Noorse stad Konungahalla werd in verband gebracht met de Steen van de Koning, die dienstdeed als stoel in de *Thing* van Nidaros'.[36] Stenen met voetafdrukken zijn ook gevonden in Zwitserland, en in Frankrijk zijn rotsstoelen aangetroffen.

De macht van de koning

In die mystieke vereniging met het land, met de godin, gaf de koning zijn kracht door aan de aarde, de goddelijke kracht die enkel de koningen bezaten. In samenlevingen in Oceanië, bijvoorbeeld, werd van de koning of het opperhoofd gezegd dat hij *mana* bezat, een mysterieuze levenskracht. In Polynesië:

> kon mana in elke persoon of elk ding aanwezig zijn. Nochtans was de potentiële capaciteit van een persoon om mana op te nemen afhankelijk van zijn positie in de hiërarchie. Opperhoofden waren de belangrijkste kanalen omdat ze fungeerden als de verbinding tussen god en mens ... en omdat mana van hoog naar laag vloeide, was een onverwacht contact tussen een opperhoofd en een onderdaan uit den boze: het opperhoofd zou een deel van zijn mana verliezen, die hij moest bewaren voor het welzijn van alle mensen, en de onderdaan, die maar een beperkt vermogen had om mana op te nemen, zou erdoor kunnen worden verteerd, zoals een zekering die springt wanneer ze te zwaar belast wordt.[37]

Maar hoe zit het nu met onze Proto-Indo-Europese priester/koning? Recent onderzoek naar *reg-* heeft een fascinerend licht geworpen op het aspect van de 'koninklijke macht'. J.P. Mallory noteert het volgende:

> Om te beginnen voert Andrew Sihler aan dat de onderliggende stam niet 'in een rechte lijn leggen' betekent, maar 'doeltreffend zijn, mana hebben'. Vervolgens heeft Harmut Scharfe de veda's nagelezen ... en ontdekt dat het woord rai in de vroegste vedische teksten niet het mannelijke naamwoord was dat 'koning' betekent maar het vrouwelijke naamwoord dat 'kracht, macht' betekent. Als we dat aannemen, hebben we niets meer dat wijst op Proto-Indo-Europese koningen ... Scharfe merkt wel op dat de overeenkomsten tussen raian- in het Sanskriet en aregon in het Grieks suggereren dat er een Proto-Indo-Europees woord was voor 'beschermer' of 'persoon met macht en charisma', maar niet voor 'koning'.[38]

Dit versterkt nog de eigenaardige wereldlijke/spirituele ambiguïteit die we in verband hebben gebracht met de *regs*-figuur. De koning in de latere Keltische en Italische Indo-Europese samenlevingen heeft deze vroege raadselachtige wereldlijk/geestelijke rol gewoon gefossiliseerd in een meer gestructureerde vorm. Het suggereert eveneens dat associatie van *reg-* met rechte lijnen een conceptueel correlaat kan hebben gehad in de fysieke beweging langs een rechte lijn, iets dat verwant is met een 'mystieke regel' – het uitzenden van de macht of de geest van de koning over het gehele rijk. *Het land regeren* met de bovennatuurlijke macht van de koning. Frazer maakt een soortgelijke opmerking:

Tot op zekere hoogte lijkt te worden aangenomen dat de macht van de koning over de natuur, zoals zijn macht over zijn onderdanen en slaven, uitgeoefend wordt door een daad van wilskracht ... Zijn persoon wordt beschouwd, als we het zo mogen zeggen, als het dynamische centrum van het universum, *waarvandaan krachtlijnen uitstralen naar alle windstreken van de hemel* ... [39] (Mijn cursivering)

Hoewel Frazer nu door sommige wetenschappers neerbuigend bekeken wordt, wil ik toch vermelden dat hij onderzoekers als Sihler vele jaren voor was toen hij schreef:

De overtuiging dat koningen magische of bovennatuurlijke krachten bezaten waardoor ze het land vruchtbaar konden maken en zorgen voor het welzijn van hun onderdanen, lijkt gedeeld te zijn door de voorouders van al de Arische (Indo-Europese) rassen, van India tot Ierland ... [40]

Echo's van het geloof in de bovennatuurlijke krachten van de koning kon men in Groot-Brittannië aantreffen tot in een vrij recent verleden. Men was ervan overtuigd dat de monarch iemand kon genezen door hem aan te raken. Vooral Edward de Belijder werd in verband gebracht met genezende krachten. Vooral klierziekte kwam hiervoor in aanmerking. Deze ziekte stond bekend als het Koningskwaad. Koningin Elizabeth I stond eveneens bekend om haar helende handen, en op de dag van midzomer in 1633 genas Charles I 100 patiënten in de koninklijke kapel in Holyrood. Er wordt gezegd dat Charles II tijdens zijn regeerperiode bijna 100.000 mensen door aanraking genas. Deze traditie is levendig gebleven tot de tijd van Koningin Anne.

De associatie van lijnen en koningschap komt niet enkel voor in Proto-Indo-Europese linguïstische puzzels met betrekking tot koningen of charismatische beschermheren. We zien dat in verscheidene vormen in vele culturen en maatschappijen. In Cuzco – een naam die toevallig 'navel' betekent in het Quechua – heerste de Inca, de Zoon van de Zon, vanaf de Coricancha, in het centrum van de 41 rechte lijnen of ceques (hoofdstuk 3). We hebben gezien dat deze lijnen meerdere functies hadden. Zou een van de conceptuele functies van de lijnen misschien het overbrengen van de spirituele kracht van de Inca kunnen zijn geweest? Een andere goddelijke heerser, de Keizer van China, zat op een Gouden Troon, de staatstroon, in de Verboden Stad in Beijing. Terwijl het volk, met de hulp van de feng-shui-geomantiekers rechte lijnen moesten vermijden (hoofdstukken 1 en 5), zat de keizer op de rechte, marmeren meridiaan, die de kosmische as van de Verboden Stad was, en op het snijpunt van de lijnen die vanuit de poorten vertrokken: een aantal lijnen die naar al de hoeken van het keizerrijk uitstraalden. De *Ard ri*, Hoge Koning, van het heidense Keltische Ierland, werd ingehuldigd op de Heuvel van Tara, waarop vijf wegen vertrokken.

Letterlijk met lijnen regeren, als een onbewuste impuls van dit oude concept, leefde voort tot in relatief recente tijden. Lodewijk XIV, de Zonnekoning van het 17de-eeuwse Frankrijk, en bovendien iemand met helende handen, had een serie rechte paden die vertrokken vanuit zijn paleis in Versailles. We zien dat ook bij landhuizen, waar vaak rechte paden over het landgoed lopen, en natuurlijk ook bij Buckingham Palace, waar de rechte, ceremoniële Mall vertrekt. Het lijkt dus mogelijk dat rituele en ceremoniële 'rechtheid', veruiterlijkt door processies, ritueel lopen, het stellen van grenzen, rechte ceremoniële wegen en landschapslijnen, in enkele maatschappijen het teken was van een onzichtbare, lineaire koninklijke kracht; het symbool van een mystieke regel. Dit beeld komt in elk geval overeen met het ambigue *reg-*.

Maar waarom ontstond het idee van de macht van de koning die door middel van metafysische lijnen moest uitstralen naar alle delen van het rijk? Ik denk dat we het alleen kunnen begrijpen als we die macht zien als de *geest*, wat betekent dat we verder terug moeten in het evolutionaire complex dat zich ontwikkeld heeft rondom de concepten die iets te maken hebben met het gewijde aspect van de rechte lijn.

HOOFDSTUK 5

DE LIJNEN VAN DE GEESTEN

In hoofdstuk 2 hebben we het gehad over de Britse neolithische aarden wallen die cursuses genoemd worden en hebben we gezien hoe ze in verband staan met de grafheuvels, terpen of tumuli waarvan de functie ten minste gedeeltelijk verband hield met de rituelen van de doden (hoewel ze niet overal gebruikt werden om mensen in te begraven). In zijn commentaar op de Dorset-cursus merkte R.J.C. Atkinson op dat deze associatie met grafheuvels 'niet altijd toevallig kan zijn' en suggereerde dat de cursus op een of andere manier in verband moest staan met 'praktijken die ervoor moesten zorgen dat de heilzame invloed van de doden overgebracht werd ... naar de levende gebruikers van de cursus'.[1] Richard Bradley wees erop dat de 'opzettelijke uitlijning' van de Dorset-cursus *monumenten beklemtoont*' en dat de lijn van de cursus 'de verspreiding van de grafheuvels bekrachtigt', die duidelijk 'buitengewoon belangrijk' was voor de bouwers van de cursus. De aard van de relatie overtuigde Bradley ervan dat de cursus 'de symboliek van de begrafenis' in zich draagt, dat hij een 'Britse Dodenlaan' was. 'De cursus was opzettelijk uitgelijnd met de grafheuvels – het is de uitlijning die belangrijk is ... en het was de bedoeling van die lijn een hele reeks monumenten voor de doden met elkaar te verbinden', schreef Bradley.[2]

We zullen nog zien dat deze associatie van rechtlijnigheid en dood vaak voorkomt. We zien hier een *ruimtelijke expressie van een relatie met de doden – en meer bepaald met de voorouders*. Die expressie moet gebaseerd geweest zijn op een concept dat te maken heeft met de geesten van de doden, een concept, veronderstel ik, dat om een of andere reden de geesten verbindt met rechtlijnigheid.

We zien hetzelfde verband bij een ritueel complex juist buiten Godmanchester, in de buurt van Cambridge, Engeland. Archeologen die opgravingen leidden op een site die bedreigd werd door grindwinning, ontdekten een aarden wal in de vorm van een trapezoïde van zeven hectaren groot en met gaten voor 24 houten palen. De studie ervan heeft verbazingwekkende astronomische uitlijningen opgeleverd. De aarden wal als geheel staat dwars op de lijn van de equinox en de toegangsopening ligt in de richting van wat de Kelten de richting van de Beltaine/Lughnassadh-zonsopgang noemden, de belangrijkste landbouwfeesten in mei en augustus. Deze oriëntaties, samen met de uitlijningen tussen sommige palen, bevatten de twaalf belangrijkste fenomenen in de zonnecyclus en de maancyclus. De plaats, die dateert uit ca. 3000 v.C., wordt beschouwd als de meest uitvoerige astronomische tempel van West-Europa, waarschijnlijk nog complexer dan Stonehenge. Maar het was niet zomaar een vroeg observatorium: astronomie werd in vroegere tijden niet op dezelfde wetenschappelijke manier gebruikt als wij nu doen. Astronomie maakte deel uit van de ceremoniën en van het kosmologische wereldbeeld. De site van Godmanchester was zeker een tempel. Aan beide zijden van de ingang waren de beenderen en de schedel van een os begraven; zulke beenderen zijn eveneens aangetroffen onder een van de houten palen, en het gewei van een hert onder een andere. Juist buiten de westelijke hoek van het complex heeft men het skelet van een mens gevonden, zonder ledematen, blijkbaar daterend uit een periode dat de tempel gebruikt werd. Sommige palen waren groter en dikker dan andere en ze hadden niet allemaal iets te maken met de astronomische zichtlijnen. De omvangrijkste paal stond aan het westelijke eind van de gewijde omheining en was het brandpunt van de site. Een lijn die daarvandaan naar een andere dikke paal liep in het midden van de ingang vormde de uitlijning met de Beltaine/Lughnassadh-zonsopgang.

De plaats lijkt opzettelijk vernield te zijn nadat ze tientallen jaren gebruikt was: de aarden wallen waren vlak gemaakt en de palen stuk voor stuk verbrand, behalve de belangrijkste paal. En toen gebeurde er iets heel interessants, zoals David Keys toelicht:

> Kort nadat de tempel van Godmanchester ritueel ontmanteld was, schijnen de vernielers een groots religieus monument gebouwd te hebben – een laan van 90 meter breed met aan beide zijden een wal en sloten. Deze laan, misschien een soort processieweg, was 3 kilometer lang en had waarschijnlijk iets te maken met begrafenissen. Precies in het midden van de laan zijn enkele graven gevonden, en er wordt verondersteld dat soortgelijke lanen in andere delen van Groot-Brittannië gebruikt werden voor begrafenisrituelen.[3]

De zuidkant van de laan, een cursus, was uitgelijnd met de belangrijkste paal en markeerde eveneens de lijn van de Beltaine/Lughnassadh-zonsopgang. Zoals de tempel werd ook de cursus ritueel vernield nadat hij een tijd in gebruik was geweest. Ook hier werd de omvangrijkste paal echter gespaard. De plek werd gebruikt door de latere nederzettingen in de Bronstijd en werd waarschijnlijk zelfs tot in de Romeins-Britse tijd nog met eerbied behandeld.

Een verband met de voorouders komt tot uiting op de Heuvel van Tara, de plaats in Ierland waarover we het in het vorige hoofdstuk gehad hebben. Ook daar hebben archeologen een aarden wal gevonden die op een cursus leek: 'een lang, dieperliggend terrein waarvan de vorm op een Grieks stadion leek. Het schijnt een rituele weg te zijn geweest die rechtstreeks naar een grafgang leidde die bekendstaat als de *Mound of the Hostages'*.[4] John Palmer heeft onderzoek gedaan naar het verband tussen rechte lijnen en de doden. Over een fenomeen dat dit wel heel duidelijk aantoont, heeft hij een reeks artikels geschreven in *The Ley Hunter*. Hij was degene die de aandacht vestigde op de 'doodwegen' in Nederland. Deze oude wegen hadden een voorgeschreven breedte en werden elk jaar geïnspecteerd door landmeters en rondreizende magistraten. Ze waren kaarsrecht en kwamen samen op begraafplaatsen. Voorbeelden van oude doodwegen vindt men nog in Westerheide tussen Laren en Hilversum, Noord-Holland. Palmer schrijft:

> Deze wegen zijn echt kaarsrecht ... Waar de oude Postweg loopt en drie doodwegen is de heide bezaaid met grafheuvels uit het Neolithicum en de Bronstijd ... Deze wegen liggen op regelmatige afstanden van elkaar en dateren waarschijnlijk uit de Middeleeuwen (men is niet zeker over de datering). Ze vormen een driehoek die samenkomt bij het geïsoleerde St.-Janskerkhof, precies op het punt waar de kapel staat. De begraafplaats bevindt zich op een hoger gelegen terrein. De huidige kapel is niet echt oud, maar is waarschijnlijk gebouwd op de plaats waar daarvoor een oudere kerk heeft gestaan (niet nagegaan) en het kerkhof wordt nog steeds gebruikt.[5]

Palmer ontdekte dat de doodwegen ook 'lijkwegen' of 'spokenwegen' werden genoemd. Hij merkt op dat de term 'spokenwegen' een mooie overeenkomst vertoont met het idee dat de leylijnen 'geestenpaden' zouden zijn.[6] Palmer ontdekte verder nog dat er een Nederlandse wet heeft bestaan die verbood dat de lijken via een andere dan de rechte doodwegen naar een begraafplaats gebracht zouden worden. Een formele belofte van de leiders van de gemeenschap dat de doodwegen onderhouden zouden worden werd de Eedformule genoemd, en die garandeerde dat de doden langs de rechte wegen vervoerd zouden worden.[7] Bovendien heeft Palmer in het Nederlandse landschap een associatie ontdekt tussen rechte lijnen, dood en koningschap. In Noordse Velden, vlak bij de ruïnes van een dolmen, loopt een Koningsweg. Het gebied staat vol met prehistorische grafheuvels. Slechts een fragment ervan is zichtbaar op luchtfoto's, maar de weg wordt in verband ge-

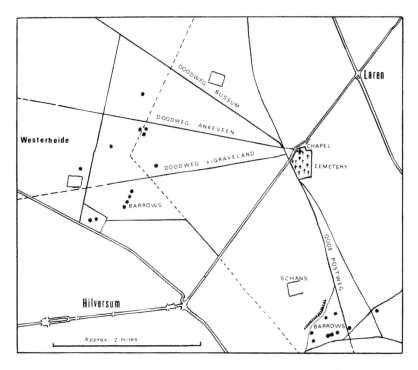

Afbeelding 35. Rechte doodwegen in de buurt van Hilversum (John Palmer)

bracht met vroegere archeologische opgravingen van een recht pad over de heide, en het staat vast dat de Koningswegen oorspronkelijk recht waren.

Voorouders en de doden spelen ook een rol in de rechte paden van de indianen, zoals we in hoofdstuk 3 hebben gezien. De ceques van Cuzco hadden verscheidene functies, maar een van de sleutelelementen was dat ze in verband stonden met water, omdat het incavolk 'het als hun geboorterecht beschouwde het ondergrondse water te ontvangen van hun voorouders, die in de aarde verblijven'.[8]

Niemand weet met zekerheid waarvoor de lijnen in Nazca dienden, maar onderzoekers vermoeden dat ze overeenkomsten vertonen met de ceques, omdat soortgelijke thema's aanwezig waren in de mentaliteit van al de Andesvolkeren. Enkele van de Nazcalijnen stonden in elk geval in verband met water, en dus mogelijk met een soortgelijke associatie met de voorouders. Het is bovendien zo dat ten minste één knooppunt van lijnen langs een oude begraafplaats lag (Pacheco) op de Nazcapampa, en dat de noordelijke uiteinden van geïsoleerde trapezoïde markeringen in de woestijn in de buurt van Cerro Soldado in de incavallei uitlopen op een begraafplaats. Dit is geen steeds terugkerend patroon, maar het is moeilijk duidelijke, herhaaldelijk voorkomende aanwijzingen te vinden wanneer we te maken hebben met zulke complexe, multifunctionele fenomenen als deze lijnen.

De lijnen van de Boliviaanse hoogvlakte liggen in het land van de Aymara-indianen. Een mogelijke echo van een verband tussen paden en geesten klinkt nog door in een van hun traditionele gebruiken. De antropoloog Weston La Barre geeft de volgende beschrijving: 'De Aymara-indianen projecteren de geest van een ziekte in objecten, die ze dan achterlaten bij een kruispunt. Daar zal de volgende voorbijganger ze meenemen, zodat ze uit de omgeving verdwenen zijn.'[9] (Het is misschien interessant op te merken dat in de Keltische wereld een traditie bestond die daar vaag aan herinnert. De Kelten geloofden namelijk dat een kruispunt van wegen bovennatuurlijke eigenschappen bezat, dat op die plaatsen gemakkelijker contact kon worden gemaakt met de geestenwereld dan elders.)

Dat bij de Noord-Amerikaanse indianen de geest met rechte lijnen geassocieerd wordt, is heel duidelijk in de indeling van de zweethut. De hut zelf wordt verondersteld een onderkomen te bieden aan de geesten van alle schepselen; een kuil die in het midden van de vloer van de hut uitgegraven wordt en die dient om de hete stenen in te leggen, stelt 'het centrum van de wereld' voor (opnieuw het concept van de omphalos of de navel van de wereld). Tijdens de zweetceremonie zal de Grote Geest zich in die kuil ophouden, samen met de geest van een geliefde overledene die naar de aarde is teruggekeerd. De aarde die uit de kuil gehaald is, wordt buiten de hut in een rechte lijn gelegd om 'een pad voor de geesten' te vormen.[10] Op het einde van die rechte lijn wordt een heuveltje gemaakt, en een beetje verder van de hut verwijderd, maar op dezelfde lijn, wordt het rituele vuur aangelegd waar de stenen in verhit zullen worden. Al de geest/rechte lijn-elementen zijn duidelijk in miniatuur aanwezig in deze ceremoniële opstelling. Hetzelfde idee is aanwezig in de ceremoniële lay-out van de tipi wanneer die moet dienen voor het rituele gebruik van de hallucinogene cactus, de peyote. Bij de Kiowa, bijvoorbeeld, vormt men een rechte lijn met schalen met fruit, vlees, maïs en water die van de deuropening leiden naar het vuur in het midden. Achter het vuur zijn sikkelvormige aarden wallen gemaakt en ligt een altaarkleed. Het centrum daarvan bevindt zich op de centrale as door de tipi.[11] Een soortgelijk idee wordt aangetroffen in de rechte 'peyote-weg', die symbool staat voor de hemelvaart van Christus vanuit Zijn graf naar de Maan. Deze lijn is de belangrijkste lijn in verscheidene ontwerpen voor peyote-altaren die gebruikt werden door de *Ghost Dance*, een indiaanse eschatologische beweging in de laatste decennia van de 19de eeuw.[12]

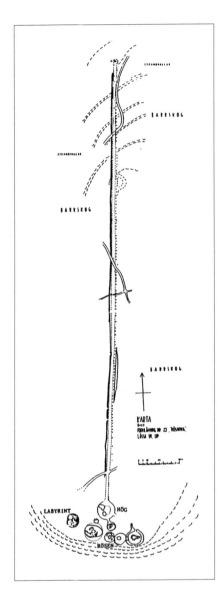

Afbeelding 36. De Rösaring 'cultusweg' (John Kraft naar L. Löthman en G. Winberg, met toestemming van Caerdroia Magazine)

Er bestaan aanwijzingen, zoals het huidige gebruik van de oude rechte lijnen in Bolivië door de indianen van de hoogvlakte – wat Johan Reinhard heeft vastgesteld[13] – dat de lijnen naar bepaalde plekken in het landschap leiden, bijvoorbeeld bergtoppen, waar een geest of een lokale godheid verblijft (deze plekken hebben ook vaak iets met water te maken). Sommige indiaanse lijnen staan dus ook in verband met natuurgeesten.

We keren terug naar de Oude Wereld, meer bepaald naar Zweden, waar archeologen in de gemeente Laassa in Uppland een rechte ceremoniële vikingweg hebben opgegraven.[14] Hij loopt vrijwel pal naar het zuiden naar een ijsrug van 60 m hoog waar op de top cairns uit de Bronstijd staan. Deze site staat bekend als Rösaring, van het vroegere *Röraring*, wat cairnring betekent. Uit een onderzoek van deze 3,5 m brede 'cultusweg' blijkt dat hij afgeboord was met kiezels en dat het oppervlak gladgemaakt was met klei die uit een andere streek was aangevoerd. Langs de oostelijke kant van de weg is een rij kuiltjes gemaakt. Een kleine aardhoop aan de noordelijke zijde bevatte een aantal stenen die in de vorm van een rechthoek gelegd waren en twee gaten voor palen. Men gaat ervan uit dat het de overblijfselen zijn van een 'dodenhuis'. Monsters van het wegoppervlak zijn met de radiocarboonmethode onderzocht en blijken uit de 9de eeuw te dateren. Een fosfaatanalyse toonde aan dat er op verscheidene plaatsen op de weg mest gevallen was, misschien van een dier dat een kar trok. De onderzoekers hebben een scène gereconstrueerd waarin het lichaam van een hoofdman in het 'dodenhuis' gelegd werd (waarschijnlijk een soort van oud Scandinavisch heiligdom dat *Horgr* genoemd werd, of een variant op de Keltische heilige omheining, de *Wih*), terwijl een begrafenisritueel plaatsvond voordat het lichaam op een wagen over de ceremoniële weg vervoerd werd naar de heuvel om daar begraven te worden. Elementen van deze procedure werden nog aangetroffen in de middeleeuwse Zweedse begrafenisrituelen, en in de hele Indo-Europese wereld zijn op archeologische sites ceremoniële wagens gevonden.

In Rösaring zien we opnieuw het verband tussen rechte lijnen en de dood, wat volgens mij in essentie te maken heeft met concepten die in verband staan met de geesten van de overledenen. (Voor meer informatie, zie Noties, blz. 212-213.) Dat wordt hier niet alleen duidelijk gemaakt in de rituele processie over de dodenweg voor de overleden hoofdman van de vikings, maar bovendien in de aanwezigheid van grafheuvels uit de veel vroegere Bronstijd, die nog maar eens een mogelijk verband aantonen met de geesten van de overleden voorouders.

Een interessant fenomeen in Rösaring is het stenen labyrint dat aangelegd is tussen de cairns uit de Bronstijd. Het is niet gedateerd en men kan alleen maar gissen naar de functie ervan in dit geheel. Misschien waren de gebogen lijnen van het labyrint bedoeld als contrast met de rechte lijnen van de ceremoniële weg, als een soort van bindend element om te verhinderen dat de geesten van de begraven personen zouden weggaan? Er bestaan sterke aanwijzingen daarvoor. In de kuststreken van de Baltische Zee zijn er honderden labyrinten, die dateren uit periodes van de Bronstijd tot de Middeleeuwen. Een van de volkslegenden die daarover de ronde doet, vertelt dat een visser, voor hij op zee ging, door een labyrint moest lopen, zodat de trollen of boze geesten die hem volgden daarin verdwaald zouden raken en dus niet op tijd bij de boot van de visser zouden kunnen komen! Dit basisidee dateert waarschijnlijk van heel lang geleden. Op

Afbeelding 37. Het stenen labyrint te Visby, op het Baltische eiland Gotland (S. Granlund)

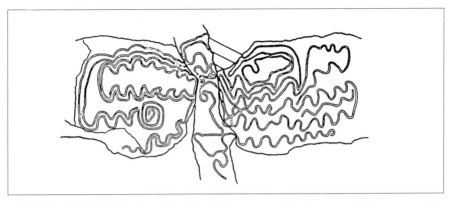

Afbeelding 38. Het labyrintachtige kronkelige patroon dat in een menhir gegraveerd is op de neolithische site van Bryn Celli Ddu, Anglesey. (W. J. Hemp)

de neolithische site Bryn Celli Ddu van Anglesey in Wales is op een megaliet een golvend patroon gegraveerd dat morfologisch geassocieerd wordt met het ontwerp van een labyrint. W.F.J. Knight beweerde dat dit patroon misschien een rituele bescherming bood voor de gewijde doden op die plaats, en dat het bovendien moest voorkomen dat hun geesten zouden gaan ronddolen: 'De doden moesten rusten ... en ze moesten de levenden met rust laten, ... bovendien impliceert de vorm van de doolhof gewoonlijk gerelateerde ideeën van uitsluiting en toegang op bepaalde voorwaarden. We kunnen dan door deductie tot de gevolgtrekking komen dat dezelfde ideeën, hoe embryonaal en verward ook, de drijfveer waren van de megalithische mens.' Knight maakte de vergelijking met de labyrintische rituele dans van de ruiters, die soms opgevoerd werd rond graven tijdens begrafenissen in het oude Griekenland. Toen hij de Oud-Griekse namen bestudeerde van een soortgelijke ruiterdans, de Troia, die ook in het oude Italië voorkwam, ontdekte Knight dat het paard belangrijk was voor de functie van de dans, en ook 'dat het in verband stond met iets wat een bovennatuurlijke betekenis had ... iets wat vandaag uitgedrukt zou worden als "in het bezit van mana"'.[15]

Dat idee van golvende lijnen die de geest verhinderen zich te verplaatsen, in tegenstelling tot rechte lijnen die de verplaatsing vergemakkelijken, is diep ingebed in de folklore van Noord-Europa. Nigel Pennick beschrijft een aantal 'geestenvallen' en 'heksenflessen' uit de oude volksverhalen in zijn *Practical Magic in the Northern Tradition* (1989). Geestenvallen werden gemaakt met rode draad. In een van de voorbeelden moest een koperen lus vastgemaakt worden aan een tak van een sleedoorn. Rode draad moest dan om de koperen cirkel heen gevlochten worden in een stralenpatroon, maar er moest een opening blijven voor een metalen, liefst zilveren, *Dag* rune. 'Als ze af was, werd de geestenval opgesteld ... op het geestenpad ... waarlangs de geesten zich verplaatsten om hun onheil aan te richten, bijvoorbeeld een pad tussen een begraafplaats en een huis...'.[16] Sommige heksenflessen gebruikten hetzelfde basisprincipe; ze werden gevuld met een heleboel in elkaar gekronkelde draden zodat de geest die erin terechtkwam er niet meer uit kon. Er bestond ook een traditie om soms een draad in een bepaalde vorm op de borst van een pas overleden persoon te leggen om te verhinderen dat de ziel zou gaan dolen (Nigel Pennick, persoonlijk contact). Er bestond zelfs een heleboel folklore in verband met knopen die tegen geesten zouden beschermen. In *The Golden Bough* heeft Frazier een traditioneel gebruik uit Rusland opgetekend, waarbij een visnet over de bruid gegooid werd terwijl ze zich aankleedde voor haar huwelijk om haar te behoeden voor kwaadwillige tovenarij. 'Maar vaak is een Russisch amulet gewoon een geknoopte draad', gaat Frazier verder. In Schotland werd in 1572 een vrouw naar de brandstapel geleid die als heks bekendstond. Ze droeg een heleboel geknoopte touwtjes rond haar hals en raakte erg overstuur toen men ze verwijderde. Ze geloofde namelijk dat ze niet zou sterven, *dat haar geest haar lichaam niet zou kunnen verlaten*, zolang ze die touwtjes droeg.

In de Keizerlijke Graven in de buurt van Beijing in China vinden we veel ingewikkelder patronen die herinneren aan de situatie in Rösaring. Deze opgehoogde graven (*ling*) bevinden zich in de vallei van Shisan ling, die voor dat doel gekozen was in 1409 n.C. Het is een necropolis van 5 bij 3 kilometer, in het noorden begrensd door bergen, met aardhopen, aarden wallen, wegen, triomfbogen en onderaardse grafkamers van de keizers en hun echtgenotes. De graven zijn als individuele complexen over de vallei verspreid. Elk complex bestaat uit het graf zelf – uitgewerkte stenen kamers bedekt met een aardhoop – dat aan het eind ligt van een serie binnenplaatsen en paviljoenen, die allemaal langs een rechte centrale as gebouwd zijn. De toegang tot de vallei als geheel is gemarkeerd door de Pailou, een massief stenen triomfboog. Een rechte weg van een kilometer lang loopt vandaaruit naar de Grote Rode Poort in de muur die de necropolis omgeeft. Hier moest zelfs de keizer afstijgen en verderlopen. De rechte weg loopt verder naar het Grote Zuilenpaviljoen, dat aan het begin staat van de Geestenweg:

> Hier wordt de weg 1100 meter lang geflankeerd door stenen beelden van beschermdieren – echte en mythische – en van burgerlijke en militaire ambtenaren en door bakens, die de geest naar zijn rustplaats begeleiden.

Op dit punt staat de Poort van de Draak en de Fenix dwars over de weg om de boze geesten tegen te houden, die alleen in een rechte lijn kunnen vliegen. Het eerste graf is nog zo'n 4 kilometer daarvandaan.[17]

De sleutelelementen in de architectuur van de keizerlijke Graven en de geestenwegen kunnen teruggevonden worden in de veel vroegere graven uit de Hanperiode (206 v.C. – 221 n.C.). Ongetwijfeld hadden de vroege Chinese religieuze tradities, zoals het taoïsme, hun wortels in het sjamanisme. Het ontwerp van de keizerlijke graven was zeker beïnvloed door feng-shui-geomantiek. We zien hier niet alleen het verplichte afschrikken van de boze geesten door de Poort van de Draak en de Fenix en een bijna onmerkbare knik in de Geestenweg, maar ook het gebruik van de rechte wegen om de geest van de overleden keizer naar de necropolis te leiden. Dat kan in verband gebracht worden met de observatie in het vorige hoofdstuk dat de keizer op de Gouden Troon zat voor staatszaken, een troon die op het snijpunt stond van de rechte lijnen in de Verboden Stad. Het is duidelijk dat de keizers rechte lijnen mochten gebruiken, maar dat de gewone mensen ze moesten vermijden. Hier is een verborgen element dat nog niet helemaal onderzocht is door diegenen die de Chinese geomantiek bestuderen.

Feng shui heeft ook te maken met de doden en de geesten. Eerwaarde E.J. Eitel, een van de eersten die over feng shui berichtten, schreef: 'De basisbeginselen van feng shui hebben hun wortels in een ver verleden, en het is niet overdreven om te zeggen dat, hoewel de moderne feng shui inderdaad geen aparte studierichting of geen apart beroep was vóór de Sung Dynastie (960 – 1126 n.C.), de geschiedenis van feng shui toch de geschiedenis is van de Chinese filosofie. De diepste wortel van het feng-shui-systeem is gegroeid uit … de verering van de geesten van de voorouders …'.[18]

Het fenomeen van de rechte lijnen in feng shui wordt ingewikkelder naarmate men de verschillende interpretaties van en commentaren op het systeem bestudeert. Het idee van *ch'i*, de kosmische adem, is omgevormd tot energieconcepten door hedendaagse vertalers, een proces dat begonnen is bij de Victoriaanse missionarissen. W.E. Geil, bijvoorbeeld, dacht dat 'de polsslag van de Draak' hetzelfde betekende als 'magnetische stromingen' en E.J. Eitel verwees naar de waarneming van de aardse ch'i volgens feng shui als volgt: 'In de aardkorst bevinden zich twee verschillende, *ik zou zeggen* magnetische, stromingen …'. (Mijn cursivering.) Deze Victoriaanse analogieën hebben heel veel invloed uitgeoefend, zoals we in hoofdstuk 1 gezien hebben, omdat ze telkens opnieuw aangehaald werden, geïnterpreteerd en mooier gemaakt door de hedendaagse schrijvers over de aardemysteries en door wichelroedelopers, zodat nu vrijwel onuitroeibare misvattingen de ronde doen over leylijnen. In feite beschouwden de oude Chinezen de ch'i-energieën van de aarde als allesbehalve rechtlijnig. Niettemin konden, volgens het systeem, bepaalde topografische, metereologische en astrologische factoren een slechte vorm van kosmische adem voorbrengen, *sha ch'i*, en daarvan werd gezegd dat het langs de rechte lijnen in het landschap stroomde. Rechtlijnige fenomenen konden bovendien de positieve ch'i laten wegvloeien wanneer ze zich aan de voorkant van een bepaalde plaats bevonden. Een graf dus, of een huis, waar een rechte lijn naartoe liep (een weg, een hek, een richel, een rij bomen enz.) zou af te rekenen krijgen met onfortuinlijke invloeden. Maar lag de wortel van deze overtuiging in concepten die te maken hebben met 'energie' of met geesten?

De hele zaak is ambigu, zoals duidelijk wordt in dit citaat van Stephen Skinner, een wetenschapper die zich met geomantiek bezighoudt: 'Scherpe bochten zijn ongunstig, net zoals rechte lijnen, omdat ze zich gedragen als "geheime pijlen", die demonen naar een bepaalde plaats kunnen leiden *of* ophopingen van ch'i kunnen vernietigen of verwijderen.'[19] (Mijn cursivering.) Het idee dat het om geesten gaat wordt nog versterkt door de context van de geschiedenis en de praktijk van de feng shui. Evelyn Lip vertelt hoe een legendarische reusachtige bloesemboom lastiggevallen werd door boze geesten. Ze werden op de vlucht gejaagd door de goede geesten Shen Shu en Yu Lei. 'En sindsdien,' vertelt ze, 'schilderen de mensen de portretten van deze goede geesten op hun voordeur om de boze geesten weg te houden ...'[20] Deze 'deurgoden', speciale spiegels, amuletten en andere trucjes worden regelmatig gebruikt om de geesten af te schrikken die tot aan de deur komen via die rechte lijnen. Evenzo is in Indonesische tempels een laag muurtje aangebracht achter de hoofdingang om de rechte-lijn-geesten de pas af te snijden, die anders zouden kunnen binnendringen in het heiligdom. Deze standaard feng-shui-praktijk wijst er in elk geval op dat de lading van de 'geheime pijlen' een natuurgeest was in plaats van zomaar 'energie'. Bovendien moeten we er ons van bewust blijven dat feng shui zijn oorsprong vond in de verering van de voorouders en in verband stond – een beetje zoals in het incasysteem – met verwantschap. Feng shui heeft altijd met geesten te maken gehad. De kronkelige en zelfs lukrake energieën van de aarde werden bestudeerd om gunstige plaatsen te vinden voor de graven van de overleden verwanten – voorouders – zodat die gunstig gestemd op hun nageslacht zouden neerblikken. We mogen ook niet vergeten dat in de loop van de eeuwen geweldige sociaal-culturele aanwassen in het feng-shui-systeem binnengeslopen zijn, en zaken die nu naïef beschouwd worden als een geomantieke waarheid, zijn eigenlijk afkomstig uit zulke wereldse fenomenen als het belastingsysteem in het middeleeuwse China![21] Daarbij komt dat het taoïsme de vroege principes van feng shui verkondigde, en omdat het taoïsme zich ontwikkeld heeft vanuit het oude sjamanisme, heeft dit ongetwijfeld de weg geëffend voor de sjamanistische concepten in de praktijk van feng shui. (Het belang van het verband met het sjamanisme zal duidelijker worden in de loop van het boek.)

Feng-shui-lijnen zijn overgeleverde conceptuele lijnen in plaats van fysieke lijnen. Een ander type van conceptuele lijnen zijn de Ierse 'elfenpaden', en die overleven nog steeds tot op zekere hoogte. Volgens de traditie volgden de elfen onzichtbare rechte paden tussen *raths*, prehistorische aarden wallen die beschouwd werden als de kastelen van de elfen. Het was onverstandig iets te bouwen op zo'n pad. Dermot Mac Manus vertelt het bekende verhaal van een Paddy Bainc, die zo onvoorzichtig was zijn boerderijtje te bouwen op een elfenpad. Prompt werd hij door een reeks tegenslagen getroffen en kreeg hij last van klopgeesten. Een vrouw uit de buurt die elfen kon 'zien', zei dat een hoek van Paddy's huis op het elfenpad stond en dat hij daar iets aan moest doen als hij opnieuw met rust gelaten wilde worden. Hij deed dat met onnavolgbare Ierse logica: hij kapte die hoek van zijn huisje weg. Mac Manus toont zelfs de foto die genomen is nadat de aanpassing was uitgevoerd![22]

Elfenpaden zijn onzichtbare geestenpaden, en W. Evans Wentz toonde aan hoe 'de geesten van de voorouders een belangrijke rol spelen in het geloof in elfen'[23], waardoor die diepgewortelde band met de doden weer duidelijk wordt.

Nog een verband tussen paden en natuurgeesten vinden we in Siberië. Wanneer groepen rendierhoeders, zoals de Chukchee, de hallucinogene vliegezwam (*Amanita muscaria* – zie volgend hoofdstuk) gebruikten, zagen ze de geesten van de paddestoel in hun visioenen. Deze 'paddestoelmannen' volgden speciale paden en hielden er vooral van de plaatsen te bezoeken waar de overledenen zich bevonden – opnieuw de verbinding met de doden. De Joerk-Samojedische volkeren zagen ook de geesten van de paddestoelen wanneer ze onder invloed van de vliegezwam waren. Die wezens 'renden weg langs het pad dat de zon volgt wanneer ze 's avonds ondergaat'.[24]

Ten slotte is er nog het volgende merkwaardige voorbeeld van het verband tussen geesten en lijnen in de traditionele helingstechnieken van de Australische aboriginals. Ook hier gebruikt men een draad als lijn. Marlene Dobkin de Rios haalt het geval aan van een aboriginal die als informant optrad voor een archeoloog en die het woord 'trance' gebruikte:

wanneer hij de draden bedoelde die door een bepaald insect afgescheiden worden. Deze worden aan de inheemse genezer gegeven zodat hij er een lange draad mee kan vormen die dan aan de patiënt vastgemaakt wordt en dan aan een boom in de buurt. Dit symboliseert het pad waarover de geest van de zieke kan terugkeren.[25]

Hierin klinkt de echo van een element in de seance van de Siberische Toengoes-sjamaan, wanneer palen in de rituele *wigwam* gebracht en door het rookgat naar buiten gestoken worden. Een lang touw verbond deze palen met ceremoniële objecten die buiten de tent stonden. Dit touw was 'de weg' voor de geesten.[26] De Toengoes van Mantsjoerije gebruikten eveneens touw tijdens de sjamanistische initiatie. Rode touwen van zijde of soms van zenuwen van dieren werden aan drie speciale bomen vastgemaakt en naar de plaats gebracht waar de kandidaat-sjamaan zat tijdens de drie dagen durende initiatie. Volgens Eliade stelden de touwen de wegen voor waarlangs de geesten uit de bomen naar beneden konden komen om hun geheimen in zijn oor te fluisteren.

Ik hoop dat in dit hoofdstuk genoeg aanwijzingen zitten om de lezer ervan te overtuigen dat het thema van de lijnen uit het verleden het thema van de *geesten* is. Of ze nu bewaard zijn als fysieke lijnen in symbolische landschappen, als draden of touwen in ceremoniële en genezende rituelen, of als conceptuele lijnen in oude landschappen die enkel nog in de geest bestaan in folkloristische en culturele tradities, waar het om gaat is de geest in een of andere vorm: de geest, de kracht of het mana van de koning; de geesten van de zieken of de overledenen; de geesten van de voorouders of de natuurgeesten. De oude lijnen, leylijnen, paden, uitlijningen, wegen en banen zijn *geestenlijnen* – maar de vraag blijft waarom de associatie gemaakt werd tussen geesten en rechte lijnen. Om dat te begrijpen moeten we een laatste rok van de ui wegpellen. Ons onderzoek van de evolutie van de ceremoniële, rituele rechte lijn is nog niet compleet. Aan de basis van het verband tussen geesten en rechte lijnen ligt het merkwaardige dubbele concept dat verweven zit in het Proto-Indo-Europese *reg-*. Het is een diepe, universele ervaring die voortgebracht wordt door het menselijke centrale zenuwstelsel, en die even diep in het verleden ingebed zit in de vorm van sjamanistische en daarmee verwante praktijken die hun stempel op het landschap hebben gedrukt.

HOOFDSTUK 6

TRANCE, DANS EN MAGISCHE PLANTEN

Voor ons, in onze geseculariseerde cultuur, is het moeilijk de sterke drang te begrijpen van de meeste traditionele volkeren uit het verleden om toegang te krijgen tot de rijken van het bovennatuurlijke, om op een ander bewustzijnsniveau te zijn. Wij zitten gekluisterd aan de perspectieven van onze westerse levenswijze en moeten dus een speciale inspanning leveren om de behoefte aan trance te begrijpen, vooral de sjamanistische trance, in andere samenlevingen, zowel in het heden als in het verleden.

Technieken van extase

Het woord 'trance' is afgeleid van het Latijnse *transistus*, 'overgang', wat op zijn beurt een afleiding is van het werkwoord *transire* 'overgaan'. Trance betekent dus letterlijk een overgang – naar een andere wereld. Er zijn talrijke traditionele technieken om een trance op te wekken: pijnlijke en afschrikwekkende initiaties of zelfverminkingen die psychologische stress veroorzaakten en fysiologische veranderingen in het lichaam teweegbrachten; trommgeroffel; zingen en mantra's herhalen; dansen; zich afsluiten van zintuiglijke prikkels en sociaal contact; gebrek aan slaap en oververmoeidheid; vasten; een gewijzigde ademhaling; drugs; zich blootstellen aan hevige koude of warmte; zich op één punt concentreren; meditatie; shock; rituele seks, en waarschijnlijk nog vele andere. Een kort overzicht van enkele van deze technieken volstaat om de verscheidenheid in de methoden aan te tonen en de universele behoefte die er bestond (en soms nog bestaat) om toegang te krijgen tot de Andere Wereld in andere culturen dan de onze.

De kandidaat-sjamaan bij de Australische aboriginals had het knap lastig. Hij werd soms in de gloeiende as van een vuur gerold, zijn tanden werden uit zijn mond geslagen of er werden kwartskristallen in wonden of onder zijn nagels geduwd. Tijdens sommige initiatierituelen werden de kandidaten lange tijd in de brandende zon gelegd en kregen daarbij nog stekende insecten over zich uitgestrooid. Een oude foto die door een antropoloog genomen is van zo'n initiatie, toont een groep van ongeveer 20 kandidaten met een witte stok naast hun hoofd om aan te tonen dat ze gestorven waren.

Bij de eskimo's ging het er soms even ruw aan toe. Kinalik, bijvoorbeeld, de vrouwelijke sjamaan van de Kariboe-eskimo's, werd gedurende vijf dagen aan een paal vastgebonden in de bittere kou van de Noordpool en daarna werd er een kogel op haar afgevuurd! Of beter een kiezelsteen, zodat ze 'maar' bewusteloos was. Ze had de dood in de ogen gekeken en was herboren, en daarom verwierf ze de sjamanistische krachten. De omgeving waar de eskimo's wonen kan op zich al een gewijzigde staat van bewustzijn veroorzaken, die Arctische hysterie genoemd wordt, of kajakangst. Wanneer een eskimo gedurende lange tijd alleen in zijn kajak op jacht is, of zich op visioenqueeste begeeft, kan de onveranderlijke omgeving van de zee er de oorzaak van zijn dat hij begint te hallucineren. Hij krijgt dan voornamelijk de indruk dat zijn lichaam verandert, groter of kleiner wordt of zelfs helemaal verdwijnt. Soms raakt hij gedesoriënteerd of heeft hij een ontmoeting met een bovennatuurlijk wezen.

De visioenqueeste is een overal terugkerend onderdeel van de initiatierituelen van de sjamanen, en de belangrijkste thema's zijn gebrek aan sociaal contact, gebrek aan voedsel en slaap, en psychologische stress. In de Tibetaanse *chöd* moet de kandidaat naar een afgelegen, woeste plaats gaan – liefst een plaats waar een gewelddadige dood heeft plaatsgevonden. De visioenqueeste, zoals ze hier beschreven wordt door de antropoloog Weston La Barre, is een belangrijk onderdeel van het indiaans en Siberisch initiatieritueel:

> Wanneer de kandidaat de puberteit bereikt heeft, gaat hij meestal alleen naar een afgelegen plek, waar hij gedurende vier dagen vast en tracht wakker te blijven. In die periode krijgt hij soms een hallucinair visioen, waardoor hij een grote geneeskracht ontvangt. Deze wordt belichaamd in zijn medicijnenbuidel, die hij eveneens tijdens die vier dagen moet samenstellen. Het visioen is zo belangrijk dat het het verdere verloop van zijn leven, normaal of pathologisch, zal bepalen. De sjamanistische visioenqueeste is al zo oud en zo algemeen verspreid in Eurazië en geheel Amerika dat ze zeker uit het Mesolithicum moet dateren.[1]

Op een trom slaan is een sleuteltechniek om een trance op te wekken, vooral bij de Euraziatische en de Amerikaanse sjamanen. De sjamanentrom was een heel speciaal instrument. Ze was gewoonlijk ovaal van vorm en gemaakt met huid van rendieren, paarden of andere dieren. Het houten kader werd traditioneel vervaardigd uit een tak van de Wereldboom. Er werden magische en beschermende symbolen op aangebracht, zodat ze het voertuig of de hengst van de sjamaan werd en hem naar de Wereldas kon brengen, waar hij over de drempel naar de Andere Wereld kon stappen. Michael Harner citeert onderzoek dat aantoont dat bepaalde tromritmes de patronen van de hersengolven in de luisteraar kan wijzigen, waardoor men misschien gemakkelijker op een ander bewustzijnsniveau kan komen.[2] Wanneer de sjamaan in trance neervalt, wordt zijn trom door een helper op zijn rug gelegd om duidelijk te maken dat hij niet gestoord mag worden (dat zou gevaarlijk kunnen zijn) tijdens zijn reis door het land van de geesten. De Toengoes-sjamaan trommelde zichzelf in een trance en stortte dan neer op een rendierenhuid: 'Hij is afgedaald in het Rijk van de Schaduwen "door de trom als door een meer".'[3] In bepaalde Euraziatische stammen werd de trom de kano genoemd en van een sjamaan in trance zei men dat hij zonk.[4]

Behalve op de trom slaan was ook zingen en het ritmisch herhalen van woorden of klanken een krachtig instrument om het bewustzijn te beïnvloeden:

> 's Avonds, bij een flakkerend vuur, wanneer het donker is, is de beste tijd voor rituelen. Het aanhoudende, extatische trommelen en zingen van de Siberische sjamaan, zijn bizarre nabootsing van de geluiden van de vogels die zijn geest-helpers zijn, zijn buiksprekersstem die weerkaatst tegen de strak gespannen huiden van zijn tent, het magische schudden van de tent zelf, het gebrek aan slaap, sjamanistische uitroepen en de ritmisch herhaalde antwoorden van het publiek – dat alles verwekt een half hypnotische toestand bij de hele groep. Er is al gesuggereerd dat muziek zijn oorsprong zou vinden in het zingen van de sjamaan, die een speciale taal wilde om de bovennatuurlijke wezens aan te spreken. Muziek is de sine qua non van het ritueel … Een nadrukkelijk ritme in gezang en dans, vooral in een menigte, kan leiden tot een overdaad aan zintuiglijke prikkels en daardoor een gewijzigde bewustzijnstoestand veroorzaken.[5]

Het geflakker van de vlammen kan ook een bepaald ritme in de hersengolven doen ontstaan, dat nodig is om in trance te komen. Bepaalde hallucinogenen (zie verder) schijnen specifieke reacties te veroorzaken op geluiden als sjamaanse gezangen en tromslagen.[6] Het zingen bevat bovendien niet enkel een geluidscomponent, maar heeft ook een invloed op de ademhaling. Een andere belangrijke techniek is zich in trance dansen. Aanhoudende, herhaalde bewegingen zijn een krachtig middel om een trance op te wekken, vooral wanneer ze gekoppeld worden aan ritmisch geluid, geflikker van licht, vermoeidheid, het herhalen van mantra's en, misschien, het ge-

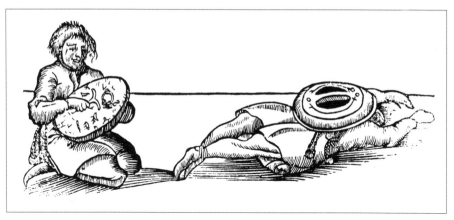

*Afbeelding 39. Sjamanen van de Lappen. De man met de trom op zijn rug is in trance
en 'reist' door de geestenwereld. (J. Shefferus, 1673)*

bruik van hallucinogenen. Op Bali wordt de trancedans opgevoerd als een
toneelstuk waarin mythes uitgebeeld worden. De *balian* of sjamaan van de
Batak-pygmeeën van Maleisië gebruikt de dans als het belangrijkste middel
om in trance te komen. De oude keizers van China kenden danspassen 'die
verwant waren met de dansen die een trance opwekten bij de tovenaars ...
De extatische dans maakte deel uit van de procedures waarmee men macht
kon verwerven over mensen en de natuur.'[7] De Boeryat-sjamanen van Azië
dansten zich schrijlings op een stokpaard in trance – een ander voorbeeld
van het beeld van de hengst. De Toengoes-sjamanen van Mantsjoerije dansten op een kleine plek, te midden van een grote menigte toeschouwers, en
ze droegen pakken met meer dan 15 kilo ijzeren versieringen. De negen-
tiende-eeuwse indiaanse Ghost Dance-beweging kende een ritueel waarbij
ze vijf of zes dagen aan één stuk door in kringen rond een vuur dansten,
maar ze gebruikten geen trommels. De dansers raakten in trance terwijl ze
dansten en konden zo met de dode voorouders spreken, die hun beloofden
het indiaanse volk te redden. Hoewel deze profetie geen waarheid geworden
is, heeft de Ghost Dance-beweging toch enkele authentieke sjamanen voortgebracht.

Dansen was natuurlijk bij vele volkeren een belangrijk element in rituelen
die tot een trance moesten leiden. De !Kung (het uitroepteken duidt op een
glottisslag) zijn waarschijnlijk het best bestudeerde volk waarvoor dansen
het belangrijkste element was om in trance te komen. Ze zijn een jagers-ver-
zamelaarsvolk van het Kalaharigebied in zuidelijk Afrika. De drie belangrijkste dansen voor hun rituelen zijn: de Girafdans, de Trommeldans en de

Bomendans. De bedoeling van de dansen is het produceren van *kia*, een gewijzigde bewustzijnstoestand, die afhankelijk is van het opstijgen van de *num*, een oerenergie in het lichaam en in verschillende mate aanwezig in alle dingen. Wanneer de num opgewekt wordt tijdens de trancedans, stijgt ze op langs de ruggengraat, waar ze een grote hitte uitstraalt. In deze toestand kan de danser een onbedwingbare drang voelen om in een vuur te springen, gloeiende as vast te pakken of erover te lopen. (Het opstijgen van de num vertoont natuurlijk een grote gelijkenis met het Indische idee van de *kundalini*-energie die langs de ruggengraat opstijgt.) Num houdt zich op aan de basis van de ruggengraat (zoals kundalini) en in de maagput, wanneer ze ongemoeid gelaten wordt. Wanneer de num begint te 'koken' en de basis van de schedel bereikt, raakt men in trance of kia.

Een van de bovennatuurlijke vermogens die de danser verwerft tijdens kia is het waarnemen van ziekten. De danser wordt een genezer en kan met röntgen-ogen in de lichamen van de mensen kijken, de ziekte vaststellen (vaak in de vorm van geesten) en ze uit het lichaam verwijderen door te zuigen. Dit vermogen om met röntgen-ogen te kijken wordt vaak en over de gehele wereld in de sjamanistische kunst uitgebeeld en is een karakteristiek effect van een gewijzigd bewustzijn. (Ik herinner mij dat ik een bloem bestudeerde terwijl ik mij in een gewijzigde bewustzijnstoestand bevond, en dat ik plotseling in staat was 'in' de bloem te kijken; ik zag minuscule druppeltjes door de plant circuleren.)

Een groot deel van het !Kungvolk tracht num te laten opstijgen, maar niet iedereen heeft er eveneel aanleg voor – sommige buitengewoon begaafde genezers stijgen hoog boven het gemiddelde uit. De belangrijkste genezingsdans is de Girafdans, waarbij zowel de vrouwen als de mannen helpen bij het opwekken van num, maar het zijn voornamelijk de mannen die de kia bereiken. Bij de Trommeldans bereiken vooral de vrouwen de kia, maar deze dans wordt niet zo vaak uitgevoerd en de kia wordt niet gebruikt om te genezen.

Bij de Girafdans zitten de vrouwen rond een vuur en zingen en klappen in hun handen terwijl de mannen ritmisch stampend rondom hen cirkelen. Er worden geen speciale kleren gedragen, maar er worden vaak rammelaars aan de kuiten van de mannen vastgemaakt die het ritmische aspect van de dans nog versterken. Soms wordt een wandelstok gebruikt om de dansbewegingen te beklemtonen of om steun te verlenen wanneer de danser moe wordt, want de dans duurt vele uren en vindt gewoonlijk 's nachts plaats. Een oude !Kung-genezer, Kinachau, legde de antropoloog Richard Katz uit wat het was om num te ervaren:

Je danst, danst, danst, danst. Dan tilt num je op in je buik en in je rug, en je begint te beven. Num doet je beven; het is heet ... wanneer je in kia komt, kijk je rond omdat je dan alles kunt zien. Een snelle, oppervlakkige ademhaling laat num opstijgen. Wat ik in mijn bovenlichaam doe met mijn ademhaling, doe ik in mijn benen met de dans. Je begint niet harder te stampen, je houdt hetzelfde ritme aan. Dan vult num ieder deel van je lichaam, tot in de toppen van je tenen en zelfs tot in je haren ... Wanneer we in kia komen, zijn we verschillend van wanneer onze num niet kookt en klein is. We kunnen dan andere dingen doen.[8]

Met het proces om num op te wekken wordt niet lichtzinnig omgesprongen en al de deelnemers voelen de angst voor de toevloed van num. Een andere genezer, Kau Dwa, zei daarover: 'Wanneer we in kia komen, vrezen we de dood. We zijn bang dat we zullen sterven en niet meer terugkomen!'
In de loop van een dans bereiken maar enkele mannen kia, op verschillende tijdstippen. De armen en benen van de danser beginnen te schudden en te beven; soms stort de danser neer of loopt naar het vuur. Het hele proces is goed begeleid en er zijn altijd mensen in de buurt om de persoon die in kia komt te helpen en te verzorgen. Ervaren genezers zijn in staat hun toestand tot op zekere hoogte te stabiliseren, en een genezing te begeleiden.
De !Kung hebben het over *num k'au* – 'de eigenaar van num'. De trance-danser, de sjamaan, activeert zijn num. Hier hebben we een andere versie van het idee dat aanwezig is in het **regs*-complex uit de Proto-Indo-Europese samenleving – de sjamaan-hoofdman die de rechte lijnen gebruikte, de charismatische leider, de koning met mana.

Locatie

We hebben gezien dat er een grote variëteit aan technieken bestaat die door verschillende volkeren en in verschillende tijden gebruikt zijn om hun bewustzijnstoestand te wijzigen of om de 'geestenwereld binnen te gaan'. Nochtans is er één punt dat door de moderne wetenschappers die zich met zulke zaken hebben beziggehouden, over het hoofd is gezien – de geofysische omgevingsfactoren. Het menselijke psychospirituele opportunisme is zodanig actief geweest in het gebruikmaken van om het even welke trance-opwekkende materie of handeling in om het even welke omgeving, dat het moeilijk te geloven is dat zulke mogelijkheden genegeerd werden. Harner beschrijft hoe de Jivaro-indianen van Zuid-Amerika zich terugtrokken in 'een grot, op de top van een berg of bij een grote waterval' tijdens hun zoektocht naar beschermgeesten.[9] Eliade bericht dat de kandidaat-sjamaan van de Aranda in Centraal-Australië gaat slapen bij de ingang van een afgelegen grot. De geesten komen hem dan halen en dragen hem naar het binnenste van de grot, waar het paradijs van de Aranda zich bevindt. De Griekse legende van Epimenides vertelt hoe hij lange tijd 'sliep' en vastte in de grot van Zeus op de berg Ida op Kreta. Hij kwam naar buiten als een meester van 'de techniek van de enthousiaste wijsheid' of, zoals Eliade het zegt, als meester van de 'techniek van de extase'.[10] Wat ik wil zeggen is *dat de locatie niet neutraal is in het proces van de initiatie.* Grotten, bergtoppen en watervallen zijn plaatsen waar er een natuurlijke ionisatie plaatsvindt, en het is bekend dat geïoniseerde lucht een effect heeft op bepaalde hormonenniveaus in zoogdieren. Hormonen kunnen op hun beurt de hersenfunctie beïnvloeden en vandaar het bewustzijn. De ingang van een grot trekt de bliksem aan door de ionisatie, en rond bergtoppen (bijvoorbeeld in de Andes) ziet men soms een geïoniseerde gloed – er zijn zelfs lichtfenomenen waargenomen rond de top van de Grote Piramide.

De omgeving van grotten kan ook verhoogde concentraties van radon bevatten. Tijdens de werkzaamheden voor een onderzoek van de geofysische kenmerken van prehistorische heilige plaatsen heeft *The Dragon Project Trust* opgemerkt dat gebieden met een verhoogde natuurlijke radioactiviteit bij sommige mensen voorbijgaande wijzigingen in het bewustzijn kunnen veroorzaken.[11] Hetzelfde project heeft ook steencirkels gevonden met granieten megalieten die bijzonder actieve plekken vertonen en een constante stroom gammastralen uitzenden. Alberto Villoldo heeft vastgesteld dat de hedendaagse Peruviaanse sjamaan, Don Eduardo Calderon, zijn studenten leert om hun ruggengraat of voorhoofd tegen bepaalde ceremoniële stenen te plaatsen in Machu Picchu. Die site bevindt zich op een geologische breuklijn en de stenen zijn graniet.[12] (Talrijke andere heilige plaatsen op de wereld bevinden zich op of in de buurt van geologische breuklijnen, delen van de aardkorst waar geomagnetische en andere anomalieën zich kunnen voordoen.)

Ook magnetische anomalieën zijn vastgesteld op sommige heilige plaatsen. Ik heb ontdekt dat zich op een zogenaamd indiaans 'krachtpunt' op Mount Tamalpais in San Francisco, rotsen bevonden die een kompasnaald helemaal in de war stuurden.

Stenen op de belangrijkste plaatsen in Britse steencirkels of stenen die dienden om een astronomische uitlijning aan te duiden, bevatten eveneens magnetisch materiaal, wat kan aangetoond worden door de verstoring van de kompasnaald, terwijl andere stenen merkwaardige pulsen produceren van lagere magnetische veranderingen, die gemeten kunnen worden met een magnetometer.[13] Een bijzonder belangrijke site die de aandacht trok van *The Dragon Project* is Carn Ingli, de Top van de Engelen, in de Preseli-heuvels in het zuidwesten van Wales, waar de blauwe stenen van Stonehenge vermoedelijk vandaan komen. Deze woeste bergtop is omringd door prehistorische stenen en werd gebruikt door de 6de-eeuwse kluizenaar en genezer St Brynach, als plaats om te mediteren en te vasten. Er wordt gezegd dat hij daar visioenen van engelen had. In 1986 had een vrouw die zich in die buurt bevond uitgesproken onaangename gewaarwordingen, die ze toeschreef aan de nabijheid van de bergtop. Later onderzoek heeft aangetoond dat op bepaalde punten op de Carn Ingli kompasnaalden naar het zuiden draaien in plaats van naar het noorden. Magnetische velden kunnen delen van de hersenen beïnvloeden, bijvoorbeeld de temporale kwabben die het centrum zijn van de dromen en de herinneringen. Het is dus heel goed mogelijk dat het vasten en de meditaties van St Brynach nog versterkt werden door de geofysische omgeving. Deze plaats vertoont soms ook vreemde lichtverschijnselen. Een geïoniseerde gloed is 's nachts al rond de top waargenomen en in het begin van de 20ste eeuw heeft W. Evans Wentz getuigenissen verzameld over 'groenige' lichtballen in het dorpje Nevern, aan de voet van de Carn Ingli, waar St Brynach zijn cel was. Deze werden in de lokale folklore bestempeld als 'doodskaarsen'.[14] In maart 1991 klaagden de inwoners van Nevern over een plaag van lichtballen van een halve meter doorsnee die zich sterk voor hen leken te interesseren!

Over zulke 'aardelichten' hoort men vaak berichten door vele traditionele volkeren. De berg Sorte in Venezuela, bijvoorbeeld, kan licht rond zijn top produceren bij zonsondergang. Hedendaagse sjamanen denken dat het geesten zijn en als men ze ziet is dat een goed voorteken en kan men er zeker van zijn dat men zal genezen.[15] De Lappen dachten dat die vreemde lichtverschijnselen vechtende sjamanen waren, terwijl de *min min*-lichten voor sommige aboriginals, en de *eskuda'hit* (vuurschepselen) voor de Penobscot-indianen in Maine vliegende sjamanen waren. De Hawaiianen zagen geesten in hun *akualele*-lichten, en de volkeren in de uitlopers van de Himalaya mochten de lantaarns van de *chota admis* (kleine mensen) niet naderen. Deze vreemde lichtfenomenen zijn opgemerkt door volkeren van over de gehele wereld en zijn van alle tijden. Er bestaan zelfs etnologische verslagen over sjamanen die hun speciale krachten verwerven dankzij een contact met zulke lichten.[16] Modern onderzoek associeert het licht met breuklijnen, gebieden met mineraalafzettingen en geologische druk, maar hun exotische aard en het fundamentele mysterie blijven bestaan.[17] Omdat dit licht door energievelden wordt omgeven of omdat energievelden door dat licht kunnen worden opgewekt, bestaat het vermoeden dat het benaderen van deze lichten een gewijzigde staat van bewustzijn kan veroorzaken of zelfs periodes van geheugenverlies.[18]

Het is dus mogelijk dat deze lichtverschijnselen een omgevingsfactor waren die ook gebruikt werd om in trance te komen. Er bestaan ongetwijfeld genoeg verslagen over lichten die rustig ronddansen op heilige plaatsen, zoals ik vermeld in *Places of Power* en *Earth Lights Revelation*. In elk geval zijn in China en India tempels opzettelijk daar gebouwd waar regelmatig aardelichten worden waargenomen.

Hallucinogenen

Fysiologie, meteorologie, geologie, geofysica – alles en om het even wat werd in dienst gesteld van het bereiken van de trance. En vooral de plantkunde. Het lijkt alsof de mens, in zijn zoektocht naar manieren om de Andere Wereld te bereiken, elke plant of zwam, elk blad of stuk schors, elke wingerd of wortel heeft geïdentificeerd die het mogelijk maakte een trancetoestand op te roepen.

Vandaag de dag is het moeilijk op een objectieve manier te praten over de verlichting brengende effecten van drugs. Onze cultuur associeert drugs meteen met gevaar, verval en antisociaal gedrag. Het is daarom voor ons zeer moeilijk te begrijpen dat vroegere traditionele samenlevingen bepaalde uit planten vervaardigde drugs gebruikten (en gebruiken) als sacramenten in rituelen die moesten bijdragen tot de psychologische gezondheid van hun volk. We moeten trachten onze vooroordelen opzij te zetten als we een idee willen krijgen van de ongetwijfeld positieve invloed die hallucinogene planten gehad hebben op de vroegere samenlevingen, en op de ontwikkeling van kunst en taal in het algemeen. Dat is iets wat nog niet zo lang geleden tot de antropologen is doorgedrongen. Marlene Dobkin de Rios zegt:

> Recente herzieningen van de evaluaties van de rol van psychotrope planten in niet-westerse beschavingen hebben aangetoond dat hun impact veel groter was dan gewoonlijk werd aangenomen ...

Een Tsjechische wetenschapper, Pokorny, ging ervan uit dat hallucinogene planten de sleutel waren tot het begrijpen van de stileringen en de versieringen in de paleolithische kunst van Prodmosti, Avjejeve en Mozin in het vroegere Tsjechoslowakije ...

Hallucinogene planten hebben misschien zelfs een belangrijke rol gespeeld in de evolutie van de *Homo sapiens* als soort. Sommige psychotrope planten waarmee vanaf de vroegste tijden geëxperimenteerd werd, kunnen een stimulans geweest zijn om taal te gebruiken als communicatiemiddel om de ongebruikelijke waarnemingen van de realiteit kenbaar te kunnen maken. Jagers en verzamelaars waren waarschijnlijk vroeger dan de landbouwvolkeren bezig met het gebruik van hallucinogene planten.[19]

Experimenten hebben aangetoond dat dieren herhaaldelijk contact zoeken met hallucinogene planten in hun omgeving; we kunnen aannemen dat mensen daar niet minder gevoelig voor waren. Het zou wel eens het gedrag van de dieren kunnen zijn geweest dat de oude jagers-verzamelaars op de eigenschappen van die planten heeft gewezen. (Het is zelfs mogelijk dat het heeft bijgedragen tot het ontstaan van de ideeën van het totemisme en de dieren-helpers van de sjamaan.) Hoewel we op deze bladzijden slechts een onvolledig overzicht kunnen geven, zal het volstaan om aan te tonen hoe wijdverspreid, oeroud en diepgeworteld het gebruik van hallucinogenen in de wereld is en hoe groot hun betekenis, ook voor onze eigen cultuurgeschiedenis.

We beginnen in Afrika bij de !Kung. Hoewel voor hen de trancedans de belangrijkste manier is om trance te bereiken, werd Katz meegedeeld dat soms marihuana (cannabis) gebruikt werd 'wanneer iemand er niet in slaagt kia te bereiken'. Nochtans was het enkel mogelijk om kia te bereiken met marihuana als men al eens kia ervaren had, anders zou de drug gewoon 'iemand zijn hoofd laten tollen, alsof hij dronken was'. De marihuana werd gerookt tijdens het dansen. Ook bepaalde kruiden 'die een sterke num hebben' worden vaak gebruikt tijdens trancedansen. Katz heeft bovendien het verhaal gehoord van een wortel die de !Kung *gaise noru noru* noemen. In de 'oude tijd' kende men de juiste bereiding van deze wortel, maar nu betwijfelden de !Kung of het correcte gebruik nog bekend was. De wortel diende om de kennis van kia door te geven, niet zozeer als substituut voor de trancedansen.[20] La Barre beweert dat de Bosjesmannen ook de bollen van de *kwashi* gebruikten als hallucinogeen middel.[21]

Kanna is een hallucinogene plant die tevens euforie opwekt en die werd gekauwd of gerookt door de Hottentotten. In geheel Oost- en Noordoost-Afrika schijnt bovendien al heel lang het gebruik te hebben bestaan van een psychotrope plant, die we uit Oud-Egyptische documenten kennen als *khat*, 'de struik' of 'de boom'. 'Inderdaad, de reputatie van khat heeft zich over geheel Afrika verspreid tot in Angola, waar het in de Lunyaneka-taal *otyibota* genoemd wordt', schrijft Charles Musès.[22] In Congo gebruikten de Fang de hallucinogene plant *Tabernathe iboga*. Hij diende om vermoeidheid te bestrijden en om de zintuigen te verscherpen tijdens de jacht, maar nu wordt hij gebruikt in de context van de Bwiti godsdienst.[23] Ook de Bantoe gebruiken deze plant. Cannabis was in de zuidelijke Sahara bekend als *dagga* en in Marokko als *kif*. Cannabis is hennep ('canvas' is van 'cannabis' afgeleid) en stond, behalve voor zijn gebruik als grondstof voor doek en touw, bekend als een bedwelmend middel in de gehele Indo-Europese wereld. La Barre heeft equivalenten van het woord gevonden in al de Indo-Eropese talen, van *konoplya* in de Balkanlanden tot *kannabis* in Griekenland en *canaib* in Ierland.[24] De oude Indo-Europese tekst, de *Atharva Veda*, verwijst naar cannabis als de 'bevrijder van zonde' en 'de hemelse gids'. Herodotos vertelt ons dat de oude Scythen, die aan de noordzijde van de Zwarte Zee leefden (en dus binnen het gebied dat waarschijnlijk het moederland van het Indo-Europees is – zie hoofdstuk 4), na de begrafenisrituelen hennep op hete stenen gooiden en de rook inhaleerden. Eliade merkte op dat deze praktijk ook voorkwam in de Turks-Tartaarse sjamanistische rituelen. Delen van de hennepplant die cannibinol bevatten zijn gevonden in een urn uit de 5de eeuw v.C. (IJzertijd) te Wilmersdorf, waaruit afgeleid kan worden dat de plant toen al voor narcotische doeleinden gebruikt werd.[25]

Kapsels van klaprozen zijn in Zwitserland aangetroffen in nederzettingen uit de Steentijd en in woningen langs de meren uit dezelfde periode, en het gebruik van opium wordt vermeld in teksten die teruggaan tot twee millennia v.C. Een terracotta hoofd van Knossos stelt een hoofdtooi voor gemaakt van kapsels van klaprozen, en ook de Mycenen kenden de drug.

Waarschijnlijk een van de belangrijkste Euraziatische hallucinogenen is de rode paddestoel met witte stippen of de vliegezwam (*Amanita muscaria*). De eerste geschreven verslagen over het gebruik van deze paddestoel dateren uit de 17de eeuw en de Siberische stammen Chuckchee, Koryak, Kamchadal en Yukagir zijn het best gedocumenteerd. Het is een bekend feit dat de Siberische sjamanen van de paddestoel aten voor ze in trance gingen, maar hij werd ook gebruikt door de gewone leden van de stam om hun dromen te kunnen verklaren, om de toekomst te voorspellen, enzovoort.[26] Van het eten van de vliegezwam moest men soms braken, maar de rendierhoeders hadden ontdekt dat de urine van iemand die van de zwam gegeten had ook psychoactief was en gebruikt kon worden zonder de vervelende bijwerkingen. Naar het schijnt kon zo iemand vier tot vijf keer urineren voor de urine zijn eigenschappen kwijt was. 'Iedere mannelijke Koryak heeft altijd een buidel van zeehondenhuid aan zijn gordel hangen om zijn urine in op te vangen', zegt Dobkin de Rios.[27] De rendierhoeders kwamen bovendien tot de bizarre vaststelling dat rendieren die van de kudde weggelopen waren een bijzondere voorliefde voor menselijke urine ontwikkelden als ze korstmos aten, en ze konden terug naar de kudde gelokt worden door urine op de sneeuw te gieten! Rendieren die vliegezwammen gegeten hadden, wankelden alsof ze dronken waren.

De eminente amateur-mycologen (onderzoekers van paddestoelen), wijlen R. Gordon Wasson en zijn vrouw, gingen ervan uit dat de *Amanita muscaria* reeds 10.000 jaar gebruikt wordt als hallucinogene plant. Het lijkt er ook op dat de Wassons erin geslaagd zijn het raadsel van de oude hallucinogene drank, *soma*, op te lossen. La Barre schrijft:

> ... de 'soma' uit de *Rig Veda*, die lange tijd een mysterie is gebleven, was ongetwijfeld het belangrijkste religieuze hallucinogene middel van het oude Eurazië, en bovendien één dat een moeilijk te overschatten invloed heeft uitgeoefend op latere religies ... toen de Ariërs India binnenvielen rond 1500 v.C. is de identiteit van de plant, die niet groeit ten zuiden van de Himalaya, zoek geraakt en hij is nooit opnieuw opgedoken in het hindoeïsme ... In de *Rig Veda* mochten alleen de priesters de ritueel bereide soma drinken, die goddelijkheid verleende aan de brahmaanse 'levende goden', een beetje zoals in de Griekse legenden de goden, die oorspronkelijk sjamanen waren, de onsterfelijkheid verwierven door de welriekende ambrozijn met nectar te drinken (nectar was waarschijnlijk de pan-Indo-Europese mede, waarvan het gebruik teruggaat tot het Mesolithicum, zoals blijkt uit grottekeningen).[28]

Het woord 'soma' is Indo-Iraans, maar de meeste wetenschappers denken dat ambrozijn, dat verwant is met het Sanskriet *amrita*, een andere term is voor het oude soma. Wasson volgde al de aanwijzingen op die in verband stonden met het soma-ambrozijn-complex tot in het Indo-Europese moederland en vond een merkwaardig verband met Agni, de god van het vuur. Door een jungle van onderlinge verbanden, waarop we hier niet kunnen ingaan, werd een ontwikkeling zichtbaar, zoals La Barre zegt: ' ... vuur ontstaat uit de mysterieuze vonken van Prometheus die van de "donderstenen" (vuustenen) in het tondel springen; een heel oud Europees tondel was de *Fomes fomentarius*, een zwam die groeit op rot hout, en die in grote hoeveelheden aangetroffen is in de Mesolithische nederzetting in Starr Carr in Yorkshire, waar talrijke objecten in verband met jachtmagie vervaardigd werden'.[29] Het beeld van vuur werd in verband gebracht met lichtgevende hemellichamen, vooral met de zon en de maan, die op hun beurt verbonden waren met de oorspronkelijke oppergod van de Indo-Europeanen, *diw*, 'de schitterende', waarvan *deus*, Zeus, enzovoort zijn afgeleid. De Dondergod in de Europese folklore werd gelijkgesteld met de vuurstenen bijlen en pijlpunten (van paleolithische origine), die verondersteld werden uit de lucht te zijn neergesmeten. Een overtuiging uit de Europese folklore die daarmee verband houdt, is dat paddestoelen door de bliksem gecreëerd worden (zowel padden als zwammen verschijnen na een regenbui, en ook sommige padden zijn giftig). De Grieken noemden paddestoelen 'het voedsel van de goden' en in de vroege tijden gebruikten ze het gemeenschappelijke Europese woord voor paddestoel: *sp(h)ongos*. De Indo-Europese wortel voor de zwam-tondel-sp(h)ongos-woordgroep is het buitengewoon oude *panx*, dat in Siberië gebruikt werd in woorden die met de vliegezwam, de vuurrode paddestoel, geassocieerd werden.

Bovendien hebben ze vastgesteld dat de metaforen voor soma die in de *Rig Veda* gebruikt worden nauw overeenkomen met de botanische kenmerken van de vliegezwam.

Misschien is er zelfs nog een ander verband tussen soma en de vliegezwam. In hoofdstuk 4 hebben we gezien dat de Ierse godin Soevereiniteit gelijkgesteld werd met de Indische godin Sri-Lakshmi, de gezellin van Indra, een hemelgod die donders rondslingerde, en 'die voorwaar soma dronk' van de lippen van Sri-Lakshmi. We hebben gezien dat de naam van de Ierse koninginnen die met Soevereiniteit geassocieerd werden, Medb was, etymologisch verwant met 'mede', en mede werd ritueel gedronken tijdens de inauguratie van de koning, met andere woorden wanneer hij in het huwelijk trad met het land, met Soevereiniteit. Bovendien is de IJslandse naam voor de *Amanita muscaria* of de vliegezwam *berserkjasveppur*. Daaruit blijkt dat ze geloofden dat er een verband bestond met de Berserkers, de woeste vikingkrijgers, die naar het schijnt krijgssjamanen waren.[30] Deze woeste mannen waren de 'krijgers van Odin', nog een hemelgod, en 'de Verschrikkelijke Heerser en Grote Magiër'.[31] We hebben al gezegd dat Odin de oer-sjamaan was: hij berijdt zijn paard met acht poten, Sleipnir, hij hangt aan de Wereldboom, *hij drinkt mede* en kan de gedaante van een vogel of ander dier aannemen, hij heeft geest-helpers en kan vliegen. De implicatie is dat de Indo-Europese rituele mede inderdaad ambrozijn/nectar was, inderdaad soma was, die bereid werd met de vliegezwam. Het huwelijk van het koningschap was inderdaad een echo van het oer-sjamanisme in Europa.

Het vermoeden bestaat dat de sacramentele drank tijdens de Mysteries van Eleusis in Griekenland, waaraan bekende personen zoals Plato deelnamen, bereid was met moederkoren, een op LSD lijkende parasiet van rogge.

Hoe dan ook, La Barre schrikt er niet voor terug te beweren dat 'de drijf-kracht achter de Indo-Europese religie (als onderdeel van de totaliteit van de religies) misschien wel gezocht moet worden in de vrij specifieke bedoe-ling om de onsterfelijkheid te bereiken – door het eten en drinken van sub-stanties waarvan enkele ongetwijfeld hallucinogeen waren'.[32]

Hoewel het christendom een sluier geworpen heeft over de oude sjamanis-tische praktijken in Europa, en veel van de kennis waarover we anders be-schikt zouden hebben, verdrongen heeft, bleef de Oude Religie vaak leven-dig op het platteland: het heidendom was daar nooit veraf. Ironisch genoeg zijn het de documenten die opgesteld zijn tijdens de middeleeuwse heksen-vervolgingen die een licht hebben geworpen op het overleven van het ge-bruik van hallucinogenen in de hekserij in Europa in die periode. Harner bericht het volgende:

> De belangrijkste plantengroep die door de mensen gebruikt is in pogin-gen om in contact te komen met het bovennatuurlijke, is waarschijnlijk de familie van de *Solanaceae* (nachtschade). Hallucinogene leden van deze familie komen veelvuldig voor in zowel de Oude als de Nieuwe Wereld. Behalve de aardappel, de tomaat, de chilipeper en de tabak be-hoort een groot deel van de soort van het geslacht *Datura* tot die familie. Ze hebben een verscheidenheid aan namen, zoals duivelsappel, doornap-pel of duivelskruid, trompet van Gabriël en engelentrompet, en ze zijn al-lemaal hallucinogeen. *Datura* kende een wijdverspreid gebruik en blijkt al in zeer vroege tijden in het sjamanisme en de hekserij aangewend te zijn ...
>
> Andere hallucinogene leden van de familie van de nachtschade waarvan de effecten erg op die van *Datura* lijken, zijn alruin *(Mandragora)*, dol-kruid *(Hyoscyamus)* en de dodelijke nachtschade of belladonna ... Elk van deze planten bevat variërende dosissen atropine en de andere daar-mee verwante alkaloïden hyoscyamine en scopolamine, die allemaal hal-lucinogene effecten hebben. Deze alkaloïden kunnen bijzonder gevaar-lijk zijn ...
>
> Een opvallend kenmerk van atropine is dat het zelfs via een ongeschon-den huid in het bloed opgenomen kan worden ...[33]

Dankzij dit kenmerk konden de Europese heksen hallucinogene zalven ma-ken van planten als belladonna, alruin en dolkruid, die ze dan op hun li-chaam smeerden of met een veer of een bezemsteel aanbrachten (zie vol-gend hoofdstuk) terwijl ze toverspreuken opdreunden. De Kerk beschreef deze 'heksenzalven' of 'vliegende zalven' als groenig van kleur. (Een voorbeeld van het gevaar van deze bereidingen is het geval van de occulte geschiedkundige Karl Kiesewetter, die de dood vond terwijl hij met deze zalven experimenteerde.) Sommige heksen gebruikten een mand om in te vliegen, en ze smeerden niet alleen zichzelf, maar ook de mand met de zalf in voor ze erin plaatsnamen.

In sommige trancetoestanden kan men zich in een dier voelen veranderen, een ervaring die vorm krijgt door het geloofssysteem dat op dat ogenblik overheerst. Deze ervaring kan bijgedragen hebben aan het idee van de lycantropie, het geloof dat een mens in een wolf of een ander dier kan veranderen. (Nochtans kunnen er ook andere, meer fysieke aspecten met deze overtuiging te maken gehad hebben.) Deze ervaring is zeer goed beschreven door de grote psycholoog William James in een verslag van een visioen van een vriend die cannabis genomen had. Die persoon lag op een sofa terwijl hij overspoeld werd door een waterval van hallucinaire objecten, toen hij opeens aan een vos dacht:

> ... en op datzelfde ogenblik was ik getransformeerd in een vos. Ik voelde mezelf heel duidelijk een vos, ik kon mijn lange oren zien en mijn pluimstaart, en door een soort van introversie voelde ik dat ik anatomisch helemaal een vos was.

In een middeleeuws verslag bekenden zeven (mannelijke en vrouwelijke) heksen dat ze zich met zalf ingesmeerd hadden, zich daarna bedekt hadden met wolfshuiden en 'op handen en voeten buiten hadden rondgelopen'.[34] Harner heeft erop gewezen dat er twee verschillende types van heksenbijeenkomsten waren: de Sabbat en de Esbat. De laatste was een fysieke, 'zakelijke' bijeenkomst, maar de Sabbat was volgens hem een magische, gehallucineerde bijeenkomst. De rituele en trance-aspecten moesten gescheiden gehouden worden omdat de hallucinogene nachtschade zo sterk is dat men niet meer in de buitenwereld kan functioneren wanneer men de invloed daarvan ondergaat.[35] Zuid-Amerikaanse indianen hebben dezelfde problemen ondervonden en gebruiken nu andere hallucinogenen dan de nachtschade voor sjamanistische doeleinden.

Een ander veelgebruikt en krachtig hallucinogeen, waarvan verscheidene soorten in Europa en vele andere delen van de wereld groeien, is de psilocybine-paddestoel. De bekendste is de vliegezwam, die vandaag de dag meestal bedoeld wordt als men het over de 'magische paddestoel' heeft.

La Barre doet de interessante suggestie dat de ongebruikelijke vijandigheid van het christelijke Europa tegenover het gebruik van hallucinogenen verklaard zou kunnen worden doordat 'de praktijk om een aantal van de krachtigste hallucinogenen te gebruiken dateert uit heidense tijden en overgenomen is door de Europese heksen'. Eliade heeft ooit gedacht dat het gebruik van hallucinogenen een teken was van de degeneratie van de sjamanistische praktijk, maar in 1973 heeft hij zijn mening herzien.[36]

Het gebruik van hallucinogenen was een belangrijke factor in de levens van de meeste indiaanse volkeren, een kenmerk dat vooral in Zuid-Amerika nog steeds levendig is. Harner beweert dat een van de redenen daarvoor is dat 'de Nieuwe Wereld ongewoon rijk is aan hallucinogene planten, een factor die ongetwijfeld het gebruik ervan vergemakkelijkt heeft bij de Noord-Amerikaanse, maar vooral bij de Midden- en Zuid-Amerikaanse indianen'.[37] Zowel Harner als La Barre wezen erop dat het sjamanisme een bijzonder belangrijke rol heeft

Afbeelding 40. Dit houten beeldje dat een 'magische' paddestoel voorstelt, is ongeveer 30 cm lang. Het is gevonden in een graf in een grafheuvel in 'Mound City', Chillicothe, Ohio. Het graf was bedekt met stukjes mica en het was vrijwel zeker dat van een sjamaan.

gespeeld in de indiaanse gemeenschappen: 'Aangezien zij het oeroude idee van de visioenqueeste kenden en het sjamanisme universeel verspreid was, zijn de indianen misschien cultureel geprogrammeerd om zich het gebruik van psychotrope planten te herinneren, het naar waarde te schatten en na te streven omdat deze een duidelijk bewijs vormden van het bestaan van een bovennatuurlijke wereld'.[38] Het feit dat sjamanisme in Amerika nog steeds wijd verspreid is, wijst erop dat in de Nieuwe Wereld waarschijnlijk de best bewaarde overblijfselen te vinden zijn van de oudste vorm van religieuze ervaring. Het lijkt mij niet toevallig dat in Noord- en Zuid-Amerika de beste voorbeelden te vinden zijn van relatief goed bewaarde sjamanistische praktijken en van relatief goed bewaarde rechte landschapslijnen (hoofdstuk 3). Amerika is lange tijd behoed gebleven voor de invloed van het christelijke Europa en daarom zijn daar de sjamanistische praktijken en de sjamanistische landschappen langer dan elders bewaard gebleven. Het is het juweel van de indiaanse erfenis.

Dit brengt ons natuurlijk bij de vraag naar de origine van de indianen, een stekelig onderwerp, dat op een of andere manier steeds leidt naar de stelling dat de indianen van paleolithisch Centraal-Azië kwamen, de thuishaven van het klassieke sjamanisme. Ze zouden naar het Amerikaanse continent gekomen zijn via een vroegere landbrug over de Beringstraat (hoewel er in Zuid-Amerika controversiële bewijzen gevonden zijn die erop wijzen dat ze van de kant van de Stille Oceaan zijn gekomen). Joseph Campbell had geen twijfels:

> Toen de gletsjers zich terugtrokken en de bossen uit het zuiden zich verspreidden over de gebieden in Europa die vroeger toendra en dan grasland geweest waren, trokken de grote kudden geleidelijk naar het noorden en het oosten, gevolgd door de paleolithische jagers. De weg die de jagers gevolgd hebben, kan opgespoord worden via vier onmiskenbare herkenningstekens: (1) ceremonies die in verband staan met de verering van de beer; (2) sjamanistische praktijken; (3) een kunst die geassocieerd was met het sjamanisme, en waarin delen van het skelet en andere inwendige lichaamsdelen uitgebeeld worden, alsof ze röntgenfoto's waren; en (4) de Grote Jacht met de speer en de speerwerper (de atlatl). Deze vier specifieke elementen kunnen in geheel Noord- en Zuid-Amerika aangetroffen worden ...
> ... In Centraal-Azië waren er daarna belangrijke ontwikkelingen die nooit de Beringstraat zijn overgestoken; en in Amerika hebben ontwikkelingen plaatsgevonden die nooit naar Azië teruggevoerd zijn; er is dus zowel in de tijd als in de ruimte een geschiedenis van sjamanistische systemen geweest. Maar in essentie blijft het complexe geheel constant, van Noorwegen tot Alaska en in het zuiden tot Tierra del Fuego.[39]

La Barre gaat ervan uit dat het indiaanse gebruik van hallucinogenen het gevolg was van het feit dat er zoveel psychotrope planten voorkwamen in Amerika. Etnobotanisten schatten het aantal botanische psychotropen en hallucinogenen op 80 tot 100.

Het gebruik van hallucinogenen gaat waarschijnlijk terug tot de tijd dat voor het eerst mensen verschenen in Amerika, maar recente archeologische vondsten die duiden op het gebruik ervan zijn aangetroffen in Texas en Noord-Mexico. In *Frightful Cave* zijn sporen aangetroffen van menselijke activiteiten die teruggaan tot het 8ste millennium v.C. en men heeft er de zeer hallucinogene mescalboon (of rode boon) gevonden. Deze boon is ook in *Fat Burro Cave* gevonden, waar men overblijfselen van menselijke bewoning heeft aangetroffen vanaf het 3de millennium v.C.[40] (De mescalboon werd door Noord-Amerikaanse sjamanen gebruikt tot in de 19de eeuw.) Bewijzen van een ander soort gebruik van hallucinogenen zijn afkomstig van de 1800 jaar oude Hopewellcultuur (hoofdstuk 3), die bekend is om zijn geometrische aarden wallen. Dit schijnt een religieuze invloedssfeer te zijn geweest. Met als centrum het huidige Ohio, straalden de impact en de wisselwerking ervan ver buiten dat gebied uit. Het was zeker een sjamanistische cultuur. Op de Hopewelliaanse necropolis in Chillicothe, Ohio, die de *Mound City group* genoemd wordt, heeft men tijdens de opgravingen beeldjes gevonden die uit mica en koperen vellen gesneden waren, en die klauwen van arenden en vogelvormen voorstelden, die vroeger vastgemaakt werden aan de kleren van de sjamaan. Ook een masker van de sjamaan, talrijke antropomorfe en zoömorfe pijpen en een met koper bekleed houten beeld van een 'magische paddestoel' van meer dan 30 cm lang.

Over het algemeen kunnen we nu echter nog enkel de distributie van specifieke hallucinogenen onder de indianen afleiden uit documentatie die we hebben over de indianen die er nog waren ten tijde van de Europese kolonisten. (Het eerste document dat bewijzen daarvan oplevert is van de hand van Columbus zelf, die het had over een narcotische snuif die in het Caribisch gebied gebruikt werd om met de geesten te communiceren.)

De indianen van de Vlakte, die zich uitstrekt tussen de Rocky Mountains en de bossen in het oosten en in het zuiden tot Mexico, gebruikten de mescalboon (die ze kochten van hun westelijke buren), doornappel (van het geslacht *Datura*, zie hoger), dat sommige indianenstammen kenden als *wysoccan*, en sterk geconcentreerde vormen van tabak. Hallucinogenen op basis van *Datura* werden ook veel gebruikt door de indianen in het zuidwesten en in Californië. Sjamanen van de Chumash uit Zuid-Californië, bijvoorbeeld, gebruiken doornappel op de dag van midwinter. Ze trokken zich terug in een speciale grot en waren getuige van het doordringen van de stralen van de opkomende zon in het donkere binnenste van de grot. Deze Chumash-grotten waren versierd met schilderingen van patronen en figuren, die een nieuwe betekenis gekregen hebben, zoals we zullen zien in het volgende deel.

De Chumash gebruikten ook bijvoet, een hallucinogeen dat ook in de Europese hekserij werd gebruikt. De Miwok-indianen van de sierra's in Californië gebruikten *Datura*, en zij zijn het die de lange kaarsrechte paden hebben aangelegd die we in hoofdstuk 3 besproken hebben. De Hopi, de Zuni en andere Pueblovolkeren gebruikten eveneens deze hallucinogenen. Het verdwenen Anasazivolk, dat de merkwaardige, rechte 'Chaco-paden'

aangelegd heeft, is lang voor het verschijnen van de blanke kolonisten op-
gegaan in de Pueblovolkeren.

Het gebruik van de peyotecactus, waarvan het hallucinogeen op mescaline
gebaseerd is, heeft zijn invloed uitgeoefend op de indianen in het zuidwesten van de Verenigde Staten in historische tijden, maar de oorsprong ervan
ligt bij de Mexicaanse indianen van voor de Spanjaarden, waaronder de

Huichol. (In landschappen die dateren van vóór de invallen van de
Spanjaarden vindt men ook nog de
rechte lijnen van het sjamanisme
terug.) La Barre stelt dat 'peyote
historisch geassocieerd wordt met
sjamanisme'.[41] De woeste oorlogs-
zuchtige azteken gebruikten eveneens peyote, samen met andere hallucinogene paddestoelen (*teonana-
catl*, 'godenvlees'), exemplaren van
de *Datura* en de zaden van de
akkerwinde (*ololiuqui*), die ongeveer dezelfde eigenschappen hebben als LSD. Joan Hallifax beweert
dat 'het gebruik van de heilige paddestoel, de vliegezwam ... in Amerika geïntroduceerd werd door volkeren die lang geleden uit Siberië
waren gekomen'.[42] Ze haalt een
voorbeeld aan van een figuurtje uit
klei van ca. 100 n.C. dat gevonden
is te Nayarit, Mexico: het stelt duidelijk een paddestoel voor van het
Amanita-type, met een figuurtje
dat eronder zit. Deze opstelling
beeldt volgens Hallifax een mycolo-

*Afbeelding 41. Een 'paddestoelsteen' uit
de hooglanden van Guatemala. De vrouw
of godin die op de stengel is afgebeeld
houdt een maalsteen vast van het type dat
zelfs vandaag nog gebruikt wordt om heilige paddestoelen te bereiden. (Auteur)*

gische representatie uit van de Wereldboom.

Tot de belangrijkste hallucinogenen
van het zuiden van Midden-Amerika behoort een reeks van ongeveer
20 psychotrope psilocybine bevat-

tende en andere paddestoelen. Meer dan 100 'paddestoelstenen', die dateren uit het eerste of misschien zelfs het tweede millennium v.C., zijn gevonden in de hooglanden van Guatemala en op de vlakten aan de kust van de Stille Oceaan; daaruit blijkt hoe oud het gebruik van zulke substanties wel is. Deze voorwerpen zijn meestal ca. 30 cm hoog, gemaakt van ceramiek of steen, en soms komt uit de stam een menselijk gezicht tevoorschijn, zoals Afbeelding 41 laat zien. De oude maya's gebruikten zeker dit hallucinogene middel, en zij waren het die de ceremoniële, rechte sacbeob gebouwd hebben. (Er wordt bovendien verondersteld dat de maya's een hallucinogene pad gebruikten.)

In Zuid-Amerika is cacao een overal aanwezig narcoticum dat zowel gebruikt wordt om het leven op grote hoogte in de Andes en de meer algemene barheid van een leven in de bergen beter te verdragen als voor rituele doeleinden. De inca's gebruikten het om in trance te raken, en de velden waar cacao verbouwd werd waren voor hen heilige plaatsen. Het belangrijkste hallucinogene middel van Zuid-Amerika is nochtans *Banisteriopsis*. Michael Harner verklaart het als volgt:

> De drank werd *yagé* of *yajé* genoemd in Colombia, *ayahuasca* (Quechua: 'wingerd van de dood') in Ecuador en Peru, en *caapi* in Brazilië. Hij blijkt – gedeeltelijk althans – te zijn bereid met minstens één van de bekende *Banisteriopsis*-soorten ...
>
> De verspreiding van het inheemse gebruik van *Banisteriopsis* gaat voorzover bekend, van Noordwest-Colombia in het noorden tot het laagland van Bolivië in het zuiden; het komt zowel ten oosten als ten westen van de Andes voor en strekt zich in het oosten uit tot de Opper-Orinoco ... Banisteriopsissoorten komen voor in heel Centraal-Amerika en Mexico, en ook op het Yucatan Schiereiland ...[43]

In hoofdstuk 3 hebben we gezien dat precies in deze streken nog rechte lijnen in het landschap zichtbaar zijn. Harner vertelt nog:

> Het is kenmerkend dat *Banisteriopsis* genomen wordt door de Zuid-Amerikaanse indiaanse sjamanen van het regenwoud om het bovennatuurlijke te kunnen waarnemen en om contact te kunnen hebben met en het gedrag te kunnen beïnvloeden van bepaalde bovennatuurlijke entiteiten ...
>
> In vele stammen gebruiken niet-sjamanen, vooral mannen, ook *ayahuasca* om dezelfde redenen; ze willen informatie verkrijgen met de hulp van de geesten, ze willen visioenen of bovennatuurlijke krachten en soms

moeten ze een sjamaan helpen tijdens een genezingsritueel of andere ceremoniën. Afhankelijk van de cultuur en de bedoeling drinkt de persoon die de *Banisteriopsis* gebruikt het mengsel terwijl hij alleen is of als lid van een groep. Daarom geven de individualistische en vaak ruziënde Jivaro er de voorkeur aan de drank alleen te drinken en hem te gebruiken om met bovennatuurlijke krachten de vijand te bestrijden. De Cashinahua en de Sharanhua daarentegen, die meer van gezelschap houden, nemen in groep deel aan de hallucinatie ... De Campa nemen ook in groep deel aan de *Banisteriopsis*-ervaring, maar de sjamaan leidt het ritueel ... Deze groepen ... werpen een licht op de sjamanistische functie van hallucinogenen in gemeenschappen die nog niet significant verwesterd zijn.[44]

In Peru, waar op verscheidene plaatsen nog rechte landschapslijnen aangetroffen worden, bijvoorbeeld de befaamde Nazcalijnen, lijkt er nog een ander krachtig hallucinogeen middel tijdens rituelen gebruikt te zijn – de 'San Pedro'- of *cimora*cactus, die mescaline bevat. Hoewel het middel nog steeds door moderne sjamanen gebruikt wordt, is het al zo oud dat afbeeldingen ervan aangetroffen worden op Nazca-aardewerk en op een uitgehouwen

Afbeelding 42. Een stenen reliëf uit Chavin de Huántar dat de hallucinogene San Pedro-cactus voorstelt.

stenen reliëf in Chavin de Huántar, een tempelcomplex in Centraal-Peru dat afkomstig is van een cultuur die teruggaat tot ten minste 1000 v.C. De afbeelding stelt een god voor, of een demon of een gemaskerde sjamaan die een San Pedro-cactus vasthoudt.

Er bestaan natuurlijk nog vele andere hallucinogenen die in Amerika gebruikt werden – zelfs hallucinogene vis! – maar dit zal volstaan om aan te tonen dat het gebruik van hallucinogenen zeer diep geworteld zaten in de indiaanse cultuur in Amerika. Deze factor, samen met de sjamanistische praktijk in het algemeen, is sterk verbonden met de betekenis van de rechte landschapslijnen, zoals we zullen zien. Maar we moeten nog wat meer informatie verzamelen voor we daaraan kunnen beginnen.

Rotskunst

In de jaren 1980 hebben nieuwe archeologische ontwikkelingen in de studie van oude grotschilderingen en -graveringen de alomtegenwoordige aantrekkingskracht van de trance in de vroegste tijden aan het licht gebracht. Het heeft bovendien bruggen geslagen naar nieuwe ontwikkelingen in de neurofysiologie die te maken hebben met beeldspraak en innerlijke gewaarwordingen die universeel geproduceerd worden door het centrale zenuwstelsel van de mens, hoe ze ook cultureel geïnterpreteerd worden. Om de kern van het nieuwe werk te begrijpen, kunnen we het beste starten met de neurofysiologische elementen. De *Club des Haschichins*, waartoe onder andere Baudelaire, Balzac en Victor Hugo behoorden, is opgericht in de 19de eeuw om het effect te bestuderen van cannabis. Hun verslagen verwezen herhaaldelijk naar kleurrijke, levendige beelden die bestonden uit wielen, draaikolken, spiralen en regenbogen wanneer ze zich in bepaalde stadia van de trance bevonden. In 1888 bestudeerde P. Max Simon de beeldentaal van schizofrene hallucinaties en ontdekte dat herhaaldelijk gesproken werd over spinnenwebben, touwen en netten. Deze beelden liepen voortdurend in elkaar over, zoals bij iemand die onder de invloed was van cannabis (en andere drugs). In 1924 tekende Lewin soortgelijke cannabis-intoxicatie-patronen op: 'gekleurde arabesken', 'kristallen', 'sterren', 'filigraan kantwerk'. Met het werk van Heinrich Klüver tussen 1926 en 1966 begon de analyse van deze visuele patronen. Hij merkte dat dezelfde beelden gezien werden na de inname van mescaline, met gesloten ogen; als de ogen open waren, was het onmogelijk naar een muur te kijken 'zonder allerlei visionaire fenomenen daarop te zien verschijnen'.[45] Hij identificeerde vier basistypes van deze beelden, die hij *vormconstanten* noemde. Dat waren:

lattenwerk (honingraat, raster, traliewerk, filigraan enzovoort)
web
tunnel of trechter (een laan, een kegel)
spiraal

Wanneer hij de tunnel-vormconstante, of *image constant* zoals hij het noemde, beschouwde merkte Mardi J. Horowitz dat het centrale element in sommige gevallen leek terug te wijken met ruimtelijke effecten, waardoor er een gewaarwording van een echte tunnel ontstond.[46] Het gevoel zich door een tunnel te bewegen is natuurlijk een zeer belangrijke gewaarwording in vele bijnadoodervaringen en uittredingservaringen.

Een andere onderzoeker, Szuman, zag zoals Klüver 'schitterend gekleurde en intens heldere objecten die hun eigen licht uitstraalden, geprojecteerd in de reële wereld wanneer hij zijn ogen opende: 'Deze levendige visuele beelden bedekten de echte voorwerpen helemaal.' De hallucinaire beelden waren 'geprojecteerd op de vloer, het plafond of de muur, of ze verschenen in de ruimte, waar ze de voorwerpen die daar stonden volledig bedekten.'[47]

Daarna hebben andere onderzoekers de vormconstanten ontdekt die gezien werden door personen die in trance gebracht waren door zich af te sluiten voor zintuiglijke prikkels, door in een kristallen bol te turen, door elektrische stimulatie van de cortex, flikkerende lichten (stroboscopische stimulatie), en door migraineaanvallen. In 1975 maakten Ronald K. Siegel en Murray E. Jarvik de resultaten bekend van verder precisieonderzoek dat ze uitgevoerd hadden op deze vormconstanten.[48] Ze hadden gemerkt dat de vormconstanten de eerste fase vormden van een tweevoudig proces van hallucinatie, waarin die basisvormen, die voortdurend veranderden en in elkaar overliepen, buitengewoon ingewikkeld werden, zodat de 'eenvoudige geometrische vormen landschappen werden, gezichten en vertrouwde objecten'. Zelfs deze meer complexe vormen die ontstaan uit het geometrische substratum van visionair materiaal, hebben veel kenmerken gemeenschappelijk. In één studie ontdekte een onderzoeker tot zijn verbazing dat 79 procent van de proefpersonen dezelfde beelden zag.

Siegel en Jarvik hebben uiteindelijk acht vormconstanten geïdentificeerd. Ze hebben de categorieën lijn, curve (vaak in elkaar passende curves die een gedeeltelijke tunnel vormen), kaleidoscoop en 'allerlei' aan de lijst van Klüver toegevoegd. Ze stelden vast dat de proefpersonen geen melding maakten van de meer ingewikkelde beelden tot na het verschijnen van de hekwerktunnel-constanten. Die beelden leken te wijzen op het verdiepen van de trancetoestand. De proefpersonen, die in het donker zaten tijdens het experiment, berichtten bovendien allemaal dat ze, wanneer ze hun ogen openden, de beelden in de duisternis rondom hen zagen 'als een reeks dia's of een film die zich ongeveer een halve meter voor hun ogen afspeelde'. Wanneer de beelden ingewikkelder werden, meldden de proefpersonen dat de transformaties vaak gebeurden terwijl ze ergens aan dachten, dat het leek op visueel denken. Materiaal uit het geheugen werd gemengd met de geometrische vormen, zodat landschappen, gebouwen en personen uit de geometrische figuren tevoorschijn kwamen. Soms verschenen er mengvormen, bijvoorbeeld half dier, half mens. De beelden in de visioenen liepen in elkaar over, werden gecombineerd of vielen in fragmenten uit elkaar, net zoals de geometrische vormconstanten. De beelden konden vanuit de lucht waargenomen worden of van onder water. Siegel en Jarvik ontdekten ook dat bepaalde kleuren domineerden in bepaalde stadia van de hallucinogene trance.

Een algemene term voor deze geometrische trancebeelden is *entoptische* (van het Griekse 'inwendig zien') fenomenen. Daarmee worden visuele sensaties bedoeld die hun oorsprong vinden binnen het visuele systeem, ergens tussen de oogballen en de hersencortex. Bepaalde effecten, zoals fosfenen, lijken veroorzaakt te worden door fenomenen in de oogbal en door cellulaire prikkeling van het netvlies (en mogelijk van andere onderdelen van het visuele systeem), maar veel van de beeldtaal van de vormconstanten lijkt zijn oorsprong te vinden in de stimulatie van neuronen dieper in het visuele systeem van de hersenen. Hallucinaties met een figuratieve voorstelling van de beelden lijken voort te komen uit herinneringen die opgeroepen worden door de prikkeling van diepe hersenfuncties. Deze beelden worden eerst gecombineerd met en nemen later de plaats in van de onderliggende geometrische structuren. (Enkele ervaren onderzoekers hebben geopperd dat het geheugenmateriaal dat geselecteerd wordt niet alleen in verband staat met de persoonlijke geschiedenis van de proefpersoon maar met transpersoonlijke cellulaire herinneringen en zelfs herinneringen eigen aan de species.) Het is interessant te vermelden dat entoptische beelden sterker lijken in een hallucinogene trance dat in andere trancetoestanden.

Een goede beschrijving van de entoptische elementen van de vormconstanten tijdens een hallucinogene trance vindt men in een verslag van een niet-indiaanse proefpersoon die deelnam aan een yagé-sessie in Chili, onder toezicht van Claudio Naranjo:

> Ik zag kleine stippen, zoals op een tv-scherm, doorschijnende stippen, die (wanneer ik mijn blik op één punt gevestigd hield) dansten en sprongen

rond een kegel die een soort van tunnel vormde, zoals de draaikolk die men ziet als men de stop uit het bad trekt. Ze draaiden vrij langzaam rond, en de trechter opende zich in de vloer waar ik naar keek en werd alsmaar groter tot hij mijn hele gezichtsveld in beslag nam ... En in die kolkende deeltjes bevindt zich mijn hele visuele ervaring. Alles vindt er zijn oorsprong, het is de basis van alles wat ik gezien heb, het was de ziel ervan, op dezelfde manier als de stippen op het tv-scherm de basis zijn van al de beelden die op het scherm verschijnen ... [49]

In 1972 stelde de antropoloog Gerardo Reichel-Dolmatoff vast dat de Tukano-indianen van Colombia hun huizen en aardewerk decoreren met grote geometrische motieven die ze gezien hadden tijdens hun yagésessies. Deze beelden uit de vroege stadia van de yagé-intoxicatie, bevatten al de vormconstanten – raster, curve, spiralen enzovoort. De Tukano geven toe dat deze geometrische patronen veranderen in ingewikkelder beelden. 'Het is interessant dat de indianen zelf beweren dat de hallucinaties een projectie zijn en dat hun volgorde vastligt', zeggen Seigel en Jarvik. 'Daarom wekt het geen verwondering dat verondersteld wordt dat de individuele yagégebruiker zijn culturele herinneringen projecteert op het golvende scherm van deze geometrische motieven.'[50] Elke groep binnen de Tukano-samenleving 'bezit' bepaalde yagébeelden en daarom kunnen bepaalde motieven maar door bepaalde indianen gebruikt worden. Jonge Tukano die pas beginnen met het gebruik van yagé worden getraind om de hallucinaire beelden te manipuleren.

In de rotskunst van paleolithisch Europa (bijvoorbeeld de rotsschilderingen van Lascaux), in de oude indiaanse rotsschilderingen en -graveringen in Noord- en Zuid-Amerika, en de gelijksoortige rotskunst van zuidelijk Afrika worden afbeeldingen van dieren, mensen en dier-mensen omgeven door een grote hoeveelheid stippen, rasters, curves en lijnen. Niemand wist wat ze betekenden. Geleidelijk aan echter sijpelde de neurofyiologische en antropologische informatie door tot het bewustzijn van de archeologen die zich met de rotskunst bezighielden, en enkele onder hen begonnen te suggereren dat die abstracte tekens wel eens de gestileerde uitbeelding zouden kunnen zijn van entoptische beelden. Een groot voorstander van deze zienswijze is de Zuid-Afrikaanse archeoloog J.D. Lewis-Williams. In 1988 schreef hij samen met T.A. Dowson een belangrijk artikel, *The Signs of All Times*, waarin zij de neurofysiologische informatie over de entoptische fenomenen toepasten op de interpretatie van de rotskunst van de San (Bosjesmannen) van zuidelijk Afrika en van de Coso-indianen (een stam van de

Shoshonen) van Californië; dat concept werd dan uitgebreid naar de paleo-lithische rotskunst in Europa.[51]

De onderzoekers kozen de rotskunst van de San en de Coso om hun werk op te baseren omdat van de eerste bekend was dat ze sjamanistisch van oorsprong was, en over de Coso-kunst bestond het sterke vermoeden dat ze dezelfde origine had.

We hebben al gezien hoe de trance of kia een wezenlijk onderdeel vormt van het leven van Kalaharivolkeren als de !Kung. Antropologen zijn te weten gekomen dat de San de rotsschilderingen en -graveringen van dit volk beschouwen als van de hand van de sjamanen, en dansers die in trance waren, gingen soms hun handen op de afbeeldingen leggen om er num uit te halen. Etnografische informatie over de Coso wees in dezelfde richting. De Coso-kunstenaar 'schilderde de geesten op de rotsen'. Het naburige Tubatulabalvolk dacht dat de geesten die ze zagen onder invloed van doornappel de schilderingen maakten. In dat gebied lijkt de traditionele opvatting te bestaan dat de schilderingen gemaakt worden door de geest-helpers van de sjamanen. De onderzoeker die zich bezighield met de rotskunst van de Coso, David S. Whitley, merkte op dat de plaatselijke naam voor de sjamaan *poagunt* is, wat afgeleid is van het woord dat bovennatuurlijke kracht betekent: *poa*. (Deze associatie roept weer het conceptuele complex op rond het Proto-Indo-Europese *reg*.) Poagunt kan vertaald worden als 'medicijnman' of 'de man die schrijft', dat wil zeggen, die tekens aanbrengt op de rotsen. 'De etnografie van het gebied', gaat Whitley verder, 'levert een duidelijke indicatie van de sjamanistische oorsprong van de kunst en van de relatie tussen het sjamanisme en dromen en het gebruik van hallucinogenen'.[52]

Het neurofysiologisch model van Lewis-Williams en Dowson selecteert zes entoptische hoofdtypes en identificeert beelden die behoren tot drie fundamentele stadia van de trance: (a) de geometrische vormconstanten; (b) wat zij *construal imagery* noemen. Daarmee bedoelen ze geometrische vormen die het bewustzijn van de proefpersoon tracht te herkennen of te decoderen als figuratieve beelden; zo zal een zigzaglijn een slang worden, of een reeks flikkerende curves zal gezien worden als een rij dieren. En (c) icoonbeelden of duidelijk figuratieve beelden die ontstaan uit de basis van de entoptische en 'geconstrueerde' entoptische vormen.

De onderzoekers herkennen in de rotskunst ook tekens in verband met de entoptische beelden die deze beelden niet enkel kopiëren, maar die ook vormconstanten laten zien die gefragmenteerd zijn of samengevoegd. De icoonbeelden kunnen ook gecombineerd worden, zoals in het klassieke voorbeeld van de dier-mensfiguren die in rotskunst over de gehele wereld

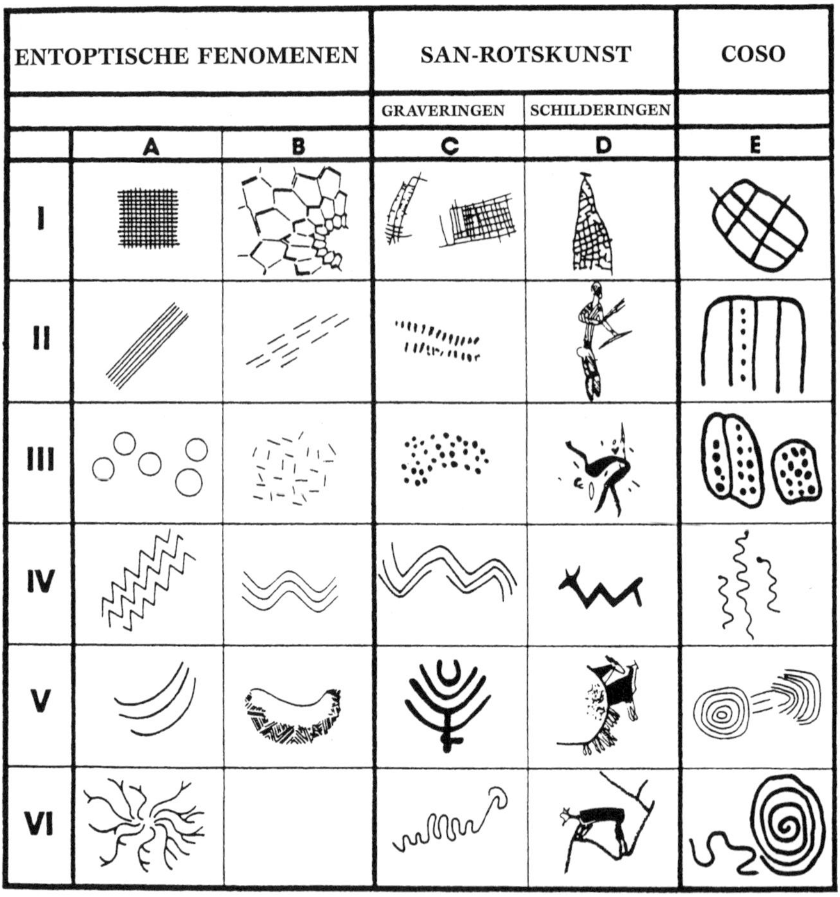

ENTOPTISCHE FENOMENEN		SAN-ROTSKUNST		COSO
		GRAVERINGEN	SCHILDERINGEN	
A	**B**	**C**	**D**	**E**
I				
II				
III				
IV				
V				
VI				

Afbeelding 43. Zes categorieën van entoptische fenomenen vergeleken met afbeeldingen uit de rotskunst van de San en de Coso (J.D. Lewis-Williams en T.A. Dowson)

voorkomen. Deze worden met een technische benaming 'therianthropen' genoemd. Het mooiste voorbeeld daarvan is de paleolithische 'tovenaar' uit de Trois Frères-grot in Frankrijk, waaruit duidelijk het verband blijkt met het thema van de sjamaan die tijdens de trance in een dier verandert. Lewis-Williams en Dowson beweren dat hun model, wanneer het toegepast wordt op de configuraties die aangetroffen zijn in de rotskunst van de San en de Coso:

> ... de neurofysiologische orde duidelijk maakt die aan de basis ligt van de schijnbaar chaotisch geïntegreerde, over elkaar of naast elkaar geplaatste,

*Afbeelding 44. De 'Tovenaar' uit de grot Les Trois-Frères, Frankrijk
(Naar Breuil en Begouen)*

gefragmenteerde en gedupliceerde icoonbeelden en geometrische figuren in deze twee kunstuitingen. Verre van anarchistisch is de kunst van de San en de Coso om een geordend product van identificeerbare stadia van een gewijzigde bewustzijnstoestand en van op de neurologie gebaseerde principes in de vorming van mentale beelden. De geschilderde en gegraveerde beelden worden in feite bezield door de functie van het menselijke zenuwstelsel in een gewijzigde toestand. Omdat de ordening die daarvan het resultaat is, verschilt van de ordening die westerlingen gewoon zijn te zien in artistieke creaties, is ze aan de aandacht ontsnapt.

... Er bestaat dus een sterke aanwijzing dat ten minste een belangrijke component van de hoog-paleolithische kunst ook het resultaat is van een gewijzigd bewustzijn en dat veel van de tekens entoptische fenomenen voorstellen in de verschillende transformaties die we beschreven hebben.[53]

De onderzoekers beweren dat de San- en Coso-sjamanen de beelden die ze zagen op de rotsen en de wanden van de grotten terwijl ze in trance waren geschilderd hebben, precies op de manier waarop de proefpersonen over wie we het vroeger hadden beelden of dia's geprojecteerd zagen op de voorwerpen of de muren, of in de ruimte rondom hen wanneer ze hun ogen

Afbeelding 45. Een grotschildering te Junction Shelter in de Ndedemakloof, Natal, Drakensburg, Zuid-Afrika. De afbeelding linksboven is een 'trancebok' (vroeger een 'ales' of 'vliegende bok' genoemd); de tekeningen rechtsonder laten een persoon zien die een ladder vasthoudt met daarnaast een 'vallende reebok'. (Naar Harold Pager)

open hadden. Het is natuurlijk mogelijk dat ze de beelden beschouwden als iets wat door de geesten op de rotswanden aangebracht was.

Waarschijnlijk zijn niet al de afbeeldingen in trance gemaakt; wanneer de patronen bekend waren en geregeld gebruikt werden, konden ze deze naar believen reproduceren en werden er religieuze schilderingen gemaakt. (Lewis-Williams en Dowson vragen zich af, zoals vele anderen, of het produceren van sjamanistische afbeeldingen het begin van de kunst betekent, vooral van de figuratieve kunst – een van de weinige activiteiten die de menselijke soort uniek maakt.)

Een belangrijk onderzoeker van de San-rotskunst, wijlen Harald Pager, stelde vast dat de schilderingen van de Sebaaiene Grot in de Ndedemakloof van de Drakenbergketen visionaire taferelen waren van 'de wereld achter deze die we met onze ogen zien'. Joseph Campbell zei over de San-rotskunst: 'De schilderingen hadden de kracht van een medium dat twee werelden verenigt, de uitwendige ogen van het lichaam en de inwendige ogen van de geest.'[54]

J.F. Thackeray heeft linguïstische methodes gebruikt om te bevestigen dat de rotskunst uit zuidelijk Afrika trancebeelden voorstelt. Hij vestigt de aandacht op de vorm *-hele*, die voorkomt in Bantoe-woorden als *mehele*, *lehele*, een reebok, een kleine antilope. Antilopen hadden een belangrijke spirituele betekenis voor de San; hun sjamanen werden in de rotsschilderingen

Afbeelding 46. Rotsschildering op de Grootfontein-site, Zuid-Afrika. Er worden anti-lopen op afgebeeld die van de rand van een afgrond vallen en in een rij achter elkaar lopen (wat uitgedrukt wordt in de Bantoe-term ihele). Het motief van de vallende an-tilopen lijkt geassocieerd te worden met 'in een trance vallen'. In deze afbeelding is dui-delijk te zien hoe de rij antilopen evolueert uit parallelle lijnen - typisch voor een 'construal' entoptisch beeld. De menselijke figuren gaan waarschijnlijk op in een tran-cedans. (Naar Van Riet en Bleek)

soms voorgesteld met een antilopenkop. Bovendien is er het vreemde, steeds terugkerende beeld van wat vroeger een 'vliegende bok' genoemd werd, maar wat nu steeds vaker een 'trancebok' genoemd wordt. Het Bantoe-woord *ihele* betekent een rij dieren of mensen, de ene achter de andere, of objecten die gekenmerkt worden door een raster- of lattenpatroon. De Zoe-loe-term *ihelehele* betekent duizeligheid veroorzaakt door hoogte. Thackeray ziet deze ideeën visueel uitgedrukt in de rotskunst van zuidelijk Afrika, waar rijen antilopen (deze dieren lopen gewoonlijk achter elkaar) afgebeeld worden terwijl ze zich bewegen in de richting van rasters of netten, en waar menselijke figuren boven op ladders balanceren (letterlijk high), samen met vliegende trancebokken, vallende reebokken (men valt in een trance), en menselijke figuren die blijkbaar in een trance dansen. Niet alleen de rasters en de netten, maar ook de ladders zouden nu herkend worden als entopti-sche vormconstanten of fragmenten daarvan, en de rijen antilopen als *construal images.*

Thackeray gaat nog verder en isoleert een Zoeloe (Nguni) woordvorm *-qab* dat 'trance, ladders, het gevoel zich op een hoogte te bevinden' en de activi-teit van het schilderen met elkaar verbindt. De woorden zijn: *ukutiqabu*: weer tot bewustzijn komen nadat men is flauwgevallen; *ukuqabela*: naar de top van een ladder, een boom of een berg klimmen (vanzelfsprekend alle-maal beelden van de Wereldas); *ukuqabela*: schilderen.[55]

Vorm en betekenis

Het lijkt nu onweerlegbaar vast te staan dat het menselijke centrale ze-nuwstelsel tijdens de trance universele zintuiglijke patronen produceert die gelijksoortige beelden doen ontstaan in alle tijden en op alle plaatsen waar mensen zichzelf in trance brengen, wat in ongeveer de gehele wereld ge-beurde, tot het begin van de moderne tijden. Maar het feit dat de hersenen een gemeenschappelijk doek produceren, betekent niet dat de overtuigin-gen, de goden en de rituelen die erop geschilderd worden universeel zijn. Zo zijn bijvoorbeeld de goden en de religie van de paleolithische jagers-verza-melaars die de wanden van Lascaux beschilderd hebben of van Les Trois-Frères niet dezelfde als van de Bosjesmannen van de Kalahari. Men kan de *vormen* als universeel zien, en de onderliggende neurofysiologische oor-sprong daarvan vaststellen, maar de *betekenis* die de vormen hebben voor een bepaalde samenleving is *cultureel bepaald.*

Harner legt uit dat de 'cultuurspecifieke factoren ... een buitengewoon be-langrijke invloed uitoefenen op zowel de inhoud als de structuur van de bo-vennatuurlijke ideologie'. Sterker nog, in zijn studies van het gebruik van hallucinogenen in Zuid-Amerika ontdekte hij dat 'het vrijwel onmogelijk is om enkel op basis van etnografische gegevens de aard van de ervaring die het gevolg is van het gebruik van yagé te isoleren van zijn culturele context'.[56] Kalweit vult aan dat 'culturele en sociale conditionering zich blijft manifesteren, zelfs in een gewijzigde bewustzijnstoestand. Het is heel moeilijk voor de menselijke geest om aan die conditionering te ontsnappen … Omgeven door de schaduwen van zijn eigen verbeelding, verzint onze geest – zelfs terwijl hij in een Andere Wereld is – landen, plaatsen, mensen, dieren en gebruiken die hun oorsprong vinden in zijn wereldse omgeving'.[57] Dobkin de Rios schrijft: 'Iedere cultuur zal in verband met de drugervaring zijn eigen geheel van symbolen creëren in termen van de symbolen en de waarden van zijn eigen maatschappij, terwijl hij tegelijkertijd zijn toevlucht kan nemen tot een steeds terugkerende, universele reeks symbolen…'. Volgens haar is het van het grootste belang zich bewust te zijn van het culturele patroon van de visionaire ervaring. Ze merkt op:

> Het lijkt voldoende bewezen te zijn dat in een gemeenschap waar hallucinogene planten gebruikt worden, elk individu een bepaalde verwachting heeft van het druggebruik, wat het oproepen van bepaalde types van visioenen in de hand werkt. Dat betekent niet dat wanneer een groep volwassen mannen beweert een slang te zien, ze allemaal precies dezelfde slang zien, alsof ze dezelfde film zouden bekijken. Waar het om gaat, is het culturele patroon van bepaalde categorieën van visioenen …
> … Een van de interessantste aspecten van het niet-westerse gebruik van hallucinogene planten is de rituele benadering van het gebruik. Hoewel de genotsaspecten niet ontkend worden, worden de planten toch hoofdzakelijk gebruikt in de context van complexe sociale rituelen en ceremonies … De rituelen in verband met het gebruik van drugs zijn alomtegenwoordig, maar hun aard en bedoeling variëren.[58]

Het is dus belangrijk trancevisioenen niet te beschouwen als een soort van film die in een neutrale geestestoestand bekeken wordt. De beelden worden vergezeld van krachtige fysieke gewaarwordingen en een diep filosofische sfeer. De realiteit van de zintuiglijke effecten van de trance – die niet alleen met beelden te maken hebben maar ook met geluid, de tastzin, een gevoel te bewegen, een oplossen van het ego (het onderscheid tussen 'Ik' en 'Niet-Ik'), veranderingen van het lichaamsbeeld – kunnen overweldigend zijn. Men kan rondlopen in een ruimte die volledig driedimensionaal is en zo 'echt' als om het even wat men in de gewone wereld kan ervaren. Bovendien kan de ruimte in een gevorderde trancetoestand zich op een manier uitbreiden en verdraaien die te bizar is om uit te leggen. En misschien het voornaamste is het gevoel van *tijd* dat verandert. De eeuwigheid kan men ervaren in een ogenblik, of de lineaire tijd kan oceanische dimensies krijgen, waarop golven van eeuwigheid rollen. De neurologische cinema is gewoon de poort waardoor de losgelaten structuren van het bewustzijn ontsnappen: wie weet waar het pad daarbuiten naartoe leidt? De diepe onderliggende elementen die opwellen via het hallucinair materiaal, en de exacte aard van de wezens en situaties die men ontmoet, zijn niet werkelijk bekend: ze zijn alleen onecht vanuit het perspectief van onze moderne westerse kaart. Maar wie zegt dat wij de juiste kaart hebben? Kalweit is even voorzichtig wanneer hij zegt dat een psychedelische ervaring begint:

> … met het zien van neurologische patronen en persoonlijke motieven en eindigt met visioenen van kosmische archetypes en transpersoonlijke symbolen. Daarom behoren de fosfenen tot een lager (fysiek) niveau van de visionaire ervaring. Bijgevolg is de theorie dat menselijke symbolen niet meer zijn dan de matrices van de prikkeling (engrammen) van de hersenen, of dat mystieke ervaringen een patroon van fosfenen zijn, het niet waard ernstig genomen te worden, noch kan ze empirisch gestaafd worden.
> Hoogst waarschijnlijk zal vroeg of laat aangetoond worden dat mystieke en parapsychische ervaringen, wanneer ze door de hersenen geassimileerd worden, onderworpen worden aan een filterproces en daardoor aangepast aan neuroanatomische structuren.[59]

Mijn opinie is dat onze moderne cognitieve kaart substantieel correct is, maar dat er aan de randen nog grote vage gebieden zijn – de delen waar op oude wereldkaarten 'Hier zyn draecken' stond.

We moeten opnieuw de technologie van het bewustzijn leren kennen, en die een praktische plaats geven in onze cultuur, in het leven van iedereen. Wij, westerlingen, beschikken over verblindende hightech, ver verheven boven alles wat er tot nu toe op aarde geproduceerd is, maar we zijn vaak bedroevend primitief in onze kennis van het bewustzijn, van het ervaren van onze geest. In die bepaalde technologie zijn de traditionele volkeren ons ver vooruit. We moeten van hen leren, van hun methoden, hun ervaring, hun kennis. We moeten de redenen leren begrijpen voor het bestaan van hun landschappen en hun tradities, maar zonder ons met hun geloofssystemen te bemoeien en zonder onze eigen systemen op te dringen of te verzinnen.

HOOFDSTUK 7

DE LIJNEN VAN DE EENZAME WILDE GANZERIK

We zijn nu op een punt gekomen dat we precies kunnen begrijpen hoe ont-zagwekkend diep de stroming van het trancebewustzijn ingebed zit in de oude en traditionele niet-westerse culturen, en wat een enorm lange tijd het een erkende factor geweest is in het menselijke bewustzijn en in de religie. Het is al die tijd een hoofdbestanddeel geweest van het menselijk gedrag dat we, als cultuur, nu de rug toegekeerd hebben. Daarom waren we, zoals Lewis-Williams en Dowson beweren, niet in staat de tekenen ervan te herkennen in de oude rotskunst. We begrijpen nu ook dat de menselijke hersenen, wat ook de relatie ervan is met de geest en de ziel, de visionaire ervaring organiseert op het gemeenschappelijke doek van het menselijke centrale zenuwstelsel, en dat die beelden geabsorbeerd zijn, aangepast en gemanipuleerd in geloofssystemen, sociale structuren en functies in de loop van de geschiedenis. Daarom is het mogelijk dat bepaalde zaken zoals sjamanisme, elementen van de rotskunst of bepaalde associaties met het koningschap bekeken worden vanuit verschillende culturen, zonder gehinderd te worden door specifieke culturele geloofssystemen. Wat ik in dit laatste hoofdstuk zal voorstellen is dat we dat doen met betrekking tot de oude gewijde landschappen, dat we onze aandacht richten op het belangrijkste voorwerp van onze zoektocht in dit boek – de rechte landschapslijnen die in verschillende vormen over de gehele wereld voorkomen. Er zijn niet enkel de sjamanistische traditles en praktijken, hun kosmologie en rotskunst – er zijn ook *sjamanistische landschappen*. Ik vind dat deze term accurater is dan 'ceremoniële landschappen' of 'gewijde landschappen'.

Ik wil er de nadruk op leggen dat het helemaal niet mijn bedoeling is te beweren dat er culturele affiniteiten bestaan tussen, bijvoorbeeld, een Britse cursus en een Nazca-lijn, zelfs niet noodzakelijk tussen een Nazca-lijn en een Anasazi Chaco-weg. Nochtans hebben we in hoofdstuk 5 gezien dat er wat te zeggen valt voor de bewering dat al de oude landschapslijnen – of ze nu de fysieke lijnen zijn in Nazca, of conceptuele lijnen zoals de Ierse elfenpaden, de Duitse *Geisterwegen* of de feng-shui-lijnen of 'pijlen' van ch'i – toch in verband lijken gebracht te worden met het idee van *geestenlijnen*, en dat zelfs de relatief moderne ceremoniële lijnen onbewuste echo's daarvan zijn. Ik bedoel dat – zonder te oordelen over individuele betekenissen van de lijnen of de verschillende manieren waarop ze in de verschillende culturen gebruikt zijn – deze bijzonder oude en nu obscure associatie tussen de geest en rechte lijnen in 'ceremoniële landschappen' een gemeenschappelijk kenmerk is dat steeds opnieuw opduikt, zoals de entoptische beelden in de rotskunst, ten gevolge van de universaliteit van het menselijke centrale zenuwstelsel en de werking ervan in het sjamanisme. In mijn opinie vinden de rechte landschapslijnen hun oorsprong in een fundamenteel element van de sjamanistische ervaring, sterker nog, in *het* centrale element van het sjamanisme – *de magische vlucht*. Dat is gewoon een bepaalde versie van de uittredingservaring.

Wanneer we de term 'extase' in het algemeen gebruiken, bedoelen we gewoonlijk 'buitengewoon gelukkig', 'extreem genot' of iets dergelijks. Maar het woord betekent in feite 'buiten de zinnen'; in wezen dus 'buiten het lichaam'. In woordenboeken wordt het woord vaak verklaard als 'trance'. Etymologisch is het woord 'extase' afkomstig van het Oud-Franse *'extasie'*, dat op zijn beurt is afgeleid van het Griekse *'ekstasis'*, een naamwoord dat afgeleid is van het werkwoord *'existemi'*: 'een persoon buiten zijn zinnen stellen'. *'Ex'* betekent 'uit, buiten'. Wanneer academici het woord gebruiken, gebruiken ze het in de feitelijke betekenis, dus wanneer Mircea Eliade, een historicus die zich met de geschiedenis van de religie bezighoudt, schrijft over 'oude technieken van extase'[1], bedoelt hij de oude en traditionele methoden om buiten het lichaam te treden.

De vlucht van de sjamaan

Sjamanistische landschappen zijn de plaatsen waar het menselijke centrale zenuwstelsel een fysieke markering in het landschap nagelaten heeft. Het belangrijkste fysieke kenmerk is in mijn opinie de rechte landschapslijn, in wat voor culturele vorm ze ook geëvolueerd is in verschillende tijden en culturen. Om het verband ervan met het sjamanisme te begrijpen, is het van het grootste belang de betekenis van de magische vlucht van de sjamaan, van die ervaring buiten het lichaam te zijn, te doorgronden. Het afdoen als een onbelangrijke, abnormale waanvoorstelling uit het verleden is een grove onderschatting van de feiten. Etnopsycholoog Holger Kalweit stelt de situatie zeer duidelijk voor:

> De kunst van de sjamaan vereist de hoogste controle over het bewustzijn, de gedachten en de gevoelens en culmineert in de scheiding van de ziel

en het lichaam ... Het opzettelijke scheiden van het bewustzijn ... moet gerekend worden tot de meest mysterieuze verwezenlijkingen van de menselijke geest ...

De sjamaan is de meester van de dood ... Hij is een bepaalde tijd 'dood' ... Verslagen over sjamanistische praktijken verwijzen vaak naar het thema van de 'reis' in een poging om te beschrijven hoe de ziel het lichaam verlaat en door de landschappen van het rijk van de dood reist ...

De wetenschappelijke studie van de ervaring zijn lichaam te verlaten is een nog zeer jonge wetenschap. We hebben nog steeds geen duidelijk beeld over de typische psychologische kenmerken en evenmin kennen we de plaats ervan binnen het kader van de hogere bewustzijnstoestanden. Is de ervaring buiten het lichaam te zijn een unieke psychische toestand of niet meer dan een variant van een gewijzigde bewustzijnstoestand? We weten enkel dat de ervaring kan optreden terwijl men wakker is, terwijl men slaapt, tijdens een droom, in de fase tussen slapen en waken en op andere transpersoonlijke niveaus. Eén ding staat vast: de ervaring buiten het lichaam te zijn is een vereiste voor het ervaren van het bewustzijn van de Andere Wereld – een ervaring die een beslissende invloed heeft uitgeoefend op de religieuze overtuigingen van alle culturen. Daarom bekleedt het een *centrale plaats* in de etnologie van de religies en zou als zodanig aan een breedvoerig onderzoek moeten worden onderworpen.[2] (Mijn cursivering.)

Eliade merkt op dat 'de sjamaan gespecialiseerd is in een trance tijdens dewelke de ziel het lichaam verlaat en naar de hemel of de onderwereld reist; dat gelooft men althans'. Hij gaat verder:

Over de gehele wereld wordt dezelfde kracht toegeschreven aan tovenaars en medicijnmannen ... tovenaars en sjamanen zijn in staat om hier op aarde en *zo vaak ze dat willen* 'hun lichaam te verlaten' ... sjamanen en tovenaars kunnen ervaren wat 'zielen' ervaren, of 'wezens zonder lichaam', iets wat normale mensen pas kunnen als ze dood zijn.[3]

We zullen een snelle blik werpen op het hedendaagse onderzoek in verband met die ervaring in het laatste deel van dit boek, maar eerst zullen we de geschiedenis bekijken van de sjamanistische ervaring zich buiten het lichaam te bevinden. In de loop van dit proces zullen we opnieuw volkeren, plaatsen en thema's behandelen die in de vorige hoofdstukken al aan bod gekomen zijn.

De Oude Wereld

In India heeft Mircea Eliade vastgesteld dat tradities van 'magische vlucht een toonaangevende plaats innemen ... Van de aarde opstijgen, vliegen als een vogel, grote afstanden afleggen in een oogwenk, verdwijnen – dat zijn enkele van de magische krachten die in het boeddhisme en het hindoeïsme toegeschreven worden aan *arhats*, koningen en tovenaars. Er bestaan talrijke legenden over vliegende koningen ...'.[4]
De mythologische, paradijselijke landen waarnaar de sjamaan of de koning zich kan begeven, behoren natuurlijk tot de geografie van de geest. Zij zijn, zoals Eliade het verwoordt, 'de "pure landen" van een mystieke ruimte die zowel de kenmerken heeft van een "paradijs" als van een "innerlijke ruimte", die alleen voor ingewijden toegankelijk is'. In India, zoals elders, kan de kracht van de magische vlucht verworven worden door een aantal tranceverwekkende technieken, waaronder yoga. Het belang van de magische vlucht wordt in alle methodologieën steeds opnieuw benadrukt, gaat Eliade verder, en die bekwaamheid 'is een wezenlijk onderdeel van een theologisch-kosmologisch complex dat veel verder reikt dan de veelheid aan sjamanistische ideologieën'. Hij stelt vast dat het symbool van de vogel, dat overal aangetroffen wordt in verband met de magische vlucht van de sjamaan, zijn weg gevonden heeft naar de oude Indiase teksten, zoals de Pancavimsa Brahmana: 'De Offeraar, een vogel geworden, stijgt op naar de hemelwereld.' Joseph Campbell stelt hetzelfde vast. Hij vestigde de aandacht op, bijvoorbeeld, de Brihadaranyaka Upanishad uit de 9de eeuw v.C., een van de vele oude teksten waarin de niveaus van slaap, trance en bewustzijn behandeld worden:

> Wat van het lichaam is valt in slaap,
> Slapeloos kijkt hij neer op zijn slapende wezen.
> Hij heeft zich in het licht begeven, hij is naar zijn eigen plaats teruggekeerd:
> Die Gouden Persoon, de Eenzame Wilde Ganzerik ...
> Hij gaat waar hij wil, de Onsterfelijke,
> De Gouden Persoon, de Unieke Wilde Ganzerik.
> In Slapende Toestand, vliegt hij hoog en laag ...

'De Eenzame Wilde Ganzerik' – een prachtig poëtisch beeld van de in vrijheid vliegende ziel, het extatische bewustzijn. Het is inderdaad een toepasselijk beeld voor het avontuur van de ervaring buiten het lichaam te zijn.[5]

Ook in China waren er diepgewortelde tradities die te maken hadden met de magische vlucht. In de Oudheid 'beschouwden goed ingelichte Chinezen de "vlucht" als een plastische formule voor extase'.[6] In de legenden was de eerste man die over de gave van de vlucht beschikte de keizer Sjoen (late 3de millennium v.C.). De kunst van het 'vliegen als een vogel' was aan hem geopenbaard door de dochters van een andere keizer. (Hier en elders, zoals Indra, die soma dronk van de lippen van Sri-Lakshmi, krijgen we de indruk dat de geheimen van de sjamanistische trance in een ver verleden werden doorgegeven door vrouwen.) 'We stellen vast', zegt Eliade, 'dat de perfecte vorst de krachten van een "tovenaar" moet hebben. "Extase" was evenzeer nodig voor de stichter van een staat als politieke bekwaamheden ... En daarom zien we dat vele kei- zers, wijzen, alchemisten en to- venaars "naar de hemel vlo- gen"'.[7]

Ook hier was het symbool van de vogel wijdverbreid. (De drie types van dieren die in sjama- nistisch symbolisme over de hele wereld voorkomen zijn vo- gels, rendieren en beren.) Een taoïstische priester, bijvoor- beeld, werd een 'veergeleerde' genoemd, wat duidelijk de sja- manistische oorsprong aan- duidt van de Chinese magische vlucht.

Van de derwisjen van de islami- tische Turken uit Centraal-Azië werd eveneens gezegd dat ze zich 'in vogels konden verande- ren en konden vliegen'.[8] Veel van de Centraal-Aziatische sja- manen gebruikten de vogelsym- boliek: de sjamanen van de Al- tai droegen kostuums die hen op een uil deden lijken; het schoeisel van de sjamanen van de Toengoes leek op de klauw

Afbeelding 47. Een menselijke figuur op een van de wanden in de grotten van Lascaux. Hij lijkt een vogelmasker te dragen en naast hem ligt een stok met een vogel bovenop – een sym- bool van het sjamanisme. De man lijkt in trance. Let op de erectie.

van een vogel; de stam van de Gilyak had hetzelfde woord voor sjamaan en arend, en de sjamaan van de Jakoet bedekte zich met iets wat het skelet van een vogel moest voorstellen en dat gemaakt was van ijzer! Tijdens zijn sjamanistische seance maakte de Jakoet-sjamaan dansbewegingen en gebaren die de vlucht van een vogel nabootsten. Twee vogels zitten op de takken van de Wereldboom in de oudste Euraziatische afbeelding: in de sjamanistische tradities van Centraal-Azië stelden ze de ziel van de mens voor, en de sjamanen vlogen naar die Boom om de 'ziel-vogels' van zieke mensen terug te brengen. Dit type van associaties is heel oud, wat aangetoond wordt door een paleolithische grottekening in Lascaux. De figuur, die blijkbaar een vogelmasker draagt, ligt uitgestrekt (in trance?) naast een stok met een vogel. Een vogel op een stok is een bekend symbool voor sjamanisme in gedocumenteerde Euraziatische tradities. Vogelsymboliek was zelfs nog aanwezig in het heidense Ierland, waar van de machtige druïde, Mog Ruith, gezegd werd dat hij een *enchennach* of 'vogelkleed' had, waarmee hij 'in de lucht en naar de hemel' kon vliegen. Ook van de vader van de heidense Keltisch-Ierse koning Conaire werd gezegd dat hij een bovennatuurlijke vogelman was. We brengen de sjamanistische trance van de Siberische en andere noordelijke volkeren in verband met het gebruik van de vliegezwam, zoals we gezien hebben. Een van onze moderne voorstellingen van de vlucht van de sjamaan terwijl hij buiten zijn lichaam is, die bijna zeker van een van die bronnen afkomstig is, is de kerstman die in zijn door rendieren getrokken slee door de lucht vliegt. In de kersteditie van *The Ley Hunter* lijkt het fi-

Afbeelding 48

guurtje uit het stripverhaal, Dod, het bij het rechte eind te hebben (Afbeelding 48)! Rogan Taylor opperde zelfs dat de rode en witte kleuren van de kleren van de kerstman een weerspiegeling zijn van de kleuren van de vliegezwam.[9]

We hebben al vermeld dat de Berserkers waarschijnlijk een bereiding met vliegezwam gebruikten voordat ze zich in de strijd wierpen (hoewel de experts hierover van mening verschillen). Deze mannen waren berensjamanen; ze droegen berenhuiden, vandaar hun naam. Nigel Pennick beweert dat aan de Berserkers de kracht van *hamrammr* toegeschreven werd, of van gedaanteverandering. Hij merkt op dat de oorsprong van deze overtuiging waarschijnlijk te vinden is in de ideeën van het buiten het lichaam treden, want van een beroemde Berserker, Bothvar Bjarki, de kampioen van Koning Hrolf van Denemarken, wordt gezegd dat hij in het leger van de koning heeft gevochten in de vorm van een beer terwijl zijn normale menselijke lichaam elders in trance lag.[10]

In het Westen hebben we, behalve de vliegende kerstman, nog een ander voorbeeld van magische vlucht: de heks die op haar bezem rondvliegt. Dit was de traditionele manier waarop de heksen naar de Sabbat gingen, en we hebben al vermeld dat Michael Harner ervan overtuigd is dat de Sabbat in feite een magische of hallucinaire bijeenkomst was en geen fysieke ontmoeting. In hoofdstuk 6 hebben we gezien dat de middeleeuwse heksen magische 'vliegende zalven' bereidden van planten als dolkruid, belladonna en alruin. Al deze planten bevatten het krachtige hallucinogeen hyoscyamine, dat iemand het gevoel geeft 'door de lucht te vliegen', zoals La Barre opmerkt.[11] In volksverhalen, die bijgetreden worden door Shakespeare, wordt vaak gezegd dat er

Afbeelding 49. Een houtsnede uit de 15de eeuw met drie heksen die op een hooivork vliegen. Ze zijn bezig in dieren te veranderen.

Afbeelding 50. Frigg die op een spinrok vliegt. Van deze muurschildering in de kathedraal van Schleswig, Duitsland, werd aanvankelijk gedacht dat ze uit de 12de eeuw dateerde, maar nu is aan het licht gekomen dat het een nazi-vervalsing is.

ook padden in de brouwsels van de heksen gegooid worden. Dit mag bespottelijk klinken, maar de oude maya's lijken eveneens padden gebruikt te hebben om een trance op te wekken. Sommige soorten padden scheiden bufotenine af, dat volgens La Barre 'het gevoel oproept door de lucht te vliegen'.[12] (Deze methode schijnt zelfs opnieuw in zwang te raken – in juli 1991 werd gemeld dat de autoriteiten in Vancouver van plan waren een plaatselijke paddensoort te bestempelen als een ilegale drug omdat sommige mensen de diertjes gingen vangen om de bufotenine te kunnen oplikken, waarna ze konden genieten van tot zes uur durende psychedelische trips!) Misschien dat het sprookje van de prinses die een kikker kust, die dan verandert in een knappe jongeman, hier ook mee te maken heeft.[13]

Het beeld van de bezem is niet zomaar een romantisch idee of een of ander Freudiaans symbool – hoewel erotiek zeker een rol speelde in de trance van de heksen. Omdat de atropines in dolkruid en andere planten door de huid kunnen worden geabsorbeerd, werden bezemstelen of andere stokken soms gebruikt om de zalf aan te brengen op de slijmvliezen van de vagina. Veren werden soms ook gebruikt (zie Notities, blz. 213).

Het berijden van een bezem doet denken aan het berijden van een hengst, wat op zijn beurt doet denken aan de Siberische sjamanen die in hun extatische trance op hun stokpaarden door de hemelen reden, naar de Wereldboom, de Kosmische As. Ongetwijfeld is het stokpaardje waar de kinderen mee spelen een overblijfsel van deze traditie. Vermeldenswaard is ook dat

Frigg, de vrouw van Odin, voorgesteld werd terwijl ze op een bezem reed. Freya wordt in de Noorse mythologie in nauw verband gebracht met Frigg, en ze worden over het algemeen beschouwd als hetzelfde mythologische element; Frigg benadrukt het moederlijke principe en Freya de vruchtbaarheid. Freya was de minnares, de eerste die leerde over *seidhr*, een vorm van waarzeggen in trance. Dit was de magie van de vrouwen, en de *seidhonka* (of *volva* of *spakona*) reisde langs de boerderijen en dorpjes om de toekomst te voorspellen. Het rituele gewaad van de seidhonka bestond uit een blauwe mantel, juwelen, een hoofddeksel van zwart lam met witte kattenpels; ze droeg een staf en deed haar voorspellingen vanaf een hoog platform terwijl ze op een kussen van kippenveren zat. In de loop van haar bezigheden ging ze in trance en had ze de ervaring buiten haar lichaam te zijn. Het was dus duidelijk sjamanistisch. De beoefenaars van seidhr droegen ook dierenkostuums en handschoenen gemaakt van kattenpels. Van de wagen van Freya wordt gezegd dat hij door katten getrokken wordt en er bestaat een afbeelding waarop ze een mantel van een seidhonka draagt terwijl ze vliegt op een grote, gestreepte kat. (Het is nu duidelijk waar de kat als geest-helper van de heks vandaan komt.) Freya had bovendien een magisch gewaad van veren waarmee ze kon vliegen. Zij was het die Odin leerde vliegen, wat hij pas kon nadat hij een gewaad van valkenveren had aangetrokken. (Hier krijgen we opnieuw een aanwijzing dat de geheimen van de magische vlucht, van de extatische trance, lang geleden door de vrouwen aan de mannen doorgegeven zijn.)

In het vorige hoofdstuk is gesuggereerd dat men in vele culturen – de Lappen, de indianen, de Australische aboriginals – ervan overtuigd was dat de vliegende sjamanen soms 's nachts konden worden gezien in de vorm van raadselachtige vliegende lichten. Alistair I. McIntosh weet te vertellen dat het Rigovolk van Papoea-Nieuw-Guinea hieromtrent eveneens duidelijke ideeën heeft:

> Onafhankelijk van het lichaam kan de geest op drie verschillende manieren verschijnen: als een kopie van het fysieke lichaam; in de vorm van een vogel of een vliegende vos (een fruitvleermuis) wanneer er meer magie wordt gebruikt; of als een licht. De afmetingen van het licht variëren van 'klein' tot 'zo groot als een voetbal'. Wanneer het beweegt, schittert het alsof vele sterren samengepakt zijn en het heeft de vorm van een vallende staartster. Het kan verschillende kleuren hebben – geel, rood en blauw zijn de meest voorkomende. Hoe sneller het beweegt, des te heviger het schittert.[14]

De psychologe Susan Blackmore geeft hierop de volgende commentaar:

> Dat lijkt een bizarre beschrijving, maar denk eraan dat Muldoon beweert dat er lichtgevende bewegende deeltjes afgeworpen werden achter het bewegende astrale lichaam, en Crookall beweert iets soortgelijks. [15]

Sylvan Muldoon was een beoefenaar van de 'astrale reizen' (zoals het buiten het lichaam treden vroeger genoemd werd) in de eerste decennia van de 20ste eeuw), en Robert Crookall was een wetenschappelijk onderzoeker van die ervaring. Hedendaagse onderzoekers, zoals de Amerikaanse academicus Keith Harary, die zelf over het natuurlijke vermogen beschikt buiten zijn lichaam te treden, beweren dat het astrale lichaam soms als een lichtbal kan verschijnen voor degene die de ervaring heeft en soms zelfs voor waarnemers.

Over de gehele wereld zijn verschillende beelden gebruikt om uittredingen te beschrijven – de geest van de sjamaan kon opstijgen met de rook, opstijgen langs de regenboog, langs een zonnestraal enzovoort. Maar van Noordwest-Europa tot Tibet is het beeld van de ladder een van de meest gebruikte. De ladder komt voor in alle soorten van sjamanistische tradities – een voor de hand liggende volkse voorstelling van 'high worden'. Soms werd de ladder, symbolisch, tegen een echte boom geplaatst of tegen een paal die de Wereldboom symboliseerde; de sjamaan klom daarin en misschien zwaaide hij met zijn armen als hij boven was, alsof ze vleugels waren. In andere versies werden er inkepingen gemaakt in de paal zodat de sjamaan omhoog kon klimmen, alsof hij in de Wereldboom klom. De merkwaardig universele aspecten van het sjamanisme worden duidelijk wanneer we zien dat het beeld van een menselijke figuur boven aan een ladder ook voorkomt in de rotskunst van zuidelijk Afrika, zoals we eerder gezien hebben.

'Wat precies de overweldigende transpersoonlijke ervaringen zijn ... die de geest geïnformeerd hebben en de geoefende handen hebben bewogen van de kunstenaars van het Laat-Paleolithicum, zullen we natuurlijk nooit echt weten', schreef Joseph Campbell. 'Maar van de Bosjesmannen uit de Kalahariwoestijn in Zuid-Afrika, die (blijkbaar zonder onderbreking) rotsschilderingen gemaakt hebben vanaf het einde van de laatste IJstijd, zijn verbale verslagen opgetekend, niet alleen van de mythologie, maar ook van het buiten het lichaam treden tijdens de trance; hun kunst is daarvan afkomstig, van het niveau dat verstaanbaar is voor het oog van de geest, maar niet gezien kan worden bij het licht van de dag'.[16] Hij citeert een van de !Kung informanten van Marguerite Biesele:

Wanneer het volk zingt ... dans ik. Ik ga binnen in de aarde. Ik ga er binnen op een plaats die is als een plaats waar mensen water drinken. Ik reis ver en lang. Wanneer ik boven kom, ben ik al aan het klimmen. Ik stap op draden ... En als je in God zijn huis komt, maak je jezelf klein ... Je komt en komt en komt en eindelijk ben je weer in je lichaam ... Je gaat binnen in de aarde en je komt terug om de huid van je lichaam weer binnen te gaan ... En je zegt 'h-e-e-e-e!' Dat is het geluid van je terugkeer in je lichaam ...

Lewis-Williams en Dowson stellen vast dat slangen een symbolische betekenis hebben voor de San precies omdat 'ze onder de grond kruipen en op een andere plaats weer boven komen, zoals de mensen wanneer ze buiten hun lichaam reizen'.[17]

De !Kung, net als alle andere sjamanistische volkeren, beweren dat de ervaring buiten het lichaam te zijn hetzelfde is als dood zijn, het enige verschil is dat wanneer het in trance gebeurt, het, gewoonlijk, maar tijdelijk is. De !Kung houden ook vol dat de machtigste genezers uit vroegere tijden zich in leeuwen konden veranderen.

J.D. Lewis-Williams en T.A. Dowson erkennen dat in de San-rotskunst aspecten aanwezig zijn van de ervaring buiten het lichaam te zijn tijdens de trance. De meeste entoptische fenomenen zijn gewoon waargenomen door degene die de ervaring ondergaat, zeggen ze, maar:

> ... op het hoogtepunt van de hallucinatie begint de proefpersoon zich afgescheiden van zijn lichaam te voelen en vaak worden ze zelf een onderdeel van de hallucinatie ... de proefpersoon wordt dan een deelnemer in plaats van een getuige van de bizarre hallucinaire wereld. Dit noemen we participatie ... Sommige afbeeldingen van menselijke figuren die we in de rotskunst aantreffen, stellen waarschijnlijk participatie voor ...[18]

Een sleutelelement van het sjamanisme in de rotskunst van de San is de 'vliegende bok' of 'ales' (hoofdstuk 6). Deze afbeeldingen van antilopen zien er voor westerse ogen bijzonder vreemd uit; ze stellen meestal een fijn figuurtje voor met de poten in de lucht of als lange lijnen er achteraan slepend. Omdat ze samen met entoptische beelden voorkomen en met scènes die waarschijnlijk trance-effecten of -praktijken voorstellen, worden ze nu meestal 'trancebokken' genoemd, zoals we al vroeger gezegd hebben. Volgens Campbell stelt de vliegende bok 'de bevrijde ziel van de trancedansers en van de overledenen voor'.[19] Joan Halifax heeft vastgesteld dat 'vliegende

Afbeelding 51. Tekening van twee van de vele 'vliegende bokken' of 'trancebokken' die in de San-rotskunst aangetroffen worden. Het bovenste figuurtje staat vlak bij mannen met antilopenkoppen die in een rij achter elkaar lopen te Procession Shelter, Ndedema Kloof, Zuid-Afrika. (Harald Pager)

herten deel uitmaken van de mythologie van uiteenlopende culturen als de Samojeden van Siberië en de Huichols van Mexico, en dat ze in verband gebracht worden met magische vlucht, transfiguratie en spiritualisatie'.[20]

De Nieuwe Wereld

Verhalen van ervaringen buiten het lichaam te zijn komen veel voor in de folklore van de eskimo's. Met de Eenzame Wilde Ganzerik uit de oude Indiase teksten in gedachten, is het interessant te ontdekken dat twee uit ivoor gesneden ganzen gevonden zijn in een graf van een eskimo-sjamaan uit ca. 500 n.C. in de *Northwest Territories* van Canada. Halifax merkt op dat 'de gans vaak geassocieerd wordt met de mystieke reis naar de Andere Wereld'.[21]

Vanaf ca. 500 v.C. werden meer en meer grafheuvels gebouwd door de indiaanse volkeren van het oosten en het midden van de Verenigde Staten, waarvan de sjamanistische Hopewellcultuur en de vroegere evenzeer sjamanistische Adena voorbeelden waren. In het noorden van het midwesten van de V.S., zoals het huidige Wisconsin, zijn honderden *beeldheuvels* gebouwd door onbekende indiaanse groepen als onderdeel van deze tendens. Deze heuvels hebben de vorm van een beer, een schildpad en andere dieren, vogels, menselijke figuren en menselijke figuren met vleugels. Dat zijn allemaal sjamanistische beelden, en de vogels en mensen met vleugels zijn zeker een uitdrukking van de vlucht van de sjamaan. Rotsgraveringen in Nebraska laten eveneens gevleugelde menselijke figuren zien of therianthropen. We hebben het al gehad over het symbool van de vogel, gewoonlijk de arend, in verband met de kunstvoorwerpen uit de religieuze Hopewellcultuur, en Eliade heeft vastgesteld hoe belangrijk de veren van de arend waren voor de Noord-Amerikaanse indiaan als sjamanistisch symbool voor de magische vlucht.

De Mississippicultuur begon zich te ontwikkelen tijdens de laatste eeuwen van het Hopewell-tijdperk, en kan omschreven worden als een apart type van indiaanse sociaal-religieuze invloed vanf ca. 900 n.C. De gemeenschappen die tot de Mississippicultuur gerekend worden, waren gevestigd in grote gebieden van het midwesten en het zuiden van de V.S. Veel van hun versierde schelpen en andere kunstvoorwerpen zijn een uiting van wat de archeologen 'het thema van de vliegende sjamaan' noemen. Eén bijzonder interessant voorbeeld hiervan is een klein zandstenen tablet, dat opgegraven is in de *Monks Mound*, de grootste voorhistorische grafheuvel in Noord-Amerika, die maar liefst vier verdiepingen telt en het centrum vormt van het grote heilige complex van Cahokia, niet ver van het huidige East St Louis. De grote heuvel was de plaats waar de tempels zich bevonden en de woning van de hoofdman of het opperhoofd. Op het tablet staat op de ene

Afbeelding 52. Een vliegende eskimo-sjamaan in het gezelschap van zijn dier-helpers (Baker Lake Animal Print Collection, 1971; catalogusnummer 13, door Jessie Oonark, Baker Lake, NWT, Canada, gedrukt met toestemming van de erfgenamen van Jessie Oonark)

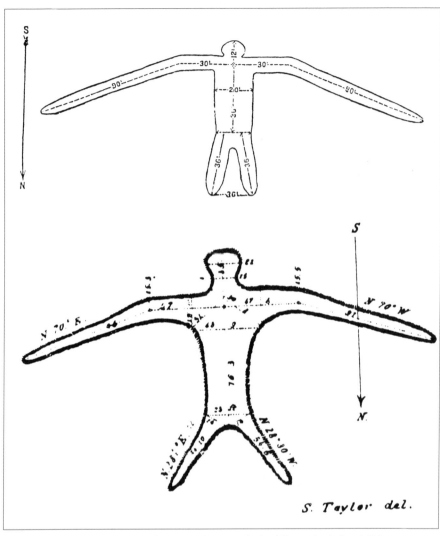

Afbeelding 53. 19de-eeuwse plattegronden van de 'beeldheuvels' in het Midwesten van de V.S., die gevleugelde mensen voorstellen of therianthropische vogelvormen.

zijde een persoon in een pak met vleugels en met een vogelmasker, en op de andere zijde gekruiste lijnen waarvan men denkt dat ze een slangenhuid voorstellen. Het symbool van de slang wordt overal in verband gebracht met het sjamanisme, en zeker met de ervaring buiten het lichaam te zijn, waarschijnlijk omdat een slang zijn oude huid afwerpt. (In geheel Amerika bestond een onmiskenbare cultus van de slang.)

Veel van de Noord-Amerikaanse stammen die dergelijke kunstvoorwerpen en de rechte landschapslijnen nagelaten hebben, bestaan niet meer, en we weten bitter weinig over de sjamanistische tradities die ze hadden, hoewel we uit de informatie die in het vorige hoofdstuk gegeven is, kunnen afleiden dat ze hallucinogenen gebruikten. Meer naar het zuiden echter, in Midden- en Zuid-Amerika, is het gebruik van hallucinogenen in sjamanistische praktijken nog steeds levendig.

R. Gordon Wasson was waarschijnlijk de eerste hedendaagse westerling die heeft deelgenomen aan een Mexicaans-indiaans ritueel met hallucinogene paddestoelen, en zijn verslag daarvan blijft een klassieke beschrijving van de hallucinogene ervaring buiten het lichaam te zijn in een traditionele omlijsting.

Afbeelding 54. Zandstenen tablet met de afbeelding van een persoon in een vogelkostuum en met een vogelmasker, gevonden in Cahokia (Auteur)

> Uw lichaam ligt in het duister, zo zwaar als lood, maar uw geest lijkt te zweven en de hut te verlaten, en met de snelheid van de gedachte reist hij waar hij wil, in tijd en ruimte, begeleid door het zingen van de sjamaan en de klanken van haar ritmisch roepen … de persoon die de paddestoel heeft gebruikt, hangt in de lucht, een oog zonder lichaam, onzichtbaar, niet fysiek, ziende, maar niet gezien. In werkelijkheid is hij de vijf zintuigen zonder lichaam, allemaal op het hoogtepunt van hun gevoeligheid en bewustzijn, allemaal in elkaar overlopend op een heel vreemde manier … Terwijl uw lichaam daar in zijn slaapzak ligt, is uw ziel bevrijd …[22]

In het lied van een eskimo-sjamaan herkennen we Wassons 'oog zonder lichaam':

Mijn lichaam niets dan oog.
Kijk ernaar! Wees niet bang!
Ik kijk in alle richtingen!

Er bestaat een aanzienlijke hoeveelheid etnografische informatie over de ervaring buiten het lichaam te treden als gevolg van het gebruik van hallucinogenen in Zuid-Amerika. De volgende voorbeelden zijn daarvan een illustratie. In 1858 heeft de Ecuadoriaanse geograaf Manuel Villavicencio tijdens zijn verblijf bij de Zaparo-indianen de effecten beschreven van het banisteriopsispreparaat, *ayahuasca*. Hij schreef dat het 'duizeligheid veroorzaakte, en draaierigheid in het hoofd, en daarna een gevoel in de lucht getild te worden en beginnen te vliegen ... Ik kan bevestigen dat ik na het gebruik van ayahuasca duizelig werd en daarna een reis door de lucht leek te maken, waarvan ik me de prachtige vergezichten herinner ...'. In 1953 maakte Avencio Villarejo hetzelfde mee. Ook hij had de indruk 'dat hij door de lucht zweefde' nadat hij ayahuasca gebruikt had. Toen de antropoloog P. Reinburg in 1921 yagé nam, had hij het gevoel 'dat mijn lichaam verdwenen was; ik ben enkel nog geest, die met belangstelling gadeslaat ...'. Hans Peter Duerr merkt in zijn werk *Dreamtime* (1975/1985) op dat yagé 'een drug lijkt "om te vliegen"'. Harner stelde vast dat de Jivaro-indianen van het Ecuadoriaanse Amazonegebied de term 'trip' gebruiken om hun vliegervaring na het nemen van ayahuasca te beschrijven, dezelfde term die later spontaan door de westerse jeugd gebruikt werd om hun psychedelische ervaring aan te duiden.[23] Wanneer een Campa-indiaan uit Oost-Peru ayahuasca gebruikt, zegt hij dat 'hij in zijn hoofd draaierig is en denkt dat hij door de lucht vliegt'. Gerald Weiss stelde vast dat tijdens een sjamanenseance van de Campa, de sjamaan soms aan zijn zielenvlucht begon terwijl hij aan het zingen was; hij ging dan naar een verafgelegen plaats, om later weer te keren. 'Sommige sjamanen gaan weg uit de groep tijdens de ceremonie en doen dan alsof ze tijdens zo'n vlucht echt lichamelijk verdwenen zijn ... Maar de zielenvlucht van de sjamaan is in elk geval een optioneel bijverschijnsel, en is in zijn gebruikelijke vorm een persoonlijke ervaring die niet ingrijpt in het eigenlijke verloop van de ceremonie.'[24]

Wanneer we denken aan de generaties onbekende indianen die zulke ervaringen gehad hebben, kunnen we bijna niet anders dan de steeds terugkerende gewijde landschapslijnen en -motieven en aarden wallen daarmee in verband brengen. Dat die fenomenen in het landschap voor ons zo onbegrijpelijk zijn, komt doordat we niet langer meer de ervaring kennen buiten het lichaam te zijn in een culturele context. Wanneer we de lijnen in de Andes bekijken, en vooral de Nazcageogliefen, zien we het duidelijkst de juxtapositie van etnografisch opspoorbare tradities in verband met het gebruik van hallucinogenen en de fysieke markeringen op de grond. Daarom vinden we in Nazca de leidraad voor onze beschouwingen over de aard van het sjamanistische landschap.

Sjamanistische landschapsmarkeringen

Twee soorten karakteristieke fysieke markeringen worden aangetroffen in sjamanistische landschappen: afbeeldingen van een of ander type, en een of andere vorm van lineaire markeringen, zoals de ceremoniële paden, wegen of lanen. Deze elementen worden nu nog zelden samen aangetroffen, zoals – gelukkig – in Nazca. En er bestaan variaties op. De lijn kan bijvoorbeeld enkel aangeduid worden door een opeenvolging van aarden wallen, grafheuvels of andere gewijde plekken, en we hebben gezien (in hoofdstuk 1) dat over die leylijnen soms meningsverschillen bestaan omdat het niet altijd duidelijk is of de opeenvolging opzettelijk is of toevallig. Soms lopen in het sjamanistische landschap enkel conceptuele lijnen – ze bestaan alleen in het collectieve bewustzijn van de cultuur die het landschap bewoont – zoals de elfenpaden in Ierland of de geconstrueerde geomantische landschappen van het oude China. Wanneer de cultuur verdwijnt en geen documentatie nalaat, verdwijnen de conceptuele lijnen eveneens. Gelukkig zijn in Nazca onbetwistbare lijnen en afbeeldingen overgebleven op de pampa, in een culturele matrix waar het gebruik van hallucinogenen tot het algemeen aanvaard gedrag behoorde.

Lijnen en afbeeldingen op de aarde hadden, in Nazca en elders, sociaal-religieuze betekenissen die relevant waren voor de gemeenschap die ze vervaardigd had. Collectief zijn die markeringen een uiterlijk teken van een gemeenschappelijk geloof in een innerlijke realiteit; ze zijn letterlijk sacramenteel. Zo staan de beeldheuvels waarschijnlijk in verband met het begraven van de doden (maar lang niet altijd); de lijnen waren waarschijnlijk paden waarlangs processies liepen, bedevaartroutes, heilige paden of geometrisch bepaalde grenzen van een heilige plaats. In hoofdstuk 3 hebben we gezien hoe complex de sociale, ceremoniële en spirituele concepten met betrekking tot de ceques geworden waren. Maar hoewel er op een aardse, fysieke manier van deze lijnen gebruik wordt gemaakt, zijn ze verbonden met een spiritueel wereldbeeld. De lijnen en vooral de afbeeldingen zijn duidelijk zichtbaar vanuit de lucht, van boven. Omdat dit zo opvallend is in Nazca, zoals we in hoofdstuk 3 gezien hebben, kon Erich von Däniken er zijn typisch laat 20ste-eeuwse ideeën van ruimtetuigen aan ophangen. Maar er is een andere verklaring, één die op een meer authentieke manier overeenstemt met de sjamanistische maatschappij: de ceremoniële landschapsmarkeringen staan in verband met het idee van het verlaten van het lichaam tijdens de hallucinogene trance. Ze hebben betrekking op het vogelperspectief dat de tijdelijk lichaamloze geest van de sjamaan zag tijdens zijn reizen.

Ik ben zeker niet de eerste die deze veronderstelling uit. Hoewel ik onafhankelijk tot deze conclusie ben gekomen[25], had de antropologe Marlene Dobkin de Rios lang voor mij hetzelfde gezegd. (De eerste suggestie, nochtans, dat astrale reizen en leylijnen iets met elkaar te maken hadden, kwam van Dan Butcher in een vroeg nummer van *The Ley Hunter*, in het begin van de jaren 1970.) In 1977 stelde Dobkin de Rios vast dat drie gebieden van de Nieuwe Wereld waar grote afbeeldingen op de grond aangetroffen werden – het Adena-Hopewell-gebied in de V.S., het Olmec-gebied in Mexico en de Nazcageogliefen in Peru – lagen in streken waar plantaardige hallucinogenen gebruikt werden in een sjamanistische context. (De Olmec-site van San Lorenzo op de Golfkust ligt op richels die zo omvangrijk zijn dat men aanvankelijk dacht dat ze natuurlijk waren, maar in feite vormen ze het beeld van een vliegende vogel van meer dan een kilometer lang en alleen zichtbaar vanuit de lucht.) Ze opperde dat deze reusachtige markeringen geconstrueerd waren 'als gevolg van sjamanistische ervaring buiten zijn lichaam te zijn, de zogenaamde reis door de lucht …'[26] Het steeds terugkerende motief van de 'vliegende god', dat aangetroffen werd op kunstvoorwerpen die nagelaten zijn door de vroegere Paracas-cultuur in datzelfde gebied is eveneens veelbetekenend. Verder heeft Dobkin de Rios nog aangetoond dat de Nazca ook de hallucinogene cactus San Pedro (*Trichocereus pachanoi*) gebruikten, die afgebeeld wordt op Nazca- en Paracas-aardewerk, en op oude Peruviaanse tempels; dat ze soorten van de Datura kenden en *wilka* snoven.[27] Dobkin de Rios legt er de nadruk op dat in de streek waarschijnlijk nog meer hallucinogene planten voorkwamen.

Ze suggereert dat de afbeeldingen op de grond misschien geest-helpers van de sjamaan voorstellen die dienden als bovennatuurlijke tekens voor de goden en de geesten en bovendien misschien waarschuwingen waren voor potentieel vijandige sjamanen van elders (ze heeft ontdekt dat er in sjamanistische culturen heel wat rivaliteit en geruzie bestond tussen sjamanen van verschillende groepen). De afbeeldingen waren dus 'machtssymbolen en iconen'.[28] Ze stelt zich een Nazcamaatschappij voor met sjamanistische leiders die 'verstrikt zaten in een wereldbeeld dat geheel gericht was op macht en de suprematie van de mens over de natuur'.[29] Ze zegt evenwel ook dat de geometrische elementen van de tekens op de pampa ook entoptische beelden kunnen zijn.

Het maken van de geogliefen zou bovendien een versterkend effect gehad hebben op de sjamanistische theocratie en zou een sociale activiteit geweest zijn.

De archeoloog Evan Hadingham kwam tot dezelfde maar minder nadrukkelijk geformuleerde conclusies in zijn boek *Lines to the Mountain Gods* (1987). Ook hij zag het verband met het gebruik van hallucinogene middelen in die streken (vooral het gebruik van de San Pedro-cactus door een moderne sjamaan die aan de geogliefen werkte) en de afbeeldingen ervan op het Nazca- en Paracas-aardewerk. Hij stelt de vraag: waren de 'reusachtige afbeeldingen geïnspireerd door het sjamanisme?' Wat de lijnen betreft, beweert hij dat na het verval van het rituele centrum van Cahuachi:

> het centrum van rituele activiteit zich blijkbaar verplaatste ... naar dozijnen kleinere centra die over de gehele pampa verspreid lagen. Om daar te geraken ... moest men vanuit de dichtstbijgelegen vallei soms urenlange barre tochten ondernemen langs de rechte paden. Waarschijnlijk waren die heiligdommen enkel bedoeld voor rituelen en offergaven van individuen.
>
> Als er al een gemeenschappelijk element is dat al de Nazca-markeringen verbindt, evenals die van Californië en het Midwesten, moet het zeker in verband gebracht worden met het sjamanisme: de eenzame priester die persoonlijk contact heeft met de krachten van de Andere Wereld.[30]

Hadingham ging ervan uit dat figuratieve markeringen waarschijnlijk voor groepsactiviteiten bestemd waren, zoals dansen, maar de centra die op de stralen gebouwd waren, dus op de lijnen, 'waren bestemd voor wezenlijk persoonlijke en solitaire rituelen'.

Ik ga akkooord met Dobkin de Rios aangaande de waarschijnlijke betekenis van de figuratieve geogliefen, de 'biomorfen'. (Men kan hieraan toevoegen dat enkele geogliefen 'röntgenschilderingen' voorstellen, wat hun sjamanistische oorsprong bevestigt.) Over de redenen voor het maken van de rechte lijnen is nochtans nog niet erg veel nagedacht. Ik vermoed dat de verklaring ervoor zo simpel is dat iedereen eroverheen kijkt!

In mijn opinie zijn de lijnen magische vluchtlijnen die op de grond aangeduid zijn, een beetje zoals de vluchtroutes die luchtvaartmaatschappijen uitstippelen over een bepaald gebied. Afbeelding 55 is de weergave van de vluchtroutes van één enkele luchtvaartmaatschappij over een deel van

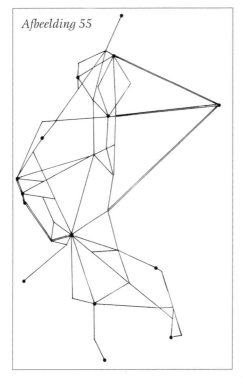

Afbeelding 55

Duitsland, bijvoorbeeld. De vlucht-routes rond een luchthaven zijn waarschijnlijk even ingewikkeld als de Nazcapampa! Het staat vast dat de lijnen die de sjamanistische vluchtroutes aanduiden, ook op de grond voor rituele doeleinden wer-den gebruikt in hun exoterische functies die te maken hebben met rituele en sociaal-culturele ver-plichtingen, maar, als we ons base-ren op de ceques van Cusco, mer-ken we toch dat ze nog altijd op de eerste plaats beschouwd worden als fenomenen van het spirituele landschap. Esotherisch, en dus we-zenlijk, waren de paden de fysieke correlaten van de routes van de vlucht van de sjamaan in het land-schap van de geest. De lijnen mar-keerden de weg die de geest van de sjamaan door het landschap moest volgen of waren een weergave van de reis van de sjamaan, of ze vervulden de beide functies. Ze waren heilige wegen, precies omdat men ze als zoda-nig beschouwde; men liep er in het spoor van de geest.

We moeten trachten ons een wereldbeeld voor te stellen waarin er een spi-rituele versie bestond van de wereldlijke omgeving – de Elysese Velden, Eden, het paradijs, de 'Ware Aarde' van Plato, het Land van de Dood – dat men enkel kan bereiken via extase of de dood. In vrijwel alle traditionele culturen bevindt het Land van de Dood zich *op de aarde, maar in een ande-re dimensie.* De hemel daarentegen is het correlaat van de geestenwereld. Er bestond ook een onderwereld, een spirituele replica van de onderaardse ge-bieden van de aarde, waar de doden zich ophielden in sommige kosmolo-gieën – hoewel Eliade ervan uitgaat dat het thema van de onderwereld een relatief recente vernieuwing is in het sjamanisme.

De heilige plaatsen van de fysieke wereld waren die plekken waar commu-nicatie tussen de verschillende werelden mogelijk was. Ik vermoed dat in Nazca de stralencentra die functie vervulden, vooral met betrekking tot de magische vlucht. In de simpelste sjamanistische gemeenschappen was de heilige plaats de plek waar de symbolische Wereldboom groeide, de omphalos of Navel van de Wereld. Daar kon men in contact komen met de geestenwerk. Op die plekken werden in meer complexe maatschappijen monumenten gebouwd, die uiteindelijk tempels werden.

Deze verklaring voor de lijnen is even simpel en direct als de fenomenen zelf: een vlucht gaat in een rechte lijn over het land. Als men vliegt moet men geen rekening houden met het terrein. De hele boodschap ligt besloten in de uitdrukking 'in vogelvlucht'. Een andere uitdrukking kan eveneens hiermee in verband gebracht worden: 'Het is maar een boogscheut ver'. Inderdaad, een pijl was een oud symbool voor de magische vlucht.[31] In Griekse legenden, bijvoorbeeld, draagt Abaris (die met Apollo in verband gebracht wordt) een gouden pijl terwijl hij door het land trekt om te genezen en de toekomst te voorspellen. In sommige legenden vliegt hij door de lucht op een gouden pijl. Ook in het Siberische sjamanisme is de pijl een symbool voor de magische vlucht. De sjamaan van de Koryak verliet zijn lichaam langs het pad dat door een pijl gemaakt was. De Samojeedse sjamaan hield twee pijlpunten naar boven gericht tijdens zijn seances. Wanneer de Boeryat sjamaan een zieke moest genezen, plaatste hij een pijl op de grond bij het hoofd van de patiënt. Van de pijlpunt vertrok een rode draad die door de ingang van de yoert of tent naar buiten gebracht werd en vastgemaakt aan een berken paal die buiten in de grond geplaatst was (de berk was in het Siberische sjamanisme het symbool voor de Wereldboom, en de vliegezwam heeft een symbiotische relatie met de berk). De draad was de weg die de geest van de zieke persoon moest volgen om terug te keren naar zijn lichaam.

Het thema van de draad komt voor in vele culturen en het is een andere versie van de 'lijn die de tocht van de geest vergemakkelijkt'. Dit herinnert ons aan de !Kung-danser die vertelde dat zijn geest, terwijl hij in trance was, 'de draden naar de hemel' beklom. De Toengoeska-stammen geloven dat een onzichtbare draad de mens *in een rechte lijn* verbindt met de god van het lot.[32] Sommige traditionele volkeren geloven dat de ziel met het lichaam verbonden is met een bovennatuurlijke draad of lijn. (Moderne spiritualisten gaan ervan uit dat de astrale lichamen met het fysieke lichaam verbonden zijn met een zilveren koord.) De Rigo, bijvoorbeeld, stellen zich een 'vislijn' voor, die strak gespannen blijft en oneindig kan uitrekken terwijl de geest zich buiten het lichaam verplaatst.[33] Verschillende stammen van Australische aboriginals hebben verschillende opvattingen over de draad die het lichaam verbindt met de geest tijdens de *miriru*, terwijl hij buiten het lichaam is: sommige zeggen dat hij uit de mond komt, andere zien hem met de penis verbonden. De stam van de Rai gelooft in een onzichtbare 'draad van lucht' waarop hun geest door de lucht kan reizen of onder de grond. Ik vermoed dat deze ideeën van draden en touwen het equivalent zijn van de sjamanistische landschapslijnen – het zijn lineaire doorgangswegen voor de geest. Het complementaire element ervan vinden we in de tradities waar knopen in draden en touwen de weg voor de geest blokkeren (hoofdstuk 5). Een overblijfsel van hetzelfde basismotief dat de kop opsteekt in verscheidene indiaanse tradities is dat van 'het pad'. De sjamaan van de Thomson-indianen van Brits Columbia, bijvoorbeeld, volgt 'het oude pad dat de voorouders in het verleden gebruikten om het land van de doden te bereiken'.[34] De Weg van de Doden is een veelvoorkomend thema – in sommige tradities blijft hij maar een heel korte tijd open. De vrouwelijke sjamaan van de Mazatec verzoekt bij het begin van de paddestoelceremonie: 'Laten we het goede pad volgen … Het pad van de Meester van de Wereld. Laten we het pad van het geluk volgen.'[35] Tijdens de initiatieceremonie van de Navajo-indianen strooit de medicijnman een pad van meel 'zodat de goden het kunnen volgen'.[36] Bij de ceremoniële opstelling van het peyotealtaar hoort een 'recht peyotepad', enzovoort. Er bestaan nog veel meer tradities en gezangen die met paden te maken hebben. En we mogen natuurlijk niet vergeten dat een indiaanse informant beweerde dat wegen van de Anasazi rond de Chaco Canyon er misschien wel uitzien als wegen, maar geen wegen waren (hoofdstuk 3). Bovendien vertelt een Navajo-legende dat de Anasazi over de Chaco-wegen konden reizen *'in onzichtbaarheid'*.

Het idee dat de rechte lijnen van de indianen, en dus ook bij implicatie de lineaire elementen in de sjamanistische landschappen over de gehele wereld, in verband staan met de universele ervaring van de magische vlucht van de geest, is in overeenstemming met het hele sjamanistische wereldbeeld. Er bestaan in de indiaanse tradities enkele directe verwijzingen naar – zoals de Selk'nam-indianen uit Patagonië, die beweren dat alleen het oog het lichaam van de sjamaan verlaat 'en *in een rechte lijn* naar de gewenste plaats vliegt' terwijl het met het lichaam verbonden blijft door een draad.[37] Om steekhoudend te zijn echter, moet het idee bevestigd worden door een indiaanse gemeenschap in een gebied waar rechte lijnen in het landschap voorkomen en waar een relatief ononderbroken traditie heerst van sjamanisme en de hedendaagse sjamanen nog steeds 'reizen ondernemen' terwijl ze buiten hun lichaam zijn.

Ik vreesde dat het bijzonder onwaarschijnlijk was dat ik zo'n gemeenschap zou kunnen vinden, maar een gelukkig toeval heeft mij in contact gebracht met iets wat er heel erg op lijkt.

In december 1990 zond de BBC een merkwaardige film uit. Hij was gemaakt door Alan Ereira en had als titel *From the Heart of the World*. Hij ging over de Kogi-indianen van Colombia, die we even vermeld hebben in hoofdstuk 3. Dit volk is in feite een overblijfsel van de precolumbiaanse Taironacultuur, die gevestigd was in de Sierra Nevada de Santa Maria, een enorm bergcomplex, waar over een afstand van amper 42 kilometer het klimaat van de tropische kustgebieden overgaat in polaire condities op de met sneeuw bedekte toppen. Er zijn ecologische niches en klimaatzones die kunnen worden vergeleken met al de belangrijkste zones op de wereld. Het is de wereld in het klein. De Kogi, een Chibchavolk, zijn een van de drie overlevende inheemse groepen in de Sierra, maar ze zijn het minst 'beschaafd'. Zij vertegenwoordigen de zuiverste culturele overlevering van het precolumbiaanse Amerika.

De geografische isolatie van de Taironacultuur zorgde ervoor dat ze geen invloed hebben ondergaan van de inca's en de azteken, maar ze maakten wel deel uit van een cultureel complex dat zich uitstrekte over Noord-Colombia en tot in Centraal-Amerika.

Rond 1600 n.C. trachtten de Spanjaarden de indianen daar tot het christendom te bekeren en te onderwerpen. Dat leidde tot een heftig verzet bij de Tairona en een bloedige wraakactie van de Spanjaarden. Na de slachting trokken de overgebleven indianen zich diep in de Sierra terug.

Ereira schatte dat er vandaag de dag nog ca. 11.000 Kogi zijn. Er is weinig over hen bekend. Ze houden zich ver van de moderne wereld rondom hen, die in dat deel van Colombia onder andere bestaat uit grafrovers, drugtraficanten en guerrillastrijders. Het dichte woud en de barre topografie zorgen ervoor dat de Kogi ongestoord blijven – het gebied is niet voor niets de locatie van het legendarische El Dorado.

Geraldo Reichel-Dolmatoff heeft de beste academische studies gemaakt over de Kogi, maar zelfs hij heeft relatief weinig contact met hen gehad. Hij heeft aangetoond dat de kosmologie van de Kogi in feite het sjamanistische Wereldboommodel was, maar dan uitgewerkt in een systeem met negen werelden. De Kosmische As wordt bij de Kogi niet voorgesteld als een Wereldboom maar als een Kosmische Spil, die gesymboliseerd wordt door het ceremoniële huis of *nuhue* in elk Kogidorp. De negen werelden van het kosmologische schema worden voorgesteld als schijven op de spil, en worden allemaal beschouwd als 'Aardes' – '... we kwamen van de ene aarde op de andere. De Aarde, een andere aarde, nog een andere aarde ... Maar wij alleen zijn in het midden'.[38] De schacht of de spil stelt het mannelijke principe voor; de schijven of de 'aardes' zijn vrouwelijk.

De Kogi beschouwen hun gebied als het Hart van de Wereld, en de meteorologische zones zijn representatief voor de flora en fauna van de hele wereld. Zij zijn de hoeders van deze Tuin van Eden; zij zijn de Grote Broer. Wij, brokkenmakers, rovers en vervuilers, zijn de Kleine Broer.

De Kogi-gemeenschap is geordend, hiërarchisch, een kleinere versie van de proto-staat die de Taironabeschaving was. Het niveau van de gezagdragers bestaat uit de *Mamas*, een naam die 'de Verlichten' betekent. Zij zijn de mensen die onderwijs gekregen hebben, de rechters en de priesters. Er zijn zowel vrouwelijke als mannelijke Mamas, maar de algemene ordening van de maatschappij is grotendeels een mannelijke aangelegenheid, hoewel vrouwen gerespecteerd worden. De massa gewone mensen kunnen het best omschreven worden als vazallen. Ze zijn in alles onderworpen aan de besluiten van de Mamas. Om dat te verwezenlijken en om te zorgen voor het onderhoud van de dorpen en steden van de Kogi en het netwerk van wegen die over de gehele Sierra met elkaar verbonden zijn, werken de Mamas via twee tussenniveaus van de sociale hiërarchie, de *comisarios*, die geholpen worden door de *cabos*. Deze zullen desnoods fysiek geweld gebruiken om ervoor te zorgen dat een vazal zijn plicht vervult. Het is geen maatschappij die de goedkeuring van het Westen zou wegdragen, maar het lijkt er in wezen rechtvaardig aan toe te gaan.

De Mamas zijn de helderzienden. Ze worden gekozen via een proces van profetieën, dat diep in het leven van de Kogi geïntegreerd is. In vroegere tijden, en in ideale omstandigheden, werd de potentiële Mama (*moro*) al bij de geboorte gekozen. Het kind werd dan naar een grot gebracht of een duistere verblijfplaats in het woud, waar het verzorgd werd door een cabo terwijl de moeder het geleidelijk afstond. Het kind werd alleen 's nachts buiten gebracht, en zelfs dan nog met het hoofdje geheel bedekt zodat het de maan en de sterren niet kon zien. Wanneer het kind groter werd, kreeg het weinig en enkel speciaal voedsel. Hij werd gemasseerd. Door deze ongelooflijk intense levenswijze waarbij sociaal contact en zintuiglijke prikkels totaal ontbraken en het kind bijna voortdurend honger leed, leerde het in contact te komen met *aluna*. Dat is de Geest van de Aarde, die achter elke manifeste schepping verborgen zit. Ereira beschrijft het Kogi-idee van aluna als volgt: 'Het is de levenskracht … de intelligentie van het zijn …' Het is de Moeder. Het was er al vóór de schepping. Het is 'de geestenwereld die de afspiegeling is van alles in de materiële wereld'.[39] De geest is aluna. Wanneer het kind op deze manier opgevoed wordt, begint het te zingen. 'Helemaal uit zichzelf begint het te zingen … En dan begint het kind dat opgevoed is in de geestenwereld de innerlijke muziek van het universum te horen, en het begint te handelen in overeenkomst met wat het hoort. Het begint te dansen.[40] Het begint bovendien het vermogen te ontwikkelen om 'in aluna' te zien en te praten 'met de vaders en meesters van de wereld', met de voorvaderen en de geesten. En zo wordt het kind groot. Mama Bernado, die dit aan Ereira verteld heeft, was zelf niet als baby bij zijn moeder weggehaald, maar als klein kind. Zijn afzondering heeft negen jaar geduurd.

In zijn tienerjaren wordt de moro onderwezen door de Mamas, of wordt zijn training stopgezet wanneer blijkt dat hij of zij niet geschikt is om een Mama te worden.

De Mamas leven en handelen op het fysieke niveau, maar tegelijkertijd zien en handelen ze in de Geest van de Aarde, in aluna. Mama Bernado ging verder: 'Wanneer de Mama kijkt, ziet hij de geestenwereld. Hij ziet die rots, maar hij ziet ook de geest-rots. Hij ziet die rivier, maar hij ziet ook de geest-rivier …' Alles gebeurt via aluna, en de Mamas trachten het evenwicht te bewaren tussen de Geest van de Aarde en het fysieke niveau.

Het is duidelijk dat deze training van de Mamas het belangrijkste proces is in de transformatie van de geest van de Kogi-maatschappij. Maar al de mannelijke Kogi kauwen voortdurend coca – dat was een van de bevelen van de Moeder. Ze gebruiken een doos, die *popopo* genoemd wordt en het symbool is van de moederschoot en de baarmoeder. Gemalen schelpen worden met de coca gemengd, daar wordt een stok in gedoopt waarvan men vervolgens het mengsel likt. De stok wordt afgeveegd aan de rand van de popopo en na een tijd vormt zich daar een kalkachtige laag. Dit gebruik van coca kan nauwelijks hallucinogene effecten veroorzaken, maar het werkt stimulerend en genezend, en misschien worden de gebruikers er wat dromerig van. De Taironas waren perfecte goudsmeden en er zijn honderden kleine figuurtjes, sommige therianthropisch, gevonden in oude graven (hoofdzakelijk door grafrovers). Ze dienden om op het lichaam gedragen te worden en om aan bomen op heilige plaatsen te hangen. Op sommige van die gouden voorwerpen kon men afbeeldingen van een paddestoel onderscheiden, die als hallucinogene paddestoelen geïdentificeerd zijn, en er wordt verondersteld dat de Taironabeschaving een 'hallucinogene mentale explosie' gekend heeft.[41] Soms vasten de Mamas en slapen ze gedurende verscheidene dagen niet. Ze dansen en zingen op het ritme van trommen. Ereira schrijft in zijn boek *The Heart of the World* dat het dansen iets 'dromerigs' heeft.

De Mamas hebben gemerkt dat er problemen zijn in hun Tuin van Eden. De aarde wordt warmer, de sneeuw op de toppen begint te verdwijnen en de hoge toendra verdort. De bergen laten rotsen zien op plaatsen waar een paar jaar daarvoor nog sneeuw lag. Het water in de meren daalt, de rivieren stromen trager. In de 'wereld op een kleinere schaal', wat de Sierra in feite is, wordt wat er aan de polen gebeurt weerspiegeld. De Kogi zien dat en ze weten dat er ernstige problemen op komst zijn. Het verminderen van de watervoorraad zal onvermijdelijk gevolgen hebben voor het Hart van de Wereld. (Voor de Kogi is water niet alleen het bloed in de aderen van de fysieke planeet, het heeft ook een belangrijke metafysische betekenis – het is geheugen en beschikbaar vermogen.) Deze onheilspellende voortekenen zijn de schuld van de Kleine Broer, die niet weet hoe hij moet leven in harmonie met de natuur. Omdat de situatie zo slecht is en omdat ze de houding van Ereira apprecieerden, besloten de Kogi via de televisie met de Kleine Broer te praten en hem uit te leggen welke problemen hij veroorzaakt en dat de zaken moeten veranderen. Er moesten aanzienlijke moeilijkheden overwonnen worden, die Ereira in zijn boek bespreekt, alvorens hij met zijn collega's de film kon maken. Het was de eerste keer dat de Kogi de toestemming gaven gefilmd te worden.

Toen ik de film zag, werd mijn aandacht vooral gevestigd op de ruïnes van de zogenaamde 'Verloren Stad van de Taironas', een van die merkwaardige stenen steden in de Sierra, die bekend waren in de Spaanse tijd, maar die nu door het oerwoud overwoekerd zijn en alleen nog toegankelijk zijn voor de Kogi. De oude stad was verbonden met een systeem van bestrate wegen of paden – rechte paden. Alle steden waren ooit op die manier met elkaar verbonden. Archeologen hebben al ca. 320 km van deze wegen ontdekt, maar ze weten niet hoeveel er echt geweest zijn. Bij de ingang van de Verloren Stad staat een megaliet die de bijnaam 'Kaartsteen' gekregen heeft omdat hij bekrast is met lijnen, zoals een landkaart. Zouden die lijnen de wegen voorstellen? Volgens de Kogi zijn de wegen aangelegd door de voorouders, en 'ze zijn heilig en moeten onderhouden worden en er moet over gelopen worden'.[42] Ereira en zijn collega's hebben inderdaad vastgesteld dat de paden regelmatig gebruikt worden door de indianen voor hun gewone bezigheden. Ereira's commentaar op wat er over de Kaartsteen gezegd werd, was jammer genoeg bedroevend ontwijkend:

> De Mama moet zich begeven in een wereld die alleen zichtbaar is voor het oog van de geest, de wereld van aluna …
>
> … de stenen paden van de voorouders zijn sporen van de geestelijke paden waarover de Mamas lopen, in een ruimte die wij niet kunnen begrijpen. Dat zijn de paden op de Kaartsteen. Zij zijn niet dezelfde als de materiële paden, zij zijn gedachtelijnen, geen lijnen op de grond. Maar er waren punten waar de twee werelden met elkaar in contact kwamen …[43]

Zou dit een gecodeerde referentie zijn naar de magische vlucht? Door een gelukkig toeval kwam ik te weten dat zoiets wel eens het geval zou kunnen zijn. Ik schreef dus, een beetje gegeneerd, naar Ereira, want ik realiseerde me dat mijn vraag op zijn minst wat bizar zou lijken als ik het bij het verkeerde eind had. Ik vroeg hem of de paden van de Kogi 'in verband stonden met de reizen van de Mamas wanneer ze buiten hun lichaam zijn – geestelijke reizen in een geestelijke versie van de materiële wereld'. Ereira was zo vriendelijk me niet te lang in het ongewisse te laten. Ja, de Mamas hadden hem precies dat verteld: 'Uw verklaring –"geestelijke reizen in een geestelijke versie van de materiële wereld" – is helemaal duidelijk en beschrijft het werk van de Mamas op een manier die ze zelf zouden herkennen.' (Ereira, persoonlijk contact.) Ereira vestigde mijn aandacht op een

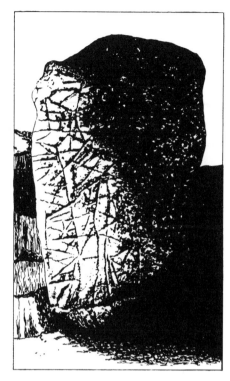

Afbeelding 56. De mysterieuze 'Kaartsteen' bij de ingang van de Verloren Stad van de Taironas (Door de auteur getekend naar een foto van Alan Ereira)

fragment van de film waar vazallen getoond worden die een pad schoonmaken in een dorp van de Kogi onder toezicht van de Mamas. (Ereira vertelde me dat de vazallen de avond tevoren in de nuhue naar tromgeroffel hadden geluisterd en instructies hadden gekregen om hun het belang van het werk dat ze moesten doen duidelijk te maken.) Het pad liep van de rivier in een rechte lijn naar het centrum van het stadje, waar het onder een gebouw leek te verdwijnen. Ereira zei me dat men hem verteld had dat dit het fysieke spoor was van een geestelijk pad, dat rechtdoor liep, maar alleen in aluna, naar een andere rivier. Het schoonmaken van het pad was een fysieke, we zouden kunnen zeggen symbolische, handeling, die de toezicht houdende Mamas transformeerden in het schoonmaken van het pad in aluna. 'De Mamas zien het als een deel van hun werk om in de andere werelden te reizen', bevestigde Ereira. Hij voegde er laconiek aan toe dat het wel 'een aanpassing van zijn perspectief vereist had om een zo banale bezigheid als het schoonmaken van een pad te beschouwen als een ervaring buiten het lichaam te zijn'! De stad waar het pad schoongemaakt werd, was volgens de Kogi pre-Tairona, en het pad was een van de oudste elementen ervan.

Later kon ik in het boek van Ereira lezen dat de Kogi beweerden dat 'de Mamas vroeger in aluna reisden en met mensen van andere plaatsen in contact kwamen. Maar in de loop van de jaren waren er minder en minder mensen die zich in de geestenwereld konden begeven om met hen te praten. Nu is er niemand meer. Het is er verlaten.'[44]

Dit alles maakt het vreemde gebruik van het ritueel *vegen* duidelijk, waarover we het in hoofdstuk 3 gehad hebben. Gary Urton was getuige geweest van het rituele vegen van het dorpsplein in een gemeenschap in de Andes. Meestal werd het plein gebruikt voor wereldse aangelegenheden, maar voor een religieus feest moest het plein symbolisch in een heilige plaats getransformeerd worden en daarom kregen verscheidene familiegroepen elk een strook van het plein toegewezen om ritueel schoon te vegen. Nu is het waarschijnlijk een mechanische handeling, maar we kunnen vermoeden dat het ritueel stamt uit een tijd waarin het schoonvegen van rechte stroken inderdaad de fysieke uitdrukking was van een proces dat zich in de geestenwereld afspeelde. Bovendien vermoedde Helaine Silverman, zoals Urton, nadat ze de Nazcalijnen bestudeerd had, dat de paden op de pampa ook ritueel schoongeveegd werden tijdens hun bloeiperiode. Van Phyllis Pitluga vernam ze dat 'op de pampa sommige lijnen beter gezien kunnen worden dan andere' en Pitluga had er geen probleem mee dat toe te schrijven aan 'de oude volkeren die de paden vroeger schoonveegden'.[45]

We moeten hier niet uit afleiden dat het rituele schoonvegen van de paden een bezigheid was die alleen in de Andes beoefend werd – het komt eveneens voor in de oude tradities van de Indo-Europese wereld. In Groot-Brittannië, bijvoorbeeld, wordt hier en daar in de plaatselijke folklore nog gewag gemaakt van een ceremonie die een overblijfsel van dat ritueel schijnt te zijn. Tijdens het jaarlijkse *'Plough Stots'* in Goathland, North-Yorkshire, begeven een aantal zwaarddansers zich naar een kruispunt. Ze worden gevolgd door een man die zich als vrouw heeft verkleed, een 'Betty', die een bezem bij zich heeft en ritueel de weg achter de zwaarddansers schoonveegt. In dorpen in de buurt van Sheffield werd met Kerstmis de *Old Tup*-ceremonie opgevoerd. Old Tup was een soort hobbelpaard, maar met de kop van een schaap waaraan horens vastgemaakt waren. Een van de spelers in het drama moest Old Tup doodsteken, waarna hij weer tot leven gewekt werd door een ander personage, de 'Dokter'. Ze werden vergezeld door *'Our*

Old Lass', een man met een zwartgemaakt gezicht die een bezem bij zich had. De sjamanistische elementen van deze ceremonie zijn duidelijk: het thema van de dood en de wedergeboorte, het hobbelpaard of een equivalent daarvan, rituele travestie en ritueel vegen.

Wanneer we ons tot de Nazcalijnen beperken, kunnen we toch met vrij grote zekerheid zeggen dat ten minste enkele gezien werden als de fysieke correlaten van geestelijke paden in een geestelijk landschap, paden die door de ziel van de sjamaan uitgestippeld waren tijdens zijn reis buiten het lichaam.

In zijn boek suggereert Ereira – vrijwel zeker correct – dat het Kogi-idee van aluna waarschijnlijk deel uitmaakte van een complex van gelijksoortige ideeën die verspreid waren over de gehele indiaanse wereld, een wereldbeeld dat gecreëerd was of versterkt werd door het gebruik van hallucinogene middelen.

In het algemeen kunnen we dus zeggen dat de sjamanistische landschapslijn de superpositie is van een innerlijke ruimte op de uiterlijke wereld, en waar die superpositie zich voordoet, hebben we een 'heilige ruimte'. De route van de geest wanneer hij zich buiten het lichaam bevindt, meestal vliegend, wordt weergegeven in het 'anders zijn' van de mystieke rechte lijnen (in hun zuiverste vorm) (zie Notities, blz. 213).

Ik vermoed dat de associatie van rechte lijnen en de geest (die in sommige culturen vormen aannam die minder exact recht waren) op een merkwaardige manier versterkt werd door de natuurlijke 'rechtheid' van de lichtstraal. Licht is de metafoor par excellence voor de geest. Weinig beelden uit de natuur spreken zo tot de verbeelding dan zonnestralen die door gaten in de wolken priemen en zo naar de aarde stromen. Zelfs vandaag de dag roepen zulke beelden nog een diep besef van iets spiritueels in ons op. Ik vermoed dat deze associatie van geest – lichtstraal – rechte lijn tot uitdrukking kwam in monumenten (zoals Newgrange in Ierland) en grotten (zoals die van de Chumash-indianen van Californië) die gebruikt werden om zonnestralen door te laten op bepaalde tijdstippen van het jaar.

Op het diepste niveau van de trance beleeft men een opgaan in of een ontmoeting met een schitterende godheid of een kosmische lichtbron. Zoals Joan Halifax zegt: 'Het mythische einde van de reis is de zon. De sjamaan vliegt door de Zonnedeur naar het rijk van het eeuwig alerte bewustzijn ... het rijk van de onsterfelijken. Het gebied van de zon ligt buiten het bereik van tijd en ruimte.'[46] Voor de eerste Indo-Europeanen was dit *Diw*, de Schitterende.

De geest en de geesten namen niet altijd het rechte pad, en de rechte lijnen verwijzen misschien meer specifiek naar de magische vlucht van de ziel van de sjamaan, niet naar zijn reizen wanneer hij de vorm van een dier had aangenomen, noch naar de paden die andere geesten volgden. Halifax zegt: 'In sommige sjamanistische culturen is het pad van de initiatie onzichtbaar. Krullen, doolhoven, bochtige paden en rechte lijnen zijn allemaal wegen met een andere betekenis …'[47]

Evolutie van de lijn van de magische vlucht

Het geloof in aluna is iets wat uitstijgt boven de universaliteit van de ervaring die voortgebracht wordt door het menselijke centrale zenuwstelsel wanneer het op de juiste manier geprikkeld wordt. En we hebben gezien hoe universeel de ervaring buiten het lichaam te zijn wel was. Deze factor wordt nog versterkt door een studie van verschillende culturen door Dean Shiels, die over al de continenten van de wereld niet minder dan 67 inheemse volkeren op het spoor gekomen is die tradities kenden die te maken hadden met de ervaring buiten het lichaam te zijn.[48]

Afhankelijk van het culturele milieu van een bepaalde samenleving werd de ervaring getransformeerd in alle soorten van overtuigingen en sociale structuren. In hoofdstuk 4, bijvoorbeeld, hebben we het gehad over het merkwaardige Proto-Indo-Europese *reg*, de stam van woorden die te maken hebben met koningschap en regering, die aantoonbaar in verband staan met het mana van de koning of met zijn bovennatuurlijke krachten, en met 'recht zijn', zowel in de ruimte als moreel gezien. We hebben ontdekt dat de Indo-Europese mythologie personages bevat als Odin, die zowel sjamaan als vorst was. In hoofdstuk 6 stelden we vast dat de goden die donder en bliksem uit de hemel slingeren en die zo talrijk aanwezig zijn in de Indo-Europese mythologieën, in verband kunnen worden gebracht met hallucinogene ervaringen, vooral als gevolg van het gebruik van de vliegezwam. Vorsten, soma en sjamanen bleken nauw met elkaar verbonden. Het feit dat rechtlijnigheid ook in deze conceptuele mengelmoes terechtkwam, wordt in mijn opinie verklaard doordat sjamanen, en later koningen, *vlogen* (zie hoger), en over het land vliegen doet men in een rechte lijn. We kunnen ons een evolutie voorstellen waarin dit, voor publieke, exoterische doeleinden, conceptueel voorgesteld werd als de koning die zijn wil of persoonlijk mana over het koninkrijk uitzendt. Het idee werd soms symbolisch uitgedrukt als een ceremoniële rechte weg die geassocieerd werd met de koning, soms als een ceremoniële processie die misschien iets te maken had met territoriaal symbolisme, zoals het ritueel vastleggen van grenzen, waardoor de noodzaak ontstond markeringen aan te brengen en heiligdommen op te richten. Denken we aan de definitie die Eric Partridge gaf aan de regs: 'langs een rechte weg leiden of gidsen ... een rechte beweging van het ene punt naar het andere ...'[49] Ook de Kogi kregen van de Moeder de opdracht op rechte paden te lopen, paden die vastgelegd werden tijdens de astrale reizen van de Mamas.

We hebben het hier over diepe wortels van de menselijke ervaring.

Dit conceptuele proces dat (weg)leidde van de magische vlucht van de sjamaan naar de ceremoniële constructies die op de rechte lijnen geplaatst zijn, wordt op een vreemde manier voortgezet door het hedendaagse New Age-begrip van de 'energielijnen'. We kunnen een vereenvoudigd model opstellen van de evolutie van de lijn van de magische vlucht, zoals aangegeven in Tabel 2, maar ik wil hiermee niet beweren dat die ontwikkelingen voorkwamen in een chronologische volgorde of dat ze allemaal in elke samenleving voorkwamen. Er waren overlappingen, onvolledige ontwikkelingen en regressies enzovoort, en verschillende culturen gingen verschillende richtingen uit.

De lange val van ervaring naar conceptualisatie is als volgt verlopen: vanaf de vroegste tijden was de geest verbonden met bovennatuurlijke krachten, mana, of hoe het ook genoemd werd. Dat concept is geleidelijk getransformeerd in energie sinds de Victoriaanse tijd, en nu is de vlucht van de ziel uiteindelijk vervangen door een 'spiritueel' beeld van een schakelbord: de stroomkring wordt gevormd door 'energielijnen' en 'rasters' en het schakelbord is het landschap, het lichaam van de aarde.

De analogie met de elektriciteit is niet zomaar tot stand gekomen. De inherente materialistische instelling van de moderne wereld heeft ervoor gezorgd dat de ervaring van een ruimer bewustzijn, op cultureel niveau, nu vervangen zal kunnen worden door de geautomatiseerde 'virtual reality'. Iemand moet maar een speciaal hoofddeksel opzetten en een elektronisch pak aantrekken om geprojecteerd te worden in een driedimensionale *cyberspace*, een geautomatiseerde realiteit waarin de lichaamsbewegingen elektronisch gecoördineerd worden met handelingen in het cyberspaceprogramma, zodat de persoon deelneemt aan een ervaring of een avontuur dat door de computer gecreëerd is. Het is een elektronische analogie van de hallucinogene ervaring. Het systeem is een nevenontwikkeling van militaire computersimulatietechnologie. Terwijl men van oorlogen videospelletjes maakt en iets wat we vanuit onze luie stoel kunnen bekijken op tv, wordt het beleven van onze ziel overgenomen door de computer.

Het afdrijven van onze cultuur naar een totaal materialisme is dus nu letterlijk tot in onze hoofden doorgedrongen, en elektronische systemen zijn in

tabel 2

EVOLUTIE VAN DE LIJN VAN DE MAGISCHE VLUCHT
(Vereenvoudigd hypothetisch model)

Fenomeen	Sociaal-religieuze context (GBT = gewijzigde bewustzijns-toestand)
Niet-fysieke lijn van de magische vlucht; zich bewegen in de geestenwereld; reis naar de wereld van de voorvaderen, van de doden	*Sjamanisme (alleen; directe ervaring van GBT) Stammengemeenschap*
Fysieke markeringen van de route van de magische vlucht; rechtlijnige verbindingen tussen plaatsen waar zich heiligdommen bevinden; minimale verbinding van gewijde plaatsen; zichtlijnen	*Sjamanisme; sjamanistische seance; gemeenschappelijke spiritualiteit; (verschillende niveaus van directe ervaring van GBT)*
Rituele paden, sporen; bedevaartroutes; lanen voor de doden	*Stammengemeenschap*
Geestenpaden; conceptuele krachtlijnen	*Sjamanistische godsdienst; sociale structurering van het ritueel; verfraaid geloofssysteem; (verschillende niveaus van ervaring van GBT)*
Heilige grenzen; heilige wegen	*Stammengemeenschap/proto-staat*
Ceremoniële processies; ceremoniële wegen	*Priesters, theocratie; geformaliseerde godsdienst; (verminderde en geleide ervaring van GBT)*
Heilige/wereldlijke grenzen; soevereiniteit	*Proto-staat*
Wereldlijke grenzen; territorium	*Koningschap; goddelijke koning; Proto-staat*
Koninklijke of keizerlijke wegen; triomflanen; dodenwegen; geestenwegen; gemarkeerde meridianen; keizerlijke geestenwegen	*Monarchie; zielloze geloofssystemen; Staat*
Symbolische paleisontwerpen; symbolische stadsontwerpen; ceremoniële architectuur; architecturale zichtlijnen	*Wereldlijk bestuur; geseculariseerde godsdienst; geseculariseerde monarchie; zielloos geloven; folklore, bijgeloof; Staat*
Terreinen afbakenen; volksdansen, tradities; zielloze ceremoniële processies; publieke processiewegen	*Dominantie van het rationalisme; industrialisatie; breuk van de conceptuele continuïteit; Staat*
Documentatie uit 'het veld'; rapporten, onderzoek; theorieën: 'Romeinse overheersing', 'handelsroutes', enz..	*Geseculariseerde westerse staat; officiële staatsgodsdienst*
Fantasieën: 'rasters', 'energielijnen'; 'intergalactische leylijnen' enz.	*Hightech samenleving; spirituele hongersnood*

de plaats gekomen van het grenzeloze potentieel en de natuurlijke realiteiten van het zenuwstelsel. Cyberbewustzijn. Ironisch genoeg zijn de 'New Agers' die op zoek gaan naar 'energielijnen' precies het tegenovergestelde van de spirituele katalysators die ze zelf denken te zijn. De ironie is wreed: de echte ervaring buiten het lichaam te zijn staat op het punt vervangen te worden door een vervalsing uit de cyberspace, en de lijnen die over het land lopen en die de reizen van de geest weergeven zijn gefantaseerde 'energielijnen' geworden, voortgebracht door het pas gesmede elektronische archetype dat zich in de loop van de 20ste eeuw gevormd heeft in de westerse psyche.

Die lijnen leiden steeds verder weg van aluna. Ook al kan men beweren dat het geloofssysteem van de Kogi, de Siberische sjamanen enzovoort eveneens fantasieën zijn, het levensbelangrijke verschil is dat ze gebaseerd zijn, of waren, op echte ervaringen van een diep menselijk bewustzijn, van innerlijke, spirituele revelatie en realiteit. De moderne fantasieën zijn dat helemaal niet en ze horen meer thuis in Disneyworld en Hollywood dan in het innerlijke potentieel van het menselijke centrale zenuwstelsel.

We zijn meer en meer op weg naar de – alvast metaforische – hersendood.

Landschap of 'geestschap'?

Laten we ten slotte onze aandacht richten op de aard van de echte ervaring buiten het lichaam te zijn. We kunnen dan twee belangrijke vragen stellen. De eerste is: als die ervaring in het verleden zo universeel was, en zo belangrijk, waarom blijft er dan vandaag de dag niets meer van over?

Het antwoord is dat er wel degelijk iets van overgebleven is. Moderne onderzoekers zijn zich daar geleidelijk van bewust geworden, vooral door het observeren van stervende mensen en door getuigenissen van mensen die hersteld zijn van een ernstig ongeval of ziekte, waarbij ze een tijdje klinisch dood zijn geweest – de 'bijnadoodervaring'. Een persoon die een bijnadoodervaring heeft, kijkt vaak van bovenaf op zijn lichaam neer, meestal kalm en onthecht, en soms ziet hij hoe medisch personeel toesnelt om hem te reanimeren. Vaak krijgt hij in een korte tijd een overzicht van zijn hele leven. Een typisch verschijnsel is dat vrijwel iedereen dan door een tunnel vliegt of zweeft en steeds dichter bij een licht komt aan het eind van de tunnel. Het gebruikelijke vervolg hiervan, dat over de gehele wereld opgetekend is uit de mond van mensen die een bijnadoodervaring hebben gehad, is dat ze in een paradijselijke omgeving aankomen en tegemoet getreden worden door een figuur die licht uitstraalt, vaak een overleden familielid of een figuur uit het geloofssysteem van de persoon. In sommige gevallen krijgt de ervaring nog een diepere dimensie en beleeft de persoon een transcendente vereniging met een goddelijk licht, de godheid. Maar het is natuurlijk een *bijna*-doodervaring, en op een bepaald ogenblik hoort hij een stem die zegt dat zijn tijd nog niet is gekomen, en volgt er een snelle en soms onaangename terugkeer in het lichaam.

Het is niet moeilijk om elementen van de sjamaanse reis buiten het lichaam te ontdekken in de bijnadoodervaring, en zelfs universele entoptische elementen zoals de tunnel. Het is interessant dat de meeste mensen die een dergelijke ervaring hebben meegemaakt, ondervinden dat hun leven en hun levensvisie totaal veranderd zijn: ze zijn niet meer bang voor de dood en ze zijn veel minder materialistisch. Sommige hebben zelfs plotseling genezende krachten of zijn helderziende geworden. Dit is een klassiek sjamanistisch patroon.

Dat zulke ervaringen een diepe, maar door ons niet meer verwoorde, betekenis voor ons blijven hebben, wordt duidelijk wanneer we zien dat van het eerste boek over bijnadoodervaringen dat in een voor leken verstaanbare taal is gepubliceerd, *Life after Life* [50] van Raymond Moody, meer dan 10 miljoen exemplaren verkocht zijn.

De culturen uit het verleden beschikten over teksten voor de inwijding in de ervaring buiten het lichaam te treden en voor het proces van de fysieke dood – dezelfde tekst werd gebruikt in beide gevallen. Klassieke voorbeelden hiervan zijn de Egyptische en Tibetaanse Dodenboeken en bovendien was er het middeleeuwse Europese *ars moriendi* – de kunst om te sterven.

De wetenschappers Stanislav Grof en Joan Houston hadden de gelegenheid tijdens hun onderzoek LSD toe te dienen aan een vrijwilliger, die later een bijnadoodervaring zou hebben. De man liet weten dat er bijzonder veel overeenkomsten bestonden tussen de bijnadoodervaring en zijn psychedelische ervaring. 'Zonder de (LSD-)sessie zou ik mij angstig gevoeld hebben door wat er mij overkwam', zei hij, 'maar nu kende ik deze toestand en was ik helemaal niet bang.' [51] Aldous Huxley nam zelfs LSD terwijl hij stervende was.

Bij sommige mensen kan de ervaring buiten het lichaam te zijn zich spontaan voordoen. Het gebeurt vaak tijdens de slaap: iemand 'wordt wakker' in een droom en komt tot de vaststelling dat hij zich buiten zijn lichaam bevindt, of ze 'treden uit' terwijl ze in slaap dommelen. De ervaring kan ook in gang gezet worden door vermoeidheid, een fysieke of psychische schok, druggebruik, ziekte (vooral koorts) of erge pijn – situaties die opzettelijk veroorzaakt worden tijdens inwijdingsrituelen. Zelfs astronauten hebben blijkbaar – misschien door de toestand van gewichtloosheid – de ervaring gehad buiten hun lichaam en zelfs buiten het ruimtetuig te zijn![52] Uit onderzoeken die op verschillende tijdstippen zijn uitgevoerd blijkt dat deze spontane voorvallen zich voordoen bij een verrassend grote groep mensen in onze hedendaagse maatschappij.

De derde, minst aanvaarde en meest bizarre manier waarop moderne mensen kunnen ervaren buiten hun lichaam te zijn, is tijdens een 'ontvoering door een UFO'. Meestal gebeurt het 's avonds, terwijl de persoon alleen is in bed of ergens op het platteland. Hij of zij voelt dan dat ze langs een straal van energie naar boven zweven en naar een vreemd verlichte kamer gebracht worden in wat meestal een 'ruimtetuig' genoemd wordt. Ze worden omringd door vreemde wezens en onderworpen aan onaangename lichamelijke onderzoeken. Soms krijgen ze kosmische of paradijselijke scènes te zien door het raam van het ruimtetuig of op de plaats waar het voertuig hen naartoe brengt. De ontvoerde wordt uiteindelijk naar de plaats teruggebracht waar hij 'ontvoerd' is en meestal kunnen ze zich niet herinneren hoe ze daar geraakt zijn. Dit geheugenverlies wordt in de sensatiepers vaak 'verdwenen tijd' genoemd. Deze ervaringen buiten het lichaam te zijn hebben hun vorm ontleend aan de moderne mythe van de machine; daarom ontmoet men vreemde wezens en komt er ruimtetechnologie aan te pas. De machine zit in onze vervreemde ziel; de goden zijn dood.

Omdat we geen moderne sjamanistische traditie hebben, en – als cultuur – meer en meer vervreemd raken van de werking van onze psyche, worden deze drie types van ervaring gewoonlijk niet in een bredere context geplaatst, noch door degene die ze ondergaat, noch door de onderzoekers. Ze hebben geen plaats meer in ons moderne westerse wereldbeeld. Niemand gelooft *officieel* dat de ervaringen van buiten het lichaam te zijn echt zijn. Nochtans gebeuren ze echt, en ze zouden niet als occult beschouwd mogen worden, want dan moeten we eten, drinken, slapen of gelijk welk ander menselijk functioneren ook occult noemen. Deze eeuwenoude menselijke ervaring is nog steeds onder ons.

De tweede belangrijke vraag is: wanneer de sjamaan of gelijk wie de ervaring heeft buiten zijn lichaam te zijn, is het dan echt de ziel die door de fysieke omgeving reist? Is er *echt* iets dat het lichaam verlaat? Het antwoord hierop is veel moeilijker.

Op het eerste gezicht lijkt de vraag belachelijk – de universaliteit van de ervaring bewijst de authenticiteit ervan, en dus *moet* er wel iets het lichaam verlaten. Maar onderzoek dat tijdens de laatste twee decennia gevoerd is, maakt dat er twijfels de kop hebben opgestoken.

Celia Green was een belangrijk onderzoeker van psychofysieke fenomenen. In 1968 smeedde ze de term 'ecsomatisch' om de ervaring buiten het lichaam te zijn aan te duiden en ze deed veelbetekenend onderzoek op dat gebied.[53] Ze bedacht ook de term 'metachorisch'[54], waarmee ze de ervaring bedoelde wanneer het totale gezichtsveld van een persoon hallucinair wordt tijdens de waaktoestand. Zo kan iemand bijvoorbeeld langs de straat wandelen en plotseling zijn overleden oom Jos op de hoek zien staan. Een geest? Volgens de metachorische theorie is dat niet erg waarschijnlijk. Nee, het volledige straattafereel is in een flits door de geest gereproduceerd en is niet te onderscheiden van het echte tafereel, behalve dat het het beeld van oom Jos bevat. Het hallucinaire beeld valt naadloos samen met het echte. Het zal niet echt verbazen dat deze theorie niet razend populair werd – ze leek te vergezocht om ernstig te nemen. Maar dan greep het lot in.

In 1913 had Frederik van Eeden een artikel gepubliceerd[55] waarvan een gedeelte gewijd was aan lucide dromen. Daarmee bedoelde hij dromen waarbij de slaper volledig bij bewustzijn was zonder uit zijn slaaptoestand te ontwaken. Anders gezegd, wakker zijn in een droom. Andere onderzoekers hadden ook al deze paradoxale toestand opgemerkt, maar het artikel van Van Eeden werd in 1969 herdrukt in een werk dat vele vruchten heeft afgeworpen, *Altered States of Consciousness*, uitgegeven door Charles T. Tart.[56] Dat, samen met een ander belangrijk werk van Green, *Lucid Dreams* (1968)[57], had als gevolg dat enkele wetenschappers die zich met slapen en dromen bezighielden, dit onwaarschijnlijk klinkende fenomeen gingen onderzoeken. De meeste van hun collega's waren niet geïnteresseerd of uitgesproken wantrouwig. Tot in 1975 de Britse onderzoeker Keith Hearne, die met een proefpersoon, Alan Worsley, werkte die regelmatig lucide dromen had, erin slaagde de realiteit van lucide dromen te bewijzen.

In de loop van een normale droomcyclus, dromen we met vaste tussentijden; de droomperioden worden langer naar het einde van de cyclus toe. De droomtoestand wordt gekenmerkt door de snelle oogbewegingen (*Rapid Eye Movements* of REM), een rollende en schokkende beweging van de ogen onder de gesloten oogleden – het lijkt een beetje alsof de dromer zijn ogen beweegt om de handeling die voor zijn ogen plaatsgrijpt te kunnen volgen. Er vinden ook bepaalde psychologische veranderingen plaats tijdens de droom. Het is bijvoorbeeld interessant dat mannen vaak een erectie krijgen, wat een verklaring zou kunnen bieden voor de opgerichte fallussen van de figuren uit de rotskunst. Meestal worden die geïnterpreteerd als een symbool van vruchtbaarheid, maar misschien stellen ze in sommige gevallen een sjamaan voor in trance – zie bijvoorbeeld Afbeelding 47. Vrouwen ervaren een toegenomen bloedtoevoer in de vagina. (Deze beide factoren kunnen relevant zijn met betrekking tot de verhalen over 'onderzoeken' en 'experimenten' door *aliens* op de geslachtsorganen van de personen die ze ontvoerd hebben.) Een andere belangrijke fysiologische verandering tijdens de droom is dat de dromer helemaal verlamd is; alleen de ademhaling en de spieren van de ogen blijven normaal functioneren. Daardoor kwam Hearne op het idee met zijn proefpersoon af te spreken dat hij een bepaalde beweging met zijn ogen zou maken wanneer hij weer een lucide droom had. Worsley kreeg een aantal elektroden opgeplakt die hem verbonden met een monitor in het droomlaboratorium, en inderdaad, de afgesproken oogbeweging werd opgepikt.[58] De lijnen van de polygraaf lieten de andere metingen zien waaruit bleek dat Worsley sliep terwijl hij het signaal gaf. Het was bewezen dat het mogelijk was een teken te geven aan de buitenwereld vanuit een droom.

Sindsdien is onderzoek naar lucide dromen met horten en stoten vooruitgegaan, en er zijn een paar universiteiten die zich ermee bezighouden. De manier waarop het bewustzijn werkt tijdens de droom is veelzeggend: levendige beelden kunnen opgeroepen worden; materiaal uit het geheugen, entoptische beelden en innerlijke en uiterlijke zintuiglijke signalen kunnen samengevoegd worden om een coherent beeld te vormen; de geest kan woordspelingen en associaties gebruiken om van het ene tafereel naar het andere over te gaan in de droom; een probleem kan in een droom opgelost worden, enzovoort. Het staat nu ook vast dat de menselijke geest inderdaad perfecte replica's kan produceren van de buitenwereld. Onderzoekers hebben gezien hoe proefpersonen tijdens een lucide droom uit hun bed in het laboratorium kwamen en alles volkomen 'werkelijk' zagen, ook al waren ze vast in slaap tijdens hun lucide droom. Dit type van ervaring wordt 'pseudo ontwaken' genoemd. Sommige mensen waren ontwaakt, opgestaan, hadden zich gewassen en aangekleed en hadden zelfs al ontbeten voordat duidelijk werd dat ze zich in een lucide droomtoestand bevonden. Zulke ervaringen vertonen onmiskenbare overeenkomsten met de ervaring buiten het lichaam te zijn. Een onderzoeker aan de Stanford University, Stephen LaBerge, die zelf ook een proefpersoon was, 'rolde' op een keer uit zijn slapende lichaam, alsof hij uit zijn lichaam trad, en liep rond in een metachorische versie van zijn slaapkamer en zag een metachorische versie van zijn lichaam op het bed liggen.[59] Maar hij was in staat vast te stellen dat hij een lucide droom had. De menselijke geest is zo briljant creatief dat hij in een oogwenk een metachorische realiteit kan scheppen, zoals Celia Green voorspeld had.

Een typisch gevoel tijdens een lucide droom is het gevoel dat men kan vliegen – opnieuw iets wat niet te onderscheiden is van de ervaring buiten het lichaam te zijn.

Het is belangrijk dat mensen die nog nooit lucide dromen gehad hebben niet gaan denken dat het gaat om een nevelige, onrealistische droomtoestand. Lucide dromen zorgen voor gewaarwordingen en een 'omgeving' die even 'echt' is als alles wat we in onze normale waaktoestand meemaken. Een van mijn eigen ervaringen uit 1989 kan dit helpen illustreren.

Op een avond was ik pas laat gaan slapen. Omstreeks 5 uur 's morgens – zoals ik later kon vaststellen – droomde ik dat ik mij in een donkere ruimte onder een Egyptische tempel bevond en naar een uitweg zocht. Eigenlijk leek de ruimte op een ondergrondse parkeergarage, maar ik 'wist' dat ik me onder een tempel bevond! Ik vond een donkere deuropening en liep ernaartoe. Via de deuropening kwam ik in een lange, donkere gang terecht en ik werd me ervan bewust dat ik de typische entoptische tunnelervaring had. Plotseling liep ik in een landschap dat verlicht werd door een opkomende of ondergaande zon, die zich links net buiten mijn gezichtsveld bevond. Ik was nog in een droomstadium, maar werd me meer en meer van alles bewust en de droom werd steeds helderder. Voor mij zag ik een monumentale marmeren trilithon (twee rechtopstaande balken en een latei) van ca. 12 meter hoog. Daarachter stonder er nog meer. Toen ik ernaartoe liep, 'steeg ik op' en vloog, zoals Superman – met mijn armen vooruitgestoken – door de rij trilithons. Ik vloog met steeds toenemende snelheid. Telkens als ik onder een trilithon door vloog, viel de schaduw van de linkse rechtopstaande balk over me heen, omdat de zon in die richting stond. De flitsen van de schaduw kwamen sneller en sneller, sneller en sneller ... En toen hield de rij trilithons op en steeg ik omhoog in een perfect azuren hemel. Terwijl dat gebeurde was ik volledig bewust, op dezelfde manier als wanneer ik wakker was (misschien zelfs nog scherper, realiseerde ik me toen ik er in mijn normale waaktoestand aan terugdacht!). Ik vloog omhoog in wat voor mij toen een volledig driedimensionale ruimte was, en ik maakte een achterwaartse boog, ik maakte een looping! De ervaring was zeer fysiek, adembenemend en vrolijk. Daarna ging ik weer horizontaal vliegen en zweefde met een matige snelheid op een hoogte van ongeveer 15 meter boven de velden. Ik volgde een lang, recht pad dat vertrok bij een met gras begroeide heuvel. Toen ik over een paal vloog op dat pad, zorgde ik ervoor dat ik hem nauwkeurig in me opnam. Ik zag het verkorte perspectief vanuit mijn hogere positie, en hoe het perspectief op de juiste manier veranderde terwijl ik verder vloog, en zelfs toen ik over mijn schouder achterom keek! Overal rondom mij strekte zich een zonovergoten landschap uit, met blauwachtige heuvels in de verte. Het deed me denken aan het zacht glooiende landschap in Herefordshire. Dit was de Ware Aarde, de Geest van de Aarde – of ten minste de versie ervan die voortgebracht werd door het centrale zenuwstelsel van Paul Devereux!

De plaats ontbreekt om de hele belevenis uit de doeken te doen. Het zij voldoende te zeggen dat ik over wegen en huizen vloog die er perfect normaal uitzagen. Ik keek ook naar beneden om te zien wat de mensen zoal deden, zonder dat ze mij konden zien. De wezens die ik zag leken op mensen, maar ze waren gekleed in vreemde, groenig gekleurde tunieken. Een man met grijs haar reed op een driewieler die er naar mijn mening vreemd uitzag.

Naar het einde van deze gebeurtenis toe, zweefde ik rechtop voorbij een paar bomen. Ik trachtte me de vorm van de bladeren te herinneren, maar ik kwam tot de vaststelling dat ik daar toen niet beter toe in staat was dan in mijn normale waaktoestand. Ik strekte mijn hand uit naar de bladeren. Kon ik ze aanraken, ze voelen? Ik nam een handvol bladeren vast terwijl ik langzaam voorbij zweefde. Tot mijn stomme verbazing – en daarna licht onbehagen – stelde ik vast dat het ging. Ik voelde de textuur van de bladeren en de weerstand die de tak bood toen ik ertegen duwde terwijl ik voorbij zweefde. Toen ik de bladeren losliet, sprong de tak terug op zijn plaats. Op dat ogenblik wist ik nog niet dat *alle* zintuigen blijven functioneren in die 'Andere Wereld' en ik begon me af te vragen waar ik in godsnaam was. Mijn toestand van stomme verbazing begon plaats te maken voor een meer conservatieve toestand van bezorgdheid, en ik vond dat het tijd werd om weer normaal te gaan doen. Maar hoe? Ik leek me in een andere realiteit te bevinden, niet in een droom. Omdat het landschap waarover ik vloog, 'echt' was – het had een stabiele geografie – kon ik mijn weg terugvinden naar het rechte pad, en ik zag ook het heuveltje weer. Waar in hemelsnaam kon ik naartoe om hier uit te geraken? Ik zag de Egyptische tempel niet, waar het allemaal begonnen was. Hoewel de situatie voor mij heel echt was, overtuigde ik me ervan (eigenlijk hoopte ik het meer) dat ik een lucide droom had. Ik nam een laatste proef op de som, wat in feite een eufemistische manier is om te zeggen dat ik een aanzienlijk risico nam, en vloog recht op het heuveltje af. Met mijn hoofd eerst dook ik in de flank. Even had ik een black-out en dan opende ik rustig mijn ogen in mijn bed.

Ik had op geen enkel moment het gevoel gehad wakker te worden. Ik had een black-out in de ene realiteit en opende mijn ogen in de andere, die in geen enkel opzicht 'echter' was dan de vorige. Ik keek op de klok en realiseerde me dat ik een lucide droom gehad had. Hoewel ik geschokt was door de realiteit ervan, was ik me er ook van bewust dat ik een elfenheuvel had gezien, een oud, recht pad en een landschap dat leek op Herefordshire, de geboortestreek van Alfred Watkins (hoofdstuk 1). Het resultaat mag dan al onberispelijk geweest zijn, maar ik had zo mijn vermoeden wie de ontwerper ervan was.

Latere ervaringen hebben me ervan overtuigd dat de geest inderdaad in staat is een perfect 'werkelijke' omgeving te creëren. De ruimte is driedimensionaal (hoewel ze in sommige gevallen interessante vervormingen kan vertonen) en de verlichting van de taferelen is overtuigend. Sommige lucide dromers brengen verslag uit van fouten (zoals een glas dat een beetje te laat breekt als men het laat vallen) en op die manier wordt de pseudo-aard van die realiteit kort geopenbaard.

Alan Worsley is nu bezig te trachten in de lucide droomtoestand te komen vanuit de waaktoestand, zonder eerst te slapen. In de loop van dit proces heeft hij wezens ontmoet die een sterke overeenkomst vertonen met de ruimtewezens die gezien worden in de 'ontvoeringservaringen'.[60] Onderzoekers hebben REM-bewegingen vastgesteld bij normale proefpersonen bij wie de open oogleden vastgeplakt waren, en sommige mensen slapen en dromen met de ogen open. (Ik doe dat zelf ook soms, en ik herinner me bijzonder levendig een 'wakkere' droom waarin een arend voorkwam die in een deurknop veranderde, en toen ik wakker werd, waren mijn ogen echt op die deurknop gericht!) Ontvoeringen door ruimtewezens vinden bijna altijd in de slaapkamer plaats en zijn dus bijna zekere lucide dromen. Die toestand kan worden opgeroepen tijdens de natuurlijke slaap, maar ook onder intense psychologische druk, in perioden van verminderde weerstand of vermoeidheid, door het ontbreken van zintuiglijke prikkels en monotonie of door externe geofysische fenomenen – al deze voorwaarden maken deel uit van de technieken die gebruikt worden om de sjamanistische trance op te roepen.

Een ogenschijnlijk voorbeeld van een geofysische oorzaak is een voorval dat plaatsvond in het reservaat van de Yakima-indianen in Washington State in 1967. Het reservaat staat erom bekend regelmatig af te rekenen te krijgen met het fenomeen van de 'aardelichten' (het ligt naast dat deel van de Cascade Mountains waar Kenneth Arnold in 1947 een vliegende schotel zag). Vijf mensen kregen op een avond autopech op een afgelegen plaats in het reservaat. Ze zagen een van die vreemde lichten en daarna wisten ze niets meer. Het enige wat een van hen zich kon herinneren was dat 'hij zichzelf en de anderen als bevroren zag omhoog kijken, alsof hij zich buiten zijn lichaam bevond'.[61] Het is interessant op te merken dat in veel gevallen van 'ontvoeringen' de 'ontvoerde' vertelt dat hij in contact gekomen is met een bal van licht.

In het moderne leven is autorijden vaak een monotone bezigheid. En vele 'ontvoeringen' vinden plaats tijdens het autorijden. We zullen hier even bij stilstaan. Een lange rit in de auto kan ongetwijfeld een lichte trancetoestand oproepen, wat elke ervaren chauffeur weet. Dat is vooral zo 's avonds laat. Bovendien zorgt de weg vóór u (ook vooral 's avonds en vooral in Amerika, met zijn lange, rechte wegen) die voortdurend op u af komt, voor een krachtige visuele versterking van de tunnel vormconstante, het entoptische beeld dat geassocieerd wordt met het begin van de uittredingservaring. Zelfs de poster van de beroemde film *Close Encounters of the Third Kind* was een beeld van een lange, rechte weg in het donker.

Maar wanneer ontvoeringen door ruimtewezens een vorm zijn van een spontane metachore ervaring, dan kan daar om het even wat voor 'echt' lijkend, bizar hallucinair materiaal in opgenomen worden; en dat zou zelfs onder hypnose opnieuw opgeroepen kunnen worden *want de ervaring is echt voor degene die ze ondergaat.* Het is een spontane sjamanistische ervaring die een persoon overkomt die daarop in het geheel niet is voorbereid en die leeft in een maatschappij die in wezen vijandig staat tegenover zulke ervaringen; bovendien overheerst er een materialistisch-technologisch wereldbeeld. Vandaar de vijandige ruimtewezens en de vreemde machines. Vandaar ontvoeringen naar 'ergens ver weg', buiten het lichaam.

Susan Blackmore, een psychologe die zelf een merkwaardige drie uur durende uittreding heeft meegemaakt[62], is na jaren onderzoek tot de conclusie gekomen dat tijdens die ervaring niets het lichaam verlaat. Zij zegt: ' Ik denk dat het meer een kwestie is van het veranderen van het standpunt vanwaaruit de hersenen de wereld vorm geven ... Normaal is dat een model dat opgebouwd is alsof er een persoon in het hoofd zit – dat is natuurlijk een illusie, maar we schieten er wel een eind mee op. Waarom zouden we die illusie opgeven? Ik denk dat dat alleen gebeurt wanneer het normale perceptuele model niet opgebouwd kan worden (bijna-dood, zuurstoftekort, shock, enz.), wanneer er niet genoeg informatie doorkomt van de zintuigen (meditatie, afschermen van zintuiglijke prikkels) of waneer er een verdraaid goede reden is om een ander dan lichaamsgericht standpunt in te nemen (extreme pijn, angst) ...' (Blackmore, persoonlijk contact) Haar opvatting dat we te maken hebben met metachorische ervaringen in plaats van met een bewustzijn dat zich echt buiten het lichaam zou bevinden, wordt gedeeld door andere toonaangevende wetenschappers die zich bezighouden met lucide dromen en andere gewijzigde bewustzijnstoestanden.

Nochtans heb ik eens onomwonden gevraagd aan een wetenschapper, die zelf ook regelmatig de ervaring had buiten zijn lichaam te zijn, of er verschillen waren tussen de lucide dromen en de uittredingen. Hij tekende een lijn op een papieren servet. Terwijl hij de punt van zijn pen aan het ene eind zette, zei hij dat we aan het ene einde van het continuüm normale dromen hebben; wanneer we langs het continuüm lopen, krijgen we een hele reeks van steeds levendiger droomtoestanden en trancebewustzijn. Aan het andere einde van het continuüm, ging hij verder terwijl hij met zijn pen op het eindpunt van de lijn klopte, hebben we de hoogste vorm van lucide dromen. Maar, zei hij terwijl hij zijn pen van het servet wegtrok, soms heeft men een ervaring waarin het bewustzijn op een mysterieuze manier het lichaam verlaat – natuurlijk op voorwaarde dat men er om te beginnen van uitgaat dat het bewustzijn met het lichaam verbonden is. 'Maar dat heb ik niet in een artikel geschreven', grijnsde hij.

Ik heb ten minste één uittredingservaring gehad waarbij ik moeite had aan te nemen dat ik niet buiten mijn lichaam was, maar ik moet toegeven dat ik niet rationeel kan verklaren waarom het zo anders aanvoelde dan andere, even realistische ervaringen waarvan ik zeker weet dat het lucide dromen waren. Er zijn experimenten gedaan met proefpersonen die tijdens hun uittredingservaringen moesten trachten bepaalde zaken te zien die elders lagen. Er zijn enkele, echt maar enkele, vrij positieve resultaten geboekt, maar naar het schijnt beschouwen de meeste wetenschappers ze nog steeds niet als helemaal overtuigend. Er zijn ook enkele verslagen van antropologen die tijdens hun veldwerk bij de indianen gezien hebben hoe sommige indianen tijdens een trance authentieke en later bewijsbare informatie verstrekten over gebeurtenissen die op dat ogenblik elders plaatsvonden.[63] Als ooit volgens westerse normen kan worden bewezen dat de geest zich onafhankelijk van het lichaam door de omgeving kan bewegen, dan zullen de bestaande denkpatronen ongetwijfeld op hun grondvesten daveren. Het hele westerse concept van bewustzijn moet dan herzien worden en daarmee de hele filosofische basis van onze cultuur. *Het idee van een bewustzijn dat echt onafhankelijk van het lichaam kan functioneren, zal daarom met een grote hardnekkigheid bestreden worden.*

Ten slotte moeten we toegeven dat, nu er meer en meer duidelijk wordt in verband met de geest, het idee van metachorische ervaringen veld wint, en onderzoekers als Blackmore, die zelf de ervaring kennen, hebben geen eigen belang na te streven. Hun onderzoek maakt gewoon duidelijk hoe de geest werkt. En dat is prachtig. Het is ook mogelijk dat men gevoeliger wordt voor buitenzintuiglijke ervaringen tijdens de slaap[64], waardoor kan worden verklaard dat men informatie kan verkrijgen alsof men buiten zijn lichaam zou zijn geweest. (Als dat zo is, zou het eveneens het officiële moderne wereld-beeld op zijn kop zetten.) Bovendien, wanneer we terugblikken op de wijs-heid van de oude geleerden die de *Upanishads* hebben geschreven, of de *Eenzame Wilde Ganzerik*, zien we dat ze, met hun opmerkelijke kennis van het menselijk bewustzijn, duidelijk maken dat het bewustzijn zijn reizen maakt binnen de geest, niet daarbuiten. De *Mandukya Upanishad* spreekt van de 'innerlijk kennende, die in heerlijke eenzaamheid schitterende vreugden beleeft'; de *Brihadaranyaka Upanishad* zegt dat 'wanneer iemand bij het inslapen het materiaal met zich meeneemt van deze alles bevattende wereld, het uiteenscheurt en opnieuw opbouwt, hij zelf, en bij het licht van zijn dromen: die persoon wordt de Zelf-Verlichte.' De Eenzame Wilde Gan-zerik, hebben we gezien, vliegt hoog en laag 'in zijn slaap'. De moderne we-tenschap lijkt dus in overeenstemming te zijn met de oude wijzen.

Blackmore vermoedt dat de ervaringen buiten het lichaam te zijn in feite een soort van zich aan zichzelf vastklampen is, eigenlijk een hinderpaal om tot een dieper en mystieker bewustzijn te komen.

Het zijn deze diepere niveaus waar al de mystici van alle tijden naar stre-ven. Ook dat wordt duidelijk in de *Upanishads*. Op een bepaalde manier zijn niet alleen de metachorische werelden een illusie, maar ook onze zoge-naamd 'echte' wereld is dat. Het is een constructie die door de hersenen is samengesteld van het ruwe energiemateriaal dat onze zintuigen te verwer-ken krijgen. Alle gewijzigde bewustzijnsstadia zijn *buitengewoon* beïnvloed-baar door de omgeving, culturele verwachtingen en invloeden. De ervaring van de 'echte' wereld is evenzeer beïnvloed door culturele verwachtingen. Cultuur is een volgehouden hallucinatie, nu meer dan ooit door de interna-tionale invloed van de media. Alles is *maya*, alles is illusie. Er is enkel de Geest, de godheid, de Leegte van Alle Kennis die tijd, ruimte, leven, dood overstijgt; die 'innerlijk' of 'uiterlijk overstijgt; die alle dualiteit overstijgt. Ieder van ons bouwt een ego dat is als een geestelijk vlot, om daarmee de oceaan te bevaren van de Geest. In een gewijzigde bewustzijnstoestand wordt die constructie losgetrokken en in heel diepe ervaringen lost ze hele-maal op; de ervaring buiten het lichaam te treden is een vroegtijdige aan-duiding van dat proces. Tijdens de sjamanistische trance reist de sjamaan in de wereld van de geest, maar uiteindelijk wordt hij één met een lichtge-vende god of een kosmisch licht.

Maar dit zijn diepgaande, metafysische overwegingen waarop we hier niet verder moeten ingaan. Binnen het rijk van de dualiteiten kunnen we zeg-gen dat de jury nog niet beslist heeft of er nu iets het lichaam verlaat tijdens de uittredingservaring of niet. Wat ook het verdict zal zijn, het heeft geen invloed op de sjamanistische landschappen. Of de sjamaan nu echt vloog over het fysieke landschap van zijn gemeenschap, of de hele ervaring zich beperkte tot metachorische beelden heeft weinig belang; het effect was hetzelfde. Ik kan mijn lucide droom over 'Herefordshire' en al de elementen die erin voorkwamen en die iets met mijn zoektocht naar leylijnen te maken hebben, niet uit mijn hoofd zetten. Het is voor mij heel duidelijk geworden dat zulke ervaringen, in een maatschappij waarin algemeen wordt aanvaard dat de geest zich kan verplaatsen in een geestelijke versie van de fysieke wereld, daardoor gekneed worden en bevolkt zouden zijn door goden, geesten, gebeurtenissen en 'energieplekken' die in overeenkomst zijn met de kosmologie van die maatschappij. Als ik in dergelijke maatschappij een sjamanistische uittredingservaring had, zou ik dan niet die geesten zien? Zou ik dan niet over een metachorisch landschap vliegen dat er precies uitzag zoals het landschap in mijn omgeving, omdat ik ervan overtuigd was dat ik dat deed? En zou ik niet de plaats waar ik de Andere Wereld binnentrad precies laten lijken op een plaats in mijn werkelijke omgeving? Zouden de paden van mijn geest in de metachorische landschappen van de 'ware Aarde' niet samenvallen met de paden in het fysieke landschap? Zijn de landschapslijnen niet de aardse parallel van de vormconstante van de entoptische tunnel waarmee de uittredingservaring begint?

Is het in de loop van dit boek niet duidelijk geworden dat onze geesten de blauwdruk bevatten van de spirituele aarde? Was onze eigen cultuur maar in staat die bronnen van de geest terug te vinden. Kon onze geest ze maar terugvinden en die tijdloze patronen van onze geest, van aluna, zoals de Kogi Mamas zouden zeggen, vertalen naar de fysieke aarde. Konden we de spirituele aarde maar een fysiek merkteken laten maken op onze 'echte' aarde, zoals de sjamanistische volkeren in het verleden deden.

EPILOOG

Landschapslijnen, leylijnen, verbindingslijnen zijn sporen. Het zijn fenomenen die zijn ontstaan uit de ecsomatische ervaring in het hart van het sjamanisme. Als concept zijn ze eerst krachtlijnen geworden, dan energielijnen. Ze kunnen fysieke paden zijn, rituele paden, dodenlanen of wat dan ook, maar in essentie zijn ze gewoon sporen van een effect van het menselijke centrale zenuwstelsel. Dat effect, zoals we hebben gezien, is het merkwaardige vermogen van de menselijke geest om zich in de ervaring – of misschien zelfs in de werkelijkheid – buiten het lichaam te bevinden.

Dat betekent dat de moderne zoeker naar leylijnen twee soorten verbindingen kan aantreffen: innerlijke en uiterlijke. De uiterlijke verbindingslijnen kunnen worden bestudeerd in de oude sjamanistische landschappen. Maar er bestaat ook een innerlijke geografie. De Geest van de Aarde hangt boven de fysieke verbindingslijnen op het land en die kan slechts door de lens van de geest waargenomen worden. Het is noodzakelijk ook dat innerlijke landschap te ontdekken. De ecsomatische toestand, de essentie van de sjamanistische ervaring, moet uit zijn culturele ballingschap gehaald worden en moet in deze moderne tijden meer aandacht krijgen. Door de Geest van de Aarde te bezoeken, herhaaldelijk, bewust en op een cultureel aanvaarde manier, zouden we ons wereldbeeld kunnen corrigeren.

Dit werk vindt plaats op universitair niveau aan de ene kant, en aan de andere kant in duistere occulte praktijken. Ik vind dat het weggehaald moet worden uit beide kampen en beschouwd moet worden als een techniek en een ervaring die voor iedereen beschikbaar moet zijn. Als dat niet gebeurt, zullen de meeste mensen deze ervaring pas leren kennen als ze spontaan optreedt, misschien tijdens een bijnadoodervaring, of misschien zelfs pas aan het einde van hun leven. Zou het niet wenselijk zijn ze te leren kennen in minder extreme omstandigheden?

Er bestaan talrijke technieken om buiten het lichaam te treden en die zijn in verscheidene boeken beschreven en worden aangeleerd door talrijke leermeesters. Ikzelf ben bezig met het ontwikkelen van een techniek die door de meeste mensen beoefend kan worden. Anderen die werken in verschillende takken van de studie van het bewustzijn, onder wie de onderzoekers van lucide dromen, zijn eveneens bezig met het ontwikkelen van technieken en hulpmiddelen. Als de ecsomatische toestand cultureel aanvaard zou zijn, zou ons westers wereldbeeld, dat in vele opzichten zo pover en gevaarlijk is, langzaam maar zeker gewijzigd worden en rijker gemaakt. We zouden van de hele aarde een sjamanistisch landschap kunnen maken.

REFERENTIES

Hoofdstuk 1: De opkomst van een nieuwe visie
1. John Michell, *The New View Over Atlantis*, Thames & Hudson, 1983.
2. M. Behrend, N. Pennick and P. Jones, *W.H. Black, Pioneer Geomantic Researcher – Selected Works*, Institute of Geomantic Research 1976.
3. Alice Dryden (ed.), *The Memorials of Old Leicestershire*, George Allen, 1911.
4. W. Done Bushell, 'Among the Prescelly Circles', *Archaeologia Cambrensis*, 11, 1911.
5. Allen Watkins, *Alfred Watkins of Hereford*, Garnstone Press, 1972.
6. Alfred Watkins, *The Old Straight Track* (1925), Garnstone edition, 1970.
7. R.J.C. Atkinson, 'Archaeologists vs. Ley Hunters', *The Ley Hunter*, 90, 1981.
8. Jonathan Mullard, 'Over Old Ground', *The Ley Hunter*, 100,1986.
9. Alan Wharam, *The Ley Hunter*, 103, 1987.
10. Ron Shoesmith, *Alfred Watkins – A Herefordshire Man*, Logaston Press, 1990.
11. Nigel Pennick in *Lines on the Landscape* (Nigel Pennick en Paul Devereux), Hale, 1989.
12. John Michell, *A Little History of Astro-Archaeology*, Thames & Hudson, 1977 and 1989.
13. Josef Heinsch, *Principles of Prehistoric Sacred Geography* (oorspronkelijk een lezing gehouden op het International Congress of Geography, Amsterdam, 1938), vertaald door M. Behrend, Zodiac House, 1975.
14. Ibid.
15. Michael Behrend in het voorwoord van zijn vertaling van een verzameling van Kurt Gerlachs artikels, *Leys of the German Empire*, Institute of Geomantic Research, (niet gedateerd maar na 1976).
16. Ibid.
17. Philip Heselton, *Tony Wedd – A New Age Pioneer*, Northern Earth Mysteries, 1986.
18. Paul Devereux, *Earth Memory – The Holistic Earth Mysteries Approach to Decoding Ancient Sacred Sites*, Quantum, 1991.
19. Philip Heselton, *The Elements of Earth Mysteries*, Element, 1991.
20. John Michell, *The Old Stones of Land's End*, Garnstone, 1974.
21. Paul Devereux, *Earth Lights*, Turnstone Press, 1982.
22. Paul Devereux, *Earth Lights Revelation*, Blandford Press, 1989 en 1990.
23. Paul Devereux, *Places of Power*, Blandford Press, 1990.
24. Paul Devereux en Ian Thomson, *The Ley Hunter's Companion*, Thames & Hudson, 1979 (heruitgegeven als *The Ley Guide*, Empress, 1987).
25. Brian Larkman, 'The York Ley', *The Ley Hunter*, 100, 1986.
26. Nigel Pennick in *Lines on the Landscape*, op.cit.
27. Ibid.
28. Paul Devereux, 'London Leys and Lines', in *Legendary London* (J. Matthews & C. Potter eds.), Aquarian, 1990.

29. John Palmer, *Blue Stones*, niet gepubliceerd manuscript.
30. Nigel Pennick in *Lines on the Landscape*, op.cit.
31. E.J. Eitel, *Feng-Shui (The Rudiments of Natural Science in China)* (1873), Cockaygne uitgave, 1973.
32. W.Y. Evans-Wentz, *The Fairy Faith in Celtic Countries* (1911), Colin Smythe uitgave, 1977.
33. Guy Underwood, *The Pattern of the Past* (1969), Abacus uitgave, 1972.
34. Arthur Lawton, *The Mysteries of Ancient Man*, privé, 1939.
35. Tom Graves, *Dowsing – Its Techniques and Applications*, Turnstone Press, 1976 (heruitgegeven als *The Diviner's Handbook*, Aquarian, 1986).
36. Tom Graves, *Needles of Stone*, Turnstone Press, 1978 (heruitgegeven als *Needles of Stone Revisited*, Gothic Image, 1986).

Hoofdstuk 2: Andere onderzoekslijnen

1. Alex Gibson en Roy Loveday, 'Excavations at the Cursus Monument of Aston-upon-Trent, Derbyshire', in *Midlands Prehistory* (A. Gibson ed.), BAR British Series 204, 1989.
2. Chris Fletcher, 'The Aston Cursus as a Ley', in *The Ley Hunter*, 112, 1990.
3. Peter Topping, 'Excavations at the Cursus at Scorton, 1978', in *Yorkshire Archaeological Journal*, vol. 54, 1982.
4. J.F.S. Stone, 'The Stonehenge Cursus and its Affinities', in *The Archaeological Journal*, 1947.
5. Patricia M. Christie, 'The Stonehenge Cursus', in *Wiltshire Arch. and Nat. Hist. Magazine*, 58, 1963.
6. R.J.C. Atkinson, 'The Dorset Cursus', in *Antiquity*, 29, 1955.
7. Richard Bradley, *The Dorset Cursus: The Archaeology of the Enigmatic*, Wessex Lecture III, Council for British Archaeology Group 12, 1986.
8. Ibid.
9. Ibid.
10. D.P. Dymond, 'Ritual Monuments at Rudstone', in *Proc. of the Prehistoric Society*, 32, 1966.
11. Voor de volledige studie, zie 'Prehistoric Lines in Britain' door Paul Devereux, in *Lines on the Landscape*, op.cit.
12. Andrew Fleming, 'Coaxial field systems: some questions of time and space', in *Antiquity*, vol. 61, nr. 232, juli 1987.
13. Andrew Fleming, *The Dartmoor Reaves*, Batsford, 1988.
14. Fleming 1987, op.cit.
15. Ibid.
16. John W.M. Peterson, 'Why did the idea of coaxial field systems last so long?', in *Antiquity*, vol. 64, nr. 244, september 1990.
17. H.H.E. Loofs, 'The Mok Khalan alignment in southern Thailand and associated archaeological remains', in *Journal of the Malaysian Branch of the Royal Asiatic Society*, vol. L, Part 1, 1977.

Hoofdstuk 3: De indiaanse erfenis

1. Laetitia Sample, 'Trade and Trails in Aboriginal California', in *Reports of the Univ. of California Archaeological Survey*, 8, 1950.

2. S.A. Barrett and E.W. Gifford, 'Miwok Material Culture', in *Bull of the Public Museum of the City of Milwaukee*, 4, 1933.
3. Chris Kincaid (ed.), *Chaco Roads Project Phase I*, US Dept of the Interior, Bureau of Land Management, 1983.
4. Kendrick Frazier, *People of Chaco*, Norton, 1986.
5. Ray A. Williamson, *Living the Sky*, University of Oklahoma Press, 1984.
6. Geciteerd door Pennick in *Lines on the Landscape*, op.cit.
7. Thomas L. Sever, 'Remote sensing applications in archaeological research; tracing prehistoric human impact upon the environment', doctoraal proefschrift, Universiteit van Colorado, microfilms, 1990.
8. Geciteerd door Benjamin P. Robertson in Kincaid, 1983, op.cit.
9. Alan Ereira, *The Heart of the World*, Jonathan Cape, 1990.
10. Victor Von Hagen, *Highway of the Sun*, Little, Brown & Co., 1955.
11. Evan Hadingham, *Lines to the Mountain Gods*, Random House, 1987.
12. A.F. Aveni, 'Order in the Nazca Lines', in *The Lines of Nazca* (A.F. Aveni ed.), The American Philosophical Society, 1990.
13. Ibid.
14. Ibid.
15. Tom Zuidema, geciteerd in ibid.
16. Voorgesteld in een artikel door Tony Morrison in The Ley Hunter *Moot*, York, 1985.
17. Gerald Hawkins, *Beyond Stonehenge*, Hutchinson, 1973.
18. *The Lines of Nazca*, op.cit.
19. A.F. Aveni, 'Epilogue' in *The Lines of Nazca*, op.cit.
20. Persis Clarkson, 'The Archaeology of the Nazca Pampa, Peru: Environmental and Cultural Parameters', in *The Lines of Nazca*, op.cit.
21. Ibid.
22. T. Zuidema, 1982, geciteerd door H. Silverman in 'The Early Pilgrimage Center of Cahuachi and the Nazca Lines: Anthropological and Archaeological Perspectives', in *The Lines of Nazca*, op.cit.
23. Tony Morrison, *Pathways to the Gods*, Michael Russell, 1978.
24. Silverman, 1990, op.cit.
25. Ibid.
26. Ibid.
27. Gary Urton, 'Andean Social Organisation and the Maintenance of the Nazca Lines' in *The Lines of Nazca*, op.cit.
28. Aveni, 'Epilogue', in *The Lines of Nazca*, op.cit.
29. Helaine Silverman and David Browne, 'New evidence for the date of the Nazca lines' in Antiquity, vol. 65, nr. 247, juni 1991.
30. Aveni, 'Epilogue' in The Lines of Nazca, op.cit.
31. Morrison, 1978, op.cit.
32. Hadingham, 1987, op.cit.

Hoofdstuk 4: De koning en het land

1. Joseph Campbell, *The Way of the Animal Powers*, Harper & Row, 1988.
2. Ibid.
3. Neville Drury, *The Elements of Shamanism*, Element, 1989.
4. Joan Halifax, *Shaman – The Wounded Healer*, Crossroad, 1982.

5. Ibid.
6. Holger Kalweit, *Dreamtime and Inner Space*, Shambhala, 1988.
7. Marlene Dobkin de Rios, *Hallucinogens* (1984), Prism edition, 1990.
8. Michael Harner (ed.), *Hallucinogens and Shamanism*, Oxford University Press, 1973.
9. Mircea Eliade, *Shamanism – Archaic Techniques of Ecstasy* (1951), Princeton University Press Bollingen edition, 1964.
10. Ibid.
11. Ibid.
12. Gerald Weiss, 'Shamanism and Priesthood in Light of the Campa Ayahuasca Ceremony, in *Hallucinogens and Shamanism*, op.cit.
13. Eliade 1951/1964, op.cit.
14. Harold Bailey, *Archaic England*, Chapman & Hall, 1919.
15. J.P. Mallory, *In Search of the Indo-Europeans*, Thames & Hudson, 1989.
16. Ibid.
17. Colin Renfrew, *Archaeology and Language: T'he Puzzle of Indo-European Origins*, London, 1987 (geciteerd in Mallory, ibid.).
18. John Robb, 'Random causes with directed effects: the Indo-European language spread and the stochastic loss of lineages'. in *Antiquity* 247, juni 1991.
19. Mallory, 1989, op.cit.
20. Ibid.
21. Eliade 1951/1964, op.cit.
22. Ibid.
23. Mallory, 1989, op.cit.
24. Jim Kimmis, in een artikel voor Institute of Geomantic Research Symposium, Cambridge, 1979.
25. Jim Kimmis, 'The King's Highway', in *The Ley Hunter*, 89, 1980.
26. Eric Partridge, *Origins* (1958), RKP uitgave, 1961.
27. Marion Wenzel, *House Decoration in Nubia*, Duckworth, 1972.
28. Paul Devereux, 'Straight Walking', in *The Ley Hunter* 102, 1986; ook in *Lines on the Landscape*, op.cit.
29. Caitlin Matthews, *Arthur and the Sovereignty of Britain*, Arkana, 1989.
30. Alwyn and Bryn Rees, *Celtic Heritage*, Thames & Hudson, 1961.
31. John Michell, *New Light on the Mysteries of Glastonbury*, Gothic Image, 1990.
32. James Frazer, *The Golden Bough* (1922), Macmillan uitgave, 1932.
33. A & B Rees, 1961, op.cit.
34. Anne Ross, *The Pagan Celts* (1970), Batsford uitgave, 1986.
35. Ibid.
36. John Palmer, *Blue Stones*, op.cit.
37. William Howells, *The Heathens*, Doubleday, 1948.
38. Mallory, 1989, op.cit.
39. Frazer, 1922/1932, op.cit.
40. Ibid.

Hoofdstuk 5: De lijnen van de geesten

1. R.J.C. Atkinson, 'The Dorset Cursus', in *Antiquity*, 29, 1955.
2. Richard Bradley, 1986, op.cit.

3. David Keys, 'Godmanchester's Temple of the Sun', in *New Scientist*, 2, maart 1991.
4. Peter Harbison, *Pre-Christian Ireland*, Thames & Hudson, 1988.
5. John Palmer, 'The Deathroads of Holland', in *The Ley Hunter*, 109, 1989.
6. John Palmer, 'Deathroad', in *The Ley Hunter*, 113, 1990.
7. John Palmer, 'Deathroads III', in *The Ley Hunter*, 114, 1991.
8. A.F. Aveni, in *The Lines of Nazca*, op.cit.
9. Weston La Barre, 'Anthropological Perspectives on Hallucinations and Hallucinogens', in *Hallucinations*, R.K. Siegel en L.J. West (eds.), John Wiley, 1975.
10. John Fire/Lame Deer en Richard Erdoes, *Lame Deer – Sioux Medicine Man*, (1972), Quartet uitgave, 1980.
11. Weston La Barre, *T'he Peyote Cult*, University of Oklahoma Press, 1989 uitgave.
12. Ibid.
13. Geciteerd door Evan Hadingham, 1987, op.cit.
14. Deb Saward, 'The Rösaring Road', in *Caerdroia*, 18, 1986.
15. W.F.J. Knight, 'Maze Symbolism and the Trojan Game', *Antiquity*, vol. VI, nr. 24, december 1932.
16. Nigel Pennick, *Practical Magic in the Northern Tradition*, Aquarian, 1989.
17. K. Branigan (ed.), *Atlas of Archaeology*, Macdonald, 1982.
18. E.J. Eitel, 1873/1973, op.cit.
19. Stephen Skinner, *The Living Earth Manual of Feng-Shui*, RKP, 1982.
20. Evelyn Lip, *Feng-Shui* (1979), Heian uitgave, 1987.
21. Zie blz. 60, ibid.
22. Dermot Mac Manus, *The Middle Kingdom* (1959), Colin Smythe uitgave, 1973.
23. W.Y. Evans Wentz, 1911/1977, op.cit.
24. Marlene Dobkin de Rios, 1984/1990, op.cit.
25. Ibid.
26. Mircea Eliade, 1951/1964, op.cit.

Hoofdstuk 6: Trance, dans en magische planten

1. Weston La Barre, in *Hallucinations*, op.cit.
2. Michael Harner, *The Way of the Shaman* (1980), Bantam uitgave, 1982.
3. Mircea Eliade, 1951/1964, op.cit.
4. Ibid.
5. Weston La Barre, 1989, op.cit.
6. Ibid.
7. Marcel Granet, geciteerd in Eliade, 1951/1964, op.cit.
8. Richard Katz, *Boiling Energy*, Harvard University Press, 1982.
9. Harner, 1980/1982, op.cit.
10. Eliade, 1951/1964, op.cit.
11. Paul Devereux, *Places of Power*, op.cit.
12. Alberto Villoldo en Stanley Krippner, *Healing States*, Simon & Schuster, 1986 en 1987.
13. Paul Devereux, *Places of Power*, op.cit.
14. W.Y. Evans Wentz, 1911/1977, op.cit.
15. Jim Swan, 'Sacred Places in Nature', in *Shaman's Path* (Gary Doore, ed.), Shambhala, 1988.
16. Holger Kalweit, 1988, op.cit.

17. Paul Devereux, *Earth Lights Revelation*, op.cit.
18. Zie Persinger's werk, geciteerd in ibid.
19. Marlene Dobkin de Rios, 1984/1990, op.cit.
20. Richard Katz, 1982, op.cit.
21. Weston La Barre in *Hallucinations*, op.cit.
22. Charles Musès, 'The Sacred Plant of Ancient Egypt', in *Gateway to Inner Space* (Christian Rätsch ed.), Prism, 1989.
23. Marlene Dobkin de Rios, 1984/1990, op.cit.
24. Weston La Barre, 1989, op.cit.
25. W. Reininger, 'Remnants from Prehistoric Times', in *The Book of Grass* (George Andrews and Simon Vinkenoog eds.), Grove Press, 1967.
26. Marlene Dobkin de Rios, 1984/1990, op.cit.
27. Ibid.
28. Weston La Barre, in *Hallucinations*, op.cit.
29. Ibid.
30. Nigel Pennick, 1989, op.cit.
31. Mircea Eliade, 1951/1964, op.cit.
32. Weston La Barre in *Hallucinations*, op.cit.
33. Michael Harner, 1973, op.cit.
34. Bouguet, geciteerd door Harner in ibid.
35. Harner in ibid.
36. Marlene Dobkin de Rios, 1984/1990, op.cit.
37. Harner, 1973, op.cit.
38. La Barre, 1989, op.cit.
39. Joseph Campbell, 1988, op.cit.
40. La Barre, 1989, op.cit.
41. Ibid.
42. Halifax, 1982, op.cit.
43. Harner, 1973, op.cit.
44. Ibid.
45. Geciteerd door Siegel en Jarvik, 'Drug-Induced Hallucinations in Animals and Man', in *Hallucinations*, op.cit.
46. M.J. Horowitz, 'Hallucinations – An Information-Processing Approach', in *Hallucinations*, op.cit.
47. Siegel & Jarvik, 1975, op.cit.
48. Ibid.
49. Claudio Naranjo, 'Psychological Aspects of the Yagé Experience in an Experimental Setting', in *Hallucinogens and Shamanism*, op.cit.
50. Seigel and Jarvik, 1975, op.cit.
51. J.D. Lewis-Williams en T.A. Dowson, 'The Signs of All Times', in *Current Anthropology*, vol. 29, nr. 2, april 1988.
52. David S. Whitley in ibid.
53. Lewis-Williams en Dowson, 1988, op.cit.
54. Campbell, 1988, op.cit.
55. J.F. Thackeray, 'On concepts expressed in southern African rock art', in *Antiquity*, vol. 64, nr. 242, maart 1990.
56. Harner, 1973, op.cit.

57. Kalweit, 1988, op.cit.
58. Dobkin de Rios, 1984/1990, op.cit.
59. Kalweit, 1988, op.cit.

Hoofdstuk 7: De lijnen van de eenzame Wilde Ganzerik

1. Dit is de ondertitel van Eliade's belangrijke werk over sjamanisme, op.cit.
2. Kalweit, 1988, op.cit.
3. Eliade, 1951/1964, op.cit.
4. Eliade, 1951/1964, op.cit.
5. Campbell, 1988, op.cit.
6. Eliade, 1951/1964, op.cit.
7. Ibid.
8. M.F. Köprülüzadé, geciteerd in ibid.
9. Rogan Taylor, 'Who is Santa Claus?', in *Sunday Times Magazine*, december 21, 1980.
10. Pennick, 1989, op.cit.
11. La Barre in *Hallucinations*, op.cit.
12. Ibid.
13. Ik ben Charla Devereux dankbaar voor deze suggestie.
14. Alaistair I. McIntosh, 'Beliefs about out-of-the-body experiences among the Elema, Gulf Kamea and Rigo peoples of Papua New Guinea', in *Journal of the Society for Psychical Research*, vol. 50, nr. 785, september 1980.
15. Susan J. Blackmore, *Beyond the Body* (1982), Granada uitgave, 1983.
16. Campbell, 1988, op.cit.
17. Lewis-Williams and Dowson, 1988, op.cit.
18. Ibid.
19. Campbell, 1988, op.cit.
20. Halifax, 1982, op.cit.
21. Ibid.
22. R Gordon Wasson, 'The Hallucinogenic Fungi of Mexico' (1960), in *The Psychedelic Reader*, Gunther M. Weil, Ralph Metzner and Timothy Leary (eds.), University Books, 1965.
23. Harner, 1973, op.cit.
24. Weiss in ibid.
25. Mijn eerste gepubliceerde hint stond in hoofdstuk 6 van *Lines on the Landscape*, op.cit.
26. Marlene Dobkin de Rios, 'Plant Hallucinogens, Out-of-Body Experiences and New World Monumental Earthworks', in *Drugs, Rituals and Altered States of Consciousness*, Brian M. Du Toit (ed.), A.A. Balkema, 1977.
27. Dobkin de Rios, 1984/1990, op.cit.
28. Ibid.
29. Ibid.
30. Hadingham, 1987, op.cit.
31. Eliade, 1951/1964, op.cit.
32. Kalweit, 1988, op.cit.
33. Blackmore, 1982/1983, op.cit.
34. Eliade, 1951/1964, op.cit.

35. Henry Munn, 'The Mushrooms of Language', in *Hallucinogens and Shamanism*, op.cit.
36. Erna Ferguson, *The Dancing Gods* (1932), University of New Mexico Press uitgave, 1988.
37. Kalweit, 1988, op.cit.
38. Mama Bernado, cited in Ereira, 1990, op.cit.
39. Ereira, 1990, op.cit.
40. Mama Bernado, cited in ibid.
41. Richard Evans Schultes and Alec Bright, 'Ancient Gold Pectorals from Colombia: Mushroom Effigies?', in *Botanical Museum Leaflets*, vol. 27, Nrs. 5-6, Harvard University, 1979 (geciteerd in Ereira, 1990).
42. Ereira, 1990, op.cit.
43. Transcriptie van *From the Heart of the World*, BBC TV, 4 december 1990, Alan Ereira.
44. Ereira, *The Heart of the World*, op.cit.
45. Silverman in *The Lines of Nazca*, op.cit.
46. Halifax, 1982, op.cit.
47. Ibid.
48. Dean Sheils, 'A Cross-Cultural Study of Beliefs in Out-of-Body Experiences', in *The Journal of the Society for Psychical Research*, maart, 1978, vol. 49, nr. 775.
49. Partridge, 1958/1962, op.cit.
50. R. Moody, *Life After Life*, Mockingbird Books, 1975.
51. S. Grof en J. Houston, *The Human Encounter with Death*, Dutton, 1978.
52. Siegel en Jarvik, 1975, op.cit.
53. Celia Green, *Out-of-the-Body Experiences*, Institute of Psychophysical Research, 1968.
54. Zie, bijvoorbeeld, Celia Green and Charles McCreery, *Apparitions* (1968), Institute of Psychophysical Research, 1989.
55. Frederik Van Eeden, 'A Study of Dreams', *Journal of the Society for Psychical Research*, vol. 26, 1913.
56. Charles T. Tart (ed.), *Altered States of Consciousness*, John Wiley, 1969.
57. Green, 1968, op.cit.
58. Keith Hearne, *The Dream Machine*, Aquarian, 1990.
59. Stephen LaBerge, *Lucid Dreams*, Ballantine, 1985.
60. Susan Blackmore, 'Dreams that do what they're told', in *New Scientist*, 6 januari 1990.
61. Greg Long, *Examining the Earthlight Theory*, Centre for UFO Studies, 1990.
62. Blackmore, 1982/1983, op.cit.
63. Zie, bijvoorbeeld, Kenneth M. Kensinger, 'Banisteriopsis Usage Among the Peruvian Cashinahua', in *Hallucinogens and Shamanism*, op.cit.
64. Zie, bijvoorbeeld, Montague Ullman, Stanley Krippner, met Alan Vaughan, *Dream Telepathy*, McFarland & Co., 1989.

NOTITIES

Zie p. 119

Dat de dodenwegen een evolutie zijn van het basisconcept van de geestenwegen is ondertussen overtuigend bevestigd door recente ontdekkingen van de Duitse onderzoeker Ulrich Magin (*The Ley Hunter*, nr. 116, 1992). Geïnspireerd door het Nederlandse materiaal heeft hij in Duitse archieven verwijzingen gezocht naar gelijksoortige fenomenen. Hij ontdekte echter iets nog merkwaardigers. In het *Handwortbuch des deutschen Aberglaubens* (de Gruyters, 1933), vond Magin een verwijzing naar *Geisterwege* of geestenpaden. Er stond het volgende:

> Geestenpaden: Deze zijn altijd op dezelfde plaats; men ontmoet er vrij vaak geesten. De paden lopen, zonder uitzondering, altijd in een rechte lijn over bergen en dalen en door moerassen ... In de steden lopen ze vlak naast de huizen of zelfs erdoorheen. De paden eindigen of beginnen op een begraafplaats. Dit idee is waarschijnlijk afkomstig van het oude gebruik een lijk langs een speciale weg voor doden te vervoeren, en daarom werd verondersteld dat die weg dezelfde kenmerken had als een begraafplaats, het is een plaats waar de geesten van de overledenen zich graag ophouden.

De bronnen hiervan dateerden van 1901 en 1908, maar Magin heeft nu bevestigd dat andere bronnen teruggaan tot ten minste de 19de eeuw, en natuurlijk op hun beurt verwijzen naar overtuigingen en bijgeloof van nog veel vroeger.

Britse onderzoekers zijn nu bezig met het zoeken naar Britse equivalenten voor de Duitse *Geisterwege* en de Nederlandse doodwegen, die ook spookwegen genoemd werden. Ze denken dat ze die kunnen vinden in de traditie van de *corpse ways* (lijkenwegen) of *church paths* (kerkpaden). Er bestaat bijvoorbeeld een legende over een 'verloren pad' dat Brailles Hill in Warwickshire met Bredon Hill in Worchestershire verbindt, twee opvallende locaties die ca. 35 km uit elkaar liggen. Deze onzichtbare weg wordt in de folklore geassocieerd met een oud gebruik in Warwickshire dat automatisch doorgang verstrekt overal waar een gezelschap een lijk naar een begraafplaats brengt. Fysieke voorbeelden van zulke lijkenwegen zijn fragmentarisch bewaard in verscheidene delen van Groot-Brittannië. In Cornwall herinnert men ze zich als *coffin lines* (kistlijnen) en de ligging ervan valt nog af te leiden uit stenen palen in de muurtjes om de velden heen, hoewel de paden, of 'lijnen' nu verdwenen zijn of omgelegd.

Het onderzoek naar de betekenis van deze fenomenen is nog maar pas gestart, maar toch zijn sommige speurders naar leylijnen, onder wie ikzelf, geneigd ervan uit te gaan dat ten minste enkele van de leylijnen van Alfred Watkins sporen waren van middeleeuwse dodenwegen of geestenpaden, in plaats van handelsroutes voor neolithische handelaars (en *zeker* geen vage 'energielijnen'!). Een voorbeeld daarvan zou wel eens de Sutton Walls-uitlijning kunnen zijn (zie hoofdstuk 1), waar duidelijk een pad naast liep en die misschien *begraafplaatsen* verbindt in plaats van *kerken* – het is interessant dat de lijn enkel door het kerkhof loopt in Sutton St Nicolas. Het idee kan bovendien een mysterie uit de weg ruimen in verband met een van de andere leylijnen van Watkins die door de ruïnes loopt van de oude Llanthony Abbey, in de Black Mountains op de grens van Wales en Engeland. Hier heeft Watkins een oude, holle weg gevonden die in een rechte lijn liep van een bergpas naar de abdij. Op dezelfde lijn liep een merkwaardige gleuf tegen de steile helling op voorbij de abdij. In feite zijn er drie van die rechte paden of gleuven op de helling, maar één ervan is het opvallendst. Niemand heeft ooit een verklaring daarvoor kunnen geven, maar ze lijken verdraaid goed op sommige van de lijnen op de hoogvlakte van Bolivië. Ik ben langs die gleuven tegen de helling omhoog geklommen en heb gezien dat er hier en daar ruwe stenen naast staan. Zou het kunnen dat ze middeleeuwse geestenpaden of dodenwegen zijn, die naar de abdij leiden?

Zie blz. 166

Het hele concept van hekserij was echter veelal een hersenschim die door de kerk de wereld ingestuurd werd. Degenen die ervan beschuldigd werden, waren meestal onschuldige mensen, 'kruidendokters' en genezers, en, natuurlijk, ook magiërs. Ze waren het die de traditie van het sjamanisme voortzetten. De hallucinogene zalven werden ongetwijfeld bereid om uit het lichaam te kunnen treden. In *Dreamtime* (1978/1985) zegt Hans Peter Duerr:

> Die vrouwen die 's nachts rondreisden waren geen onbekenden voor de mensen op het platteland. Ze wisten dat ze zich soms insmeerden met mysterieuze zalven die ze bereidden met planten. Hun lichamen raakten daardoor in een toestand van verdoving, en hun ziel (of wat dan ook) vloog weg in de wildernis.

Zo vertrouwd waren de gewone mensen ermee dat uit de schouwen van sommige oude huizen, op de Kanaaleilanden bijvoorbeeld, een grote platte steen stak zodat voorbijvliegende Nachtelijke Reizigers daar even op konden rusten. De Nachtelijke Reizigers waren geen Satanisten en Duerr wijst erop dat de hallucinogene aspecten van het 'vliegen' door de kerk geminimaliseerd werden, omdat ze anders de Duivel niet konden beschuldigen – en ze moesten toch kunnen aantonen dat de volkssjamanen onder één hoedje speelden met de Duivel!

Zie blz. 187

Naar het schijnt hebben de Mamas niet gezegd dat ze vlogen tijdens hun reizen in de geestenwereld, en het zou interessant zijn hun commentaar daarop te horen. Maar het kan bijna niet anders dan dat de magische vlucht ook voor hen een van de belangrijkste manieren moet zijn geweest om zich buiten het lichaam te verplaatsen, want het is de meest voorkomende manier waarop het buiten het lichaam zijn ervaren wordt. In elk geval is het over de gehele wereld verweven met de traditie van het sjamanisme, zoals de universaliteit van de vogelsymboliek aantoont. De Sanema-indianen hebben de antropoloog Johannes Wilbert wel expliciet gezegd dat hun sjamanen konden vliegen, of ten minste ca. 30 cm boven de grond konden wandelen.

REGISTER